U0953979

《马氏文通》综论

白兆麟◎著

九州出版社 JIUZHOUPRESS | 全国百佳图书出版单位

图书在版编目（CIP）数据

《马氏文通》综论 / 白兆麟著 .—北京：九州出版社，2010.9

ISBN 978-7-5108-0613-1

Ⅰ. ①马… Ⅱ. ①白… Ⅲ. ①汉语－语法－古代 ②马氏文通－研究 Ⅳ. ① H141

中国版本图书馆 CIP 数据核字（2010）第 156335 号

《马氏文通》综论

作　　者	白兆麟　著
出版发行	九州出版社
出 版 人	徐尚定
地　　址	北京市西城区阜外大街甲 35 号（100037）
发行电话	(010)68992190/2/3/5/6
网　　址	www.jiuzhoupress.com
电子信箱	jiuzhou@jiuzhoupress.com
印　　刷	三河市东方印刷有限公司
开　　本	787 毫米 ×1092 毫米　16 开
印　　张	19.25
字　　数	250 千字
版　　次	2011 年 1 月第 1 版
印　　次	2011 年 1 月第 1 次印刷
书　　号	ISBN 978-7-5108-0613-1
定　　价	34.00 元

★版权所有　侵权必究★

目 录

下编　《文通》专论

序

我国小学向来只有文字、音韵、训诂三类，到了1898年马建忠写的《马氏文通》出，始有第一部讲语法的书。文字、音韵、训诂、语法齐备，我国也就有了完整的汉语语言文字学。《马氏文通》搜集了大量的古汉语例句，大约有七千到八千句。据张万起《〈马氏文通〉用例小计》统计，《马氏文通》共用例句七千三百二十六例，实为其兄马相伯删去了三分之二的余数。马建忠为什么要用如此之多的例句呢？他在《马氏文通·例言》中说："此书为古今来特创之书。凡事属创见者，未可徒托空言，必确有凭证而后能见信于人。"

马建忠仔细地观察、品评、比较、分析这七千多例句，探索出前人未能认识到的古汉语遣词造句的许许多多规律来。他在《例言》中说："虚实之字措诸句读间，凡操笔为文者皆知其当然，而其当然之所以然，虽经师通儒亦有所不知。"他随即提出了三个问题：

1.《孟子》"亲之欲其贵，爱之欲其富也。"两句中"之、其"两字皆指象（人名）言，何以不能相易？

2.《论语》"爱之能勿劳乎？忠焉能勿悔乎？"两句之法相似。何为"之、焉"二字变易而不得相通？

3."俎豆之事，则尝闻之矣，军旅之事，未之学也。"两句之法亦同，"矣、也"二字何亦不能互变？

马氏解答第一例云："句中'之'、'其'两字，同指一人，而两字卒不可互易者，则'之'必宾次，而'其'必主次之故也。"（《文通》50页*）

而解答第二例云："'忠焉'者忠於君也。'忠'为内动字，不若'爱'为外动字也。上云'爱之'，则下句当云'忠於是'矣。而'於

* 编者注：本书所引《马氏文通》页码，均按商务印书馆1983年9月版。

是’不习用，故‘焉’代焉。”（同上，54页）

而解答第三例云：“凡使事物之已然者，皆煞‘矣’字。凡决其当然者，皆煞‘也’字。”（同上，324页）又此例还有一个问题，马氏未提出来。即两“之”字均为外动字之止词，何以一在外动字“闻”后，一在外动字“学”前？马氏云：“其二句‘未之学也’，‘之’乃‘学’字止词，重指前顿，今以先乎‘学’字者，则‘未’字之故也。”（同上，398页）即动字“学”之前有弗辞“未”之故也。

马建忠就是这样提出问题来，又自己谋求解决问题之道，即苦心孤诣，钻研古人为文遣词造句当然之所以然。后人研读《马氏文通》者不时见到发现之光芒闪耀于前，而感到一百多年前有如此敏锐之眼光与辉煌之业绩，自会产生无比的自豪感。

这就是《马氏文通》最为吸引人之处，以致学习钻研者日见其多，分析、研究的论文与专书也层出不穷。大学文科硕士、博士生课程也纷纷列入“《马氏文通》研究”一类的科目，《马氏文通》已经成为当代语言学科的显学了。

白兆麟先生在安徽大学就为研究生讲授《马氏文通》，撰写了一本《〈马氏文通〉研读》，对《文通》古汉语规律的发现，以及与一百多年后的今天的语法新见解不合之处，把他讲解《马氏文通》的心得写了出来，供研究生研习、参考。我认为这是《马氏文通》导读的入门好书。

白先生在《前言》中谈了研读《马氏文通》的方法，其基本点就是“以马证马”，即先理解其基本概念及其解说，全面把握其本身的语法体系，然后在其体系框架内进一步理解其界说、规律，并以此印证对例句的分析。用吕叔湘先生的话说，就是充分了解《文通》的矛盾。吕先生说得好，“马氏之书，有理论先后自相矛盾者；有理论不误而例证说明与之相抵牾者；有例证轶出理论之范围者；有马氏误而宜从他人之刊正者；亦有马氏自成体系，不能谓之误，而刊误者未悟其旨者。凡此诸类，所在皆是，读者宜一一究心，然后乃能有得。”（引自孙玄常《马氏文通札记》）接着又说：“《马氏文通》之可贵，就在于它充分提供矛盾，我们现在读《文通》，主要也是为了揭露矛盾。通过这一揭露，更深入地探索这些矛盾的根源，了解问题的本质，提到方法论的高度来研读，这样就有可能把我们引导到解决汉语语法体系问题的正确道路上去。”

本书大体依《文通》卷次分为十章：一、导论；二、文通语法体系概论，分字类概说和句子概说、句读概说，位次概说；三、名字和代字；四、动字；五、坐动和散动；六、静字和状字；七、介字；八、连字；九、助字；十、句读。十章中，依《文通》原有之语法体系及篇章安排，剖析其中最具代表性的例句，或分析失误的例句。每章必要时作一小结，或加以概括，或予以申说，或突出其价值，或纠正其失误。是则是之，非则非之。有发现处，则赞许、弘扬之；有缺失处，则指出、弥补之。

如《研读》第四章论“动字”。马氏分动字为六类（加上“自反动字”，实为七类），《研读》则认为此种分类，逻辑性不强。受动字实际上是外动字的用法问题。离开了句子结构，就没有独立的受动字。

自反动字是以“自”或“相”为止词的动字。离开“自”或“相”，自反动字就不存在。

无属动字，亦有外动、内动之分，实与外动、内动无别。

实际上，动字只有四类：外动字，内动字，同动字，助动字。

受动字虽不能列为一类，但受动六式却是马氏精通古代文献而深思熟虑的结果，为后人所称许，所普遍接受。

又外动字的止词，有提于外动词之前的规律。《文通》：“外动字加弗辞，或起词为“莫、无”诸泛指代字，其止词为代字者，皆先动字。”这也是马氏的重大发现。

又外动字带两止词，《文通》所述仅“教、言”类动词，范围过窄。起码应补充“赐予”类，还可能有其他动词。

如果说“以马证马”是贯串《研读》一书的第一个特点的话，那么语法和语义的结合分析就是该书的第二个特点，换句话说也就是文法学与训诂学的结合。据我所知，白先生于大学毕业不久，便在高校执教“现代汉语语法”，后又改教“古代汉语语法”。“文革”结束以后，“为了给本科高年级学生开设选修课的需要，便把注意力和着重点转向‘训诂学’的教学和研究。”（参见《文法学及其散论·前言》，九州出版社，2004）在这期间，先后出版了《简明训诂学》、《左传微点注》、《盐铁论注译》等，今年又有《新著训诂学引论》（上海辞书出版社）问世，颇有影响。正因为白先生以文法学和训诂学为其治学之两翼，相辅相成，因而在《研读》中有不少精当的分析。这里不妨举两三个例子。

《史记·游侠列传》："今游侠，其行虽不轨于正义。然其言必信，其行必果，已诺必诚，不爱其躯，赴士之厄困。既已存亡死生矣，而不矜其能，羞伐其德，盖亦有足多者焉。"（《文通》第60页）

这是一个相当疑难的句子。《文通》是在论述接读代字"其"字时，引证以上书例并作如下分析的：

"今游侠"三字单置于首，"其"字附于名以顶指焉，叠成数读，直至"赴士之厄困"，然后续书"既已存亡死生矣"一句，上接"今游侠"之起词，犹复叠拖数句。句读起伏，声调婉转，最为可法。（同上页）

《研读》著者根据马氏所云，"所谓'叠成数读'，所谓'直至'，所谓'然后续书'，所谓'上接……起词'云云，都说明商务本根据《马氏文通校注》对该句的标点，不符合《文通》所作分析的本意，其中两个句号应改为逗号才是。"

显然，白先生是以训诂学的眼光指出原标点之失误，应当说是符合马氏之原意的。接着，《研读》对上引那个长句子进行了细致合理的层层分析，读者翻阅后自然领会。

《庄子·列御寇》："人者厚貌深情，故有貌愿而益，有长若不肖，有顺懁而达，有坚而缦，有缓而钎。"诸静字皆耦，而有对待之意，故以"而"字连之。惟"长若不肖"，犹言"有技与无能者"，用如两名，故以"若"字连焉。"若"者，及也。（《文通》第119页）

《研读》指出："《文通》是以此例证明连词'而'字所连接的前后两项是静字（形容词），而'若'即'及'，其前后两项'用如两名'，即为名词。就一般而论，所言极是。但'长若不肖'一例却并非如此。"接着，《研读》先后引用俞樾、陆德明、马其昶等训诂家的训释，逐个疏通了"貌愿而益"、"顺懁而达"、"坚而缦"、"缓而钎"以及"长若不肖"的原意，纠正了《文通》的误解，认定"若，犹而也"，意谓"形如长者而实为不肖”。由于马氏仅着眼于字而不着眼于词，未明此“若”字通“而”，因而视其前后两项为名词。这尤其证明句法分析须结合训诂方能做到稳妥。

韩愈《进学解》：“然而圣主不加诛，宰臣不见斥，非其幸欤！”其意盖谓“不为宰臣所斥”也，则“见斥”二字反用矣，未解。（《文通》第164页）

《文通》显然是对上引例句之“见”字的用法提出了疑问。《研读》指出：“‘圣主’和‘宰臣’两句相对，‘见’与‘加’互文见义，‘加’字从来不表示被动，‘见’字在该句中自然也不表示被动。”接着著者引用孔颖达的“见”为“自彼加己之辞”的疏解，说明“这种用法的‘见’与‘加’一样，具有抽象动词的意味，‘加’即‘加以’，‘见’亦即‘予以’，上引两句当解释为‘圣主不加以诛伐，宰臣不予以斥责’”。如此释疑解惑，真可谓简捷而又合理。这也是语法和语义结合分析之妙用！

除以上两点以外，著者在《研读》的最后一个章节，对《文通》所阐述的“句”还费了一番工夫进行了梳理。比较突出的方法有二：一是深入挖掘，二是前后联系。通过深入挖掘和前后联系，《研读》不仅具体分析了《文通》所粗具的复句轮廓，而且稍加整理了其中所隐含的单句的句类。

《研读》各章大抵如此，确能指出马氏书中的矛盾所在，并提出解决矛盾的方案，导夫学者以先路，堪称马氏的功臣。

感谢白先生写给青年学子们一本导读《文通》的好书，相信出版以后，一定会受到《文通》读者们的热诚欢迎。

廖序东

2005年10月1日国庆节

弁　言

1998年，是《马氏文通》问世一百周年，也是安徽大学汉语言文字学学科通过评审而设立博士点的一年。早在1994年，为了申报并建立博士点，我为我们学科设计了“《马氏文通》研究”这门课程，还编写了教学大纲。当时，在为硕士生讲授“汉语语法史”、“文言语法专题研究”等课程，都已经涉及《马氏文通》这部汉语语法学的开创之作。也就是在这一年的秋末，着手编写“《马氏文通》研究”的讲义。回想起来，当初有两个想法非常明确：一是为帮助年轻的研究生精读这部语法专著，真正掌握其语法体系；二是为自己多年来阅读这部专著作一次学习总结，保留自己的一点心得体会。因此，撰写时除了早先几部重要的汉语语法著作必须参考以外，其余的尤其是冠有“马氏文通”字样的研究、札记、通读一类的论著，暂时一概不去涉猎，以免受其影响。动机单纯，写作起来虽然不无艰苦，但终究比较顺手，用了将近一年的工夫，即1995年暑期结束时，讲义就全部完稿。随即便真的束之高阁，没再理会。直到1999年招来首届博士生，想起第二学期要开设“《马氏文通》研究”的课程时，才从两年前搬家时捆扎好而尚未打开的一堆书籍笔记里寻找出来。这时，那部讲义的纸张已经明显地发黄了。在给首届博士生讲授之前，我慎重地做了三件事：一是把课程的名称改为“《马氏文通》研读”，认为把“研究”改为“研读”更加切合实际；二是按照原讲义的章节补写了近四年来的思考，居然也有百余页；三是翻阅孙玄常先生的《马氏文通札记》，令人感到欣慰的是不少见解不谋而合，尤其是其中所穿插的吕先生的批语更给人以信心和勇气。这里，有必要着重说明三个问题：

第一，研读《马氏文通》的目的。

《文通》是现代语言学意义上的汉语语法学的奠基之作，这本身就具有研读的价值。前辈语言学家吕叔湘在其《重印〈马氏文通〉序》里说：

"《马氏文通》出版已经有八十多年了，可还是值得一读。它是我国第一部讲语法的书，研究中国语法学史的人当然非读不可。可是我说值得一读不是这个意思，我不是把它当作考古学标本向读者推荐的，我推荐它是因为我们还可以从它学到些东西。"毫无疑问，是《文通》第一次给古代汉语的字词和句读划分了类别，第一次为汉语语法学确立了一系列的概念和术语，第一次收集并分析了大量的古代汉语例句，第一次提出了那么多的古代汉语语法规律以及修辞现象。其中有得有失，后世有褒有贬。著名语法学家朱德熙于《中国语法丛书·序》云："《马氏文通》……作为第一部系统地研究汉语语法的书，能有如此的水平和规模，已经大大出人意表，我们实在不应苛求马氏了。只要看《文通》问世二十余年以后出版的一些语法著作，无论就内容充实的程度论，还是就发掘的深度论，较之《文通》多有逊色，对比之下，就可以看出《文通》的价值了。"显然，攻读汉语言文字学尤其是语法学的青年学者，只有认真地研读这部汉语语法学的开创之作，才有可能从中得到更多的启示和教益。

第二，研读《马氏文通》的方法。

《马氏文通》虽系模仿拉丁语法之作，却是以古代汉语语法为研究对象，力求寻找汉语自身特点并且自成体系。因此，研读《文通》这部经典的基本方法应当是"以马证马"。这就是说，先要准确地理解马建忠的语法思想和《文通》的基本概念术语及其解说，在此基础上全面把握《文通》本身的语法体系，然后在此体系框架内进一步理解其界说、规律，并以此去印证对例句的分析，必要时还要查找例句所在的原著来对照。只有这样，才能真正辨别《文通》所固有的价值与缺失，才能有效地避免对《文通》的误解（以是为非或以非为是）。吕叔湘先生说得好："马氏之书，有理论先后自相矛盾者；有理论不误而例证说明与之相抵牾者；有例证轶出理论之范围者；有马氏误而宜从他人之刊正者；亦有马氏自成体系，不能谓之误，而刊正者未悟其旨者。凡此诸类，所在皆是，读者宜一一究心，然后乃能有得。"（转引自《马氏文通札记》）吕先生又说："《马氏文通》之可贵，就在于它充分提供矛盾，我们现在读《文通》主要也是为了揭露矛盾。通过这一揭露，更深入地探索这些矛盾的根源，了解问题的本质，提到方法论的高度来研讨。这样就有可能把我们引导到解决汉语语法体系问题的正确道路上去，《马氏文通》也就在这个意义上起到了积极的作用。”（同上引）吕先生的这两段论述，不仅为青年语言学者提出了更高层次的目的，而且指出了更高层次的方法，是我们研读《文通》的纲领。

第三，本书编写的条例。

一、保持《文通》原有的语法体系和篇章安排，为了使其体系更加显现，其眉目更加清晰，只在篇章安排上稍作调整，必要时增加一些标题。

二、《文通》的例句非常丰富，为了使其语法体系的条理更加醒目，使其概念及界说得到符合马氏意愿的解释，我们从中选择各种类型的最具代表性的例句加以剖析。

三、《文通》里有些前后自相矛盾的理论与解说，有些与其理论相抵牾的例证，有些超出其理论范围或分析失误的例句，在不影响其体系框架的前提下，随文指出并再作剖析。

四、《文通》原有的术语及其界说是其体系的组成部分，在研读时当尽量运用，只在必要时与后来流行的术语名称作些比较，以便准确地理解其原意。

五、为了理清《文通》的语法体系，必要时在某些章节之后作一小结，或加以概括，或予以申说，或突出其价值，或纠正其失误，内容不拘，形式随意。

精读专业性的经典著作，是攻治某门学科的最主要而又最有效的途径。这是我从事高校教学和研究几十年来始终坚守的信念。这本数易其稿的教本，就是我多年来研读并讲授《马氏文通》的一个总结。如今奉献出来，只是给有志于攻读汉语史专业的青年学者提供一个辅助性的读物。如果能够藉此使他们较快地掌握这部汉语语法学的奠基之作，领略其中的奥妙与著者筚路蓝缕的甘苦，那么我就感到十分的欣慰了。

白兆麟

2005 年 7 月 20 于安徽大学困庐

上编 《文通》研读

第一章　导　论

一、《文通》问世的历史背景

汉语语法学究竟何时萌芽？学界说法不一，这里不去深究。无论如何，先秦之《春秋谷梁传》和《春秋公羊传》两部古籍对所谓“春秋书法”的解说，已经呈现出对文句分析的端倪。到两汉，毛亨《诗诂训传》、郑玄《三礼注》、何休《公羊传解诂》、赵岐《孟子章句》、高诱《战国策注》、《淮南子注》、《吕氏春秋注》等，已有较多方面的文法分析，许慎《说文解字》里也有不少虚字的训释。由《文心雕龙》到《五经正义》，其语法论析则更丰富。直到清代前后，出现了卢以纬的《语助》、袁仁林的《虚字说》、刘淇的《助字辩略》、王引之的《经传释词》等虚字专书。这些专书仅仅研究了古代汉语语法的一小部分，未能反映古代汉语语法体系的整个面貌。

因此，汉语语法发展史的研究事实说明，在《文通》问世之前，除了片言碎语的语法分析和一些虚字解释的专书以外，还未能产生真正语言学意义上的全面而系统的语法学著作。就我国古代的学者来说，撰写如《文通》那样的语法著作，在智力和能力上可以胜任的可谓不乏其人，即如前面提到的刘勰、孔颖达、王若虚、卢以纬、袁仁林、刘淇、王引之等，他们在章句和虚字的分析中大都表现出了或弱或强的自觉的语法意识，然而，为什么直到19世纪末才由马建忠来完成《文通》的撰写任务呢？

这里有客观原因，也有主观因素。就前者而言，现代语法学家何容曾经指出：“中国语言里没有那么些繁复的‘表意方法’；在别种语言里有些要由‘方法’来表示的意思，在中国语言里常是用‘独立表意的成分’表示出来；更具体一点说，在别种语言里有些由词的‘音变’或‘附加成分’等方法来表示的意思，在中国语言里常是用一个独立的‘词’来表示。表意的方法少，所以文法容易。”（《中国文法论》22页）这就是说，由于汉语是分析型语言，没有西方语言那样的曲折形态，用汉字记载的古代文献距离口语又比较远，解释词语和识别汉字才是通晓古代典籍的主要途径，因而训诂学和文字学就显得特别重要，在古代发展最早，而语法学则退居次要地位，其产生自然缓慢。

就后者而言，现代启蒙学者胡适，在其《国语文法概论》里已经作了明确的解答：“我国的语言文字向来没有比较参证的材料，故虽有王念孙、王引之父子那样高深的学问，那样精密的方法，终不能创造文法学。到了马建忠便不同了。马建忠得力之处，全在他懂得西洋的古今文学，用西洋的文法作比较参证的材料。”胡适说得非常明白。同马氏以前与当时的学者相比，马氏留学国外，具有一种独到的学识与眼光，这就是两种语言文字的深厚功底及其折射，因而能够超越时空，熟练地运用历史比较的方法，揭示汉语组织结构的规律与特点，终究拉开了科学语法研究的序幕。

二、科学的语法体系

语法即语言的结构。语法体系是指特定语言的语法结构的有组织的整体。

语言的语法结构，既有民族性，又有历史性。就前者而言，如汉语词形曲折变化极少，而俄语词形曲折变化很多；汉语修饰语一般置于中心语之前，而俄语修饰语置于中心语之后或之前却相当自由，等等。就后者而言，如上古汉语没有量词，判断句一般不用系词，而现代汉语量词却相当丰富，判断句一般要用判断词，等等。

语法体系是语言结构的有组织有条理的整体。体系的特征首先在于整体性，但这个整体性并非偶然的凑合，而是由其各个部分按照一定的关系组织成的。语法就是一种使语言具有条理性、严密性与可知性的体系。

众所周知，语法体系有两种含义：一是指客观存在的特定语言的语法结构整体，一是指该客观存在的语法结构整体在人们头脑中的主观反映。客观的语法体系，是指特定语言语法的自然条理；而科学的语法体系，是指语法学家所主观反映的语言语法的科学条理。后者之特点在于有一定的科学性和逻辑性。所谓科学性，是指真实地反映客观存在的语法体系；所谓逻辑性，是指特定语言语法体系的科学条理。不过，这后一种语法体系，由于语法学家的某种局限，所关注之重点的不同，所观察研究之深度与浅度、现象与本质的种种差异，因而可以有各家不同的分类与解释。

一般说来，科学的语法体系应该达到下列目标：(1) 对于各种语法范畴和语法规律，应给以明确的定义；(2) 对于复杂的语法现象，应作出合理妥当的分类，其分类尽可能做到比较周延而穷尽；(3) 对于具体的语言材料，应该找出语法的一般规律予以解释，并找出各种语法特征来分析语法结构；(4) 应当讲究研究方法和分析方法，尤其要注重归纳与演绎相结合的科学方法；(5) 应当符合特定语言语法体系的总体格局，并且力求简明。

《马氏文通》是我国第一部具有科学体系的语法专著，它不仅真实地反映了古代汉语的语法结构的整体，而且基本上达到了上述五个目标。总的来说，这部专著不但具有严密的科学性，而且具有一定的创造性。

三、写作意图与内容编排

说到马建忠的写作意图，不能不涉及他对人类思维和语言的基本观点，即思维的共同性和语法的普遍性。《文通·后序》云："而亘古今，塞宇宙，其种之或黄、或白、或紫、或黑之钧是人也，天皆赋之以此心之所以能意，此意之所以能达之理。"（12 页）这是说，人类具有古今一贯、种族不分的共同的思维领域。《后序》又云："若希腊、若辣丁之文词而属比之，见其字别种而句司字，所以声其心而形其意者，皆有一定不易之律”。“盖所见为不同者，惟此已形已声之字，皆人为之也。”“然而言语不达者，极九译而辞意相通矣。”（12 页）这是说，各民族的语音、文字虽然有“人为”的差别，但构筑语言的规律却是普遍“相通”的。

以上两种基本观点，决定了《文通》写作的实用性。《文通 · 序》云：“士生今日而不读书为文章则已，士生今日而读书为文章，将发古人之所未发而又与学者以易知易能，其道奚从哉？”（10 页）显然，马氏是为了“读书为文章”这个根本目的而给当时之学者提供一条“易知易能”之“道”。

其自序末段又云：“余……爰积十余年之勤求探讨以成此编。盖将探夫自有文字以来至今未宣之秘奥，启其缄縢，导后人以先路。”（11 页）他认为，“集字成句”是有其“秘奥”即规律的，此规律是可以“勤求探讨”，可以学习“授受”的。他撰成此编就是为了“导后人以先路”。

以上表明，马氏撰写《文通》之初衷并非如现今之学者，一心要创建一个文法体系，而是怀抱着一个实用的目的，即单纯为人们能够更快更好地学习古代汉语提供便利。“无心插柳柳成荫”，单纯的目的反而使人在不经意间达到较高的境界，为实用而寻求古汉语语法的规律，所求之规律却很可能更加切合古汉语的实际。

马氏还说：“然则古人小学，必先讲解经理、断绝句读也明矣。夫知所以断绝句读，必先知所以集字成句成读之义。”“至于逐字之部分类别，与夫字与字相配成句之义，且同一字也，有弁于句首者，有殿于句尾者，以及句读先后参差之所以然，塾师固昧然也。”（10 页）其《后序》还提及，他常把汉语和“若希腊、若辣丁之文词而属比之，见其字别种而句司字，所以声其心而形其意者，皆有一定不易之律，……于是因所同以同夫所不同者，是则此编之所以成也。”（12 页）

寻求“集字成句成读之义”，运用比较的方法探讨汉语“一定不易之律”，这是探求真理的科学精神。可以说，此种精神贯穿着整部《文通》。只有“求其所以然”，才可能产生语法科学。

对于内容安排，《文通 · 例言》云：“是书所论者三，首正名，次字类，次句读。”（15 页）而其《序》却说：“部分为四：首正名，次论实字，次论虚字，以论句读终焉。”（10~11 页）其实《序》所说，不过是把字类再分为两部分来叙述而已。应当指出，“正名”是“字类”和“句读”的总纲要。《文通》先列“正名”一卷，只是由于“夫字类与句读，古书中无论及者，故字类与字在句读所居先后之处，古亦未有其名”（15 页）。因此，《文通》的实质性内容，只有“字类”和“句读”两部分。

有一点需要在此指出，卷三（实字）所述内容比较庞杂。其中“位次”（主次、偏次、宾次、同次）与“论比”（平比、差比等）这两部分，就其实质而言，当属“句读”问题，照理不该夹杂在“实字”卷里。由于马氏拘泥于西方词法内容的传统安排，因而忽视了与汉语不相适应的情况。

《文通·例言》开宗明义：“是书本旨，专论句读，而句读集字所成者也。惟字之在句读也必有其所，而字之相配必从其类，类别而后进论夫句读焉。”（15 页）这就是说，论“字类”是为论“句读”服务的。可见，《文通》是一部以字类为重点，而又以句读为归结的语法著作。

在篇章安排上，《文通》共十卷，卷一是总论，卷二至卷十是分论。当然，也可看作三部分：一是正名（卷一），这是全书的总纲，也是其语法体系的轮廓；二是字类（卷二至卷九），分别论述实字和虚字；三是句读（卷十），专论“句读之所以成”，总括其前已散见，补充其前所未见。

第二章 《文通》语法体系概说

第一节 字类概说

所谓字类，即今之词类。《文通》所依据的材料是古代文献，而古代书面汉语一般来说都是一字一义，因而在大多数情况下一字即相当于一词。后来的语法学家认识了“字”与“词”的区别，便把“字类”改称为“词类”了。

（一）字分两大类

《文通》把“字”先划分为“实字”和“虚字”两类。这种分类，是我国由来已久的有文献依据的说法。不过在此以前，古人区分虚、实，多从意义考虑，偏重于主观印象的描写，从来也没有哪位学者为之划分过明确的界限，不少表述带有随意性和模糊性，使人极难把握。到了《文通》，才稍稍从语言学的角度给以比较确切的界说。对此，《文通》有四处明确提及其含义：

（1）《自序》：“次论实字。凡字有义理可解者，皆曰实字”；“次论虚字。凡字无义理可解而惟用以助辞气之不足者曰虚字。”（11页）

（2）《卷一》，界说一。（19页）

（3）《卷一》：“字类凡九，举凡一切或有解，或无解……”（23页）

（4）《例言》：“构文之道，不外虚实两字，实字其体骨，虚字其神情也。”（15页）

可以看出，前三说都是根据逻辑学上的“有无律”，运用二分法把“字（词）”分成“实”、“虚”两类。后一说只是给“实字”和“虚字”分别作一比喻性的描述。

今天看来，其解说并不十分完整周密。所谓“有事理可解”和“无事理可解”，由于人们的理解不同，曾引起过不少的论争。一般说来，“字”总是“有事理可解”的，不过是或具体与抽象、或意义与功用之不同，不是归入实字一类就是归入虚字一类的，但有些“字”并非纯粹，其义较实，而其用较虚，这自然会引起归类上的争议。

客观地说，《文通》划分实字、虚字两大类，其中有继承也有创新。马氏以前，虽有实、虚之说，但概念不确定，因人而异，而且大多从修辞角度讲解古代诗文。马氏将“实字”、“虚字”两个术语应用于语法研究，不能不说是首创。《文通》云：“读王怀祖、段茂堂诸书，虚实诸字，先后错用，自无定例，读者无所适从。今以诸有解者为实字，无解者为虚字，是为字法之大宗。”（20页）对马氏“有解、无解”之说，后来陈承泽、杨树达等学者虽然曾给以批评，但是他们也都承认，“马氏分别虚、实字，自较前人为精密”，其“分界之标准，尚属可通”。（参阅《国文法草创》、《马氏文通刊误》等）

（二）实字分五类

《卷一》之界说二至界说六，分别对“名字”、“代字”、“动字”、“静字”、“状字”五个字类进行了解说。（20~21页）

《文通》是按照逻辑事理作如上安排的：“名字”是表示事物的，因而在顺序上排在首位；《文通》之“代字”是代替“名字”的，它以名字作为自己的前提，因而排在“名字”之下；事物无非两种状态，即动态和静态，反映这两种状态的“字”，就成为“动字”和“静字”；事物的动静两种状态又有深浅程度等等各种情况的不同，而反映这些不同情况的“字”就是“状字”。

与后来以王力《中国现代语法》、吕叔湘等《语法修辞讲话》为代表的现代汉语语法实词的分类相比，有三点值得注意：其一，《文通》没有单独设立“数字（数词）”一类，而是把它归入“静字”，称作“滋静”；其二，古代汉语尤其上古汉语没有量词，故《文通》未设立所谓“量字”；其三，《文通》把“代字”、“状字”列入“实字”，而现代汉语与此相当的代词、副词一般却归入虚词。《文通》未给“数字”独立建类，并非毫无理由，因为古代汉语数词可直接名词，又可直接作谓语，这跟形容词没有多大差别，所以马氏把“数字”和“静字”合为一类。

从表层看来，名、代、动、静、状五类并列；而从深层考察，马氏是将它们分为两大类，即名、代为一类，动、静、状为一类。《文通》于界说“名字”和“代字”之后云：“代字之异于名者，名因事物而各殊，代字则所指异而为字则一。……凡代者必与所代者同其体用耳。故代字者，不变之名也，用与名同。”（20~21 页）在界说“动字”和“静字”之后云：“故静字与动字两相对待”（21 页）。其后云：“可知动、静两类字，古人于遣词造句，视同一律，并无偏重也。”（286 页）又云：“状字原以肖动静之貌，与静字无别。古人于静字、状字，统以静字名之。”（286 页）显然，在马氏的心目中，“名、代”是指称事物的，而“动、静、状”是表述事物的。

（三）虚字分四类

《卷一》之界说七至界说十，分别给“介字”、“连字”、“助字”、“叹字”四个字类进行了解说。（22~23 页）

关于“介字”，《文通》解释说：“凡文中实字，孰先孰后，原有一定之理，以识其互相维系之情。而维系之情，有非先后之序所能毕达者，因借虚字以明之，所谓介字也。”（22 页）这段解释表明，马氏至少看到两点：其一，汉语注重语序，实字“先后之序”不同，“其互相维系之情”就不同；其二，语序不能完全表达实字所有“互相维系之情”的，介字在结构中具有补足联系之作用。

关于“连字”，《文通》云：“字句相接，不外提、承、展、转四者，皆借虚字以明其义。”（22 页）显然，马氏是把古代文章作法里的某些概念，吸收到语法学里来。这里，对传统既有继承，也有改造。在马氏之前，凡讲虚字的专书，如《语助》、《助字辩略》、《经传释词》等，大都因事立名，以致名目繁多。如《助字辨略》即有“承上之辞、继事之辞、承上转下语助之辞、相及而殊上事、义转而益进、转语、设辞、两设之辞、更端之辞、脱或之辞”等。其他几部，亦无例外。而《文通》只分“提、承、展、转”四小类，虽然不免粗疏，但毕竟凡响不同。

关于“助字”，《文通》云：“凡字句但以实字砌成者，其决断婉转，虚神未易传出，于是有‘也’‘矣’‘乎’‘哉’诸字，以之顿煞，而神情毕露矣。”（23 页）可见，马氏所谓“助字”，仅限于用来表示顿宕或煞尾的语气词。即使如此，与西方语法相比，确系“华文所独”。这应当说是一个创造，值得重视。

（四）小　结

《文通》在给“字”区分为九类之后，加以小结说：“字各有义，而一字有不止一义者……义不同而其类亦别焉。故字类者，亦类其义焉耳。”（23 页）

这里所说的“义”，是指词汇上的意义还是指语法上的意义，未免有些含混不清。联系下面所举例句及其分析来看，确实如此：

> 凡字之有数义者，未能拘于一类，必须相其句中所处之位，乃可类焉。经籍中往往有一句叠用一字而其义不同者。《论语·学而》：“求之与，抑与之与？”第二“与”字为动字，上下两“与”皆虚字也。《孟子·万上》：“讼狱者不之尧之子而之舜。”第二“之”字，虚字；上下两“之”，解往也，动字也。《庄子·德充符》：“人莫鉴于流水而鉴于止水。惟止能止众止。”“止”字四用：“止水”之“止”，静字，言水不流之形也。“惟止”与“众止”两“止”字，泛论一切不动之物名也。“能止”之“止”，有使然之意，动字也。是一“止”字而兼三类矣。（23~24 页）

由以上马氏之解说可以看出：首先，未能明确区分作为书写符号的“字”与其所记载的“词”；其次，未能区分作为造句单位的“词”的词义与功能。例如前二例句的“与”和“之”，都是一字记写二词；后一例句的“能止”之“止”，作“停止”讲是其本用，“惟止”、“众止”之“止”是临时用为名词。正因为《文通》未能把字与词、词汇义与语法义、本用与活用严格区分开来，所以才得出“字无定义，故无定类”的结论。这是不完全切合汉语的实际情况的。

再联系卷二所谓“通名假借”（34 页），卷三所谓“更有以公名、本名、代字、动字、状字用如静字者”（112 页），卷五所谓“动字假借”（191~195 页），其“字无定类”说与“字类假借”说二者显然自相矛盾。既然“字无定类”，也就不存在什么“字类假借”；如果有“字类假借”之说，那就是按照“字有定类”来讲了。（详参何容《中国文法论》42 页）

不过，马氏虽有“字无定类”之说，但毕竟是立足于“字有定类”的基础之上的，否则他就不会把“字”分为九类。因为马氏所谓“字无定类”之“字”，是指“字”的使用状态，即处于具体文献里的“字”，其字义是“字”的使用义；而他意识中“字有定类”之“字”，是指“字”的非使用状态，即脱离具体语境的“字”，其字义是“字”的概括义。当然，马氏的局限是把“字义”限于词汇意义，而未能考虑到“字”的语法意义（语法功能）。

第二节　句子成分概说

（一）句子的含义

句子成分，即构成句子的各个部分。以句子的整体为对象加以分析，就成为句子的各个部分。分析句子成分，先要明确句子的概念。

卷一之界说十一即对“句”作了解说。马氏于其下引用了刘勰的论述：“置言有位，位言曰句”。“置”即安置，是泛说；“位”是按照章法安置，是特指。所谓“句者，局也”，是用传统的声训法揭示“句”的含义，“局”有布局和局限两个意思。马氏由此而申述己意：“句者，所以达心中之意。而意有两端焉：一则所意之事物也，……一则事物之情或动或静也。”（24 页）界说之“辞意已全”，此所谓“达心中之意”，说的都是句子的意义，即表达完整的思想。界说之“字相配”，此所谓“意有两端”，说的都是句子的结构，即句子是以字为单位而互相结合，主要是由两个部分构成的。

马氏云："意达于外曰词。"可见，《文通》所谓"字"即今之所谓"词"，而《文通》所谓"词"即今之所谓"句子成分"。

（二）起词和语词

界说十二，是用作为陈述对象的事物来给"起词"下定义。界说十三，是用"起词"作为先行概念来给"语词"下定义。

马氏于前文指出"意有两端"："一则所意之事物"，即指"起词"；"一则事物之情"，即指"语词"。这就是后来所说的"主语"和"谓语"。关于"语词"（谓语），由于没有交代清楚，一向容易引起混乱。马氏云，"意有两端"，"凡句必有起、语两词"。在分析《孟子·梁上》"彼夺其民时"一句说："'彼'，起词，指暴君也；'夺民时'，其语词也。"（25 页）马氏这里所说的"语词"是指"大谓语"（完全谓语），即动词"夺"连同后面的宾语"民时"。可是，马氏又云，"字之为语词者，动字居多"（25 页），"若语词之为外动字者，概有止词以续之"（25 页）。这里所说的"语词"似指"小谓语"（简单谓语），即仅指外动字。不仅《正名》一卷如此，末卷《论句读》亦如此。譬如：

"外动字或为语词，或为散动，其止词必位其后。"（396 页）

"凡曰语词，则动字与其所系者皆举焉。"（405 页）

前一"语词"是指"小"（动字），后一"语词"是指"大"（动字与其所系者）。从其前后对有关例句的分析也可以看出，《文通》似乎彷徨于"大""小"二者之间。

（三）止词和表词

界说十六，从字类、位置、语义三个方面给"止词"下了定义。其特点有三：其一，由名字或代字充当；其二，一般置于外动字之后；其三，是外动字之行为所涉及的对象。

动字作语词的很多，因而动字句非常多。《文通》分动字为"内动字"和"外动字"两小类。界说十四和十五，分别给内动字与外动字下了定义。有外动字而后有止词；“语词之为内动字者，虽只字亦足以见意”（25页），即内动字不能有止词。因此，外动字是止词得以存在的前提，而止词是由外动字所引起的结果。

《文通》云：“惟静字为语词，则名曰表词”。（26页）又云：“又或表词不用静字，而用名字、代字者，是亦用如静字，以表起词之为何耳。”（26页）因此，充当表词的有两类字：一是静字，二是名字或代字。其语义皆“所以表白其为如何者”，“亦以别于止词耳”。“表词”之设立，就突破了拉丁文法“谓语”的范畴，是从汉语的实际出发的。

（四）司词和加词

界说二十二给“司词”下了定义。司词是“为介字所司者”（28页），即今之所谓介词的宾语。

《文通》于其下云：“介字与其司词，统曰加词，所以加于句读以足起、语诸词之意。”（28页）可见，所谓“加词”即今之“介宾结构”。其作用是用来完足句子的意义的。

然而问题并不这样单纯。

关于司词，《文通·卷三》又提出所谓“象静司词”：“象静后之司词，犹动字后之止词，所以足其意也。”（120页）并举例分析说：“《论语·为政》：‘言寡尤，行寡悔，禄在其中矣。’‘寡’静字也。所‘寡’者何？‘尤’与‘悔’，其司词也。”何容、高名凯等都曾指出，这完全是仿照拉丁语法所谓“宾语性的属格”而定的名称。如果按照《文通》的体系，当称为“象静止词”或“象静转词”（形容词所系之宾语或补语）才是。马氏取名为“象静司词”，结果这“司词”与所谓“凡名代诸字为介字所司者”之“司词”就相互混淆了。

关于加词，《文通·卷三》又另外提出一种“加词”：“凡名、代、动、静诸字所指一，而无动字以为联属者，曰加词。”（106页）并且列举了“加词”的六种格式。显然，这种“加词”即今之所谓“同位语”。

前后所说两种“加词”是同名而异实。后来有些语法学家认为，如果把后一种称作“加词”还算名副其实的话，那么前一种“加词”用来称呼“介字加上司词”（介宾结构）就似乎不妥，因为这种“加词”与马氏所谓“转词”几无区别。对此，陈承泽、杨树达等都曾指出过。吕叔湘还曾经提出过解决的办法，即让“加词”用来专指同位语和类似同位语的成分，而删除马氏所说的前一种“加词”（介字加司词）。

其实，我们如果全面领会马氏的解说，就不会觉得其间有什么矛盾了。《文通》设立“加词”这一名目，是用来“加于句读以足起、语诸词之意”。这里再强调一下，两种“加词”都是用来完足“起、语诸词之意”的。就是说，用来指同位语的那种“加词”，是“足”起词、止词“之意”；而用来指介宾词组的那种“加词”，是“足”语词、表词“之意”。如果删去其中一种，在“完足”“诸词之意”上就显得不完备了。这才是马氏所谓“加词”的真意。当然，《文通》对“加词”的界说自有不够周密之处。

（五）转　词

《文通·正名》篇（卷一）并未给“转词”专设界说。“转词”这个名称第一次出现，是在卷二分析《庄子·逍遥游》“覆杯水于坳堂之上，则芥为之舟”一例时，曰：“故‘之’字应作转词，详后。”（48 页）所谓“详后”，是指卷四论述外动字而给“转词”以明确的界说：“外动行之及于外者，不止一端。止词之外，更有因以转及别端者，为其所转及者曰转词。”（145 页）同卷在讲内动字之时也有此说（166 页）。试看下列例句的分析：

> 《孟子·梁上》云“王如施仁政于民”一读，“施”外动字也，“仁政”其止词也，“民”为转词……“于民”在“仁政”之后者，转词后乎止词也。（145 页）
>
> 《孟子·公下》：“子哙不得与人燕。”“人”名也，单字“与”字之转词，今先于“燕”。“燕”，“与”之止词也，盖犹云“子哙不得与燕于人”也。（146 页）

以上论述与分析表明如下几点：

首先是转词的范围。转词有两种情况：一是外动字除止词外所转及的名字或代字，二是内动字所转及的名字或代字。

其次是转词与司词的关系。转词和司词实际上是同一个对象：这个对象对介字来说叫司词，对动字来说叫转词。例如《孟子·尽上》："柳下惠不以三公易其介。"《文通》析曰："'三公'转词，即所用以'易'者也，故以'以'介焉，而先乎'易'字，'其介'者止词也。"（149页）显然，"三公"对动字"易"而言是转词，对介字"以"而言是司词。"转词"和"司词"两个概念可以并存，因为按照《文通》体系，"司词"与介字是词组构造，是一种语言单位，而"转词"与动字是句子结构，是一种句子成分。

再次是转词与止词的界限。从《文通》对有些例句的分析可以看出，马氏对转词和止词二者的界限还不够清晰。例如《孟子·离上》："天下之本在国，国之本在家。"《文通》析曰："'在'字后皆以名字为止词。"（181页）而《论语·季氏》："吾恐季氏之忧，不在颛臾，而在萧墙之内也。"马氏却又认为"颛臾"和"萧墙之内"是转词。（210页）又如《左传·隐元》"公语之故，且告之悔。"析云："'语''告'两字后'之'，指告语之人，曰'故'曰'悔'，乃告语之事。"（152页）前者说是转词，后者说是止词。同是一例，卷十分析时又说："'语''告'两动字后，所有'故''悔'两字皆转词，并无介字为介。"（401页）前后所说不一致。直到黎锦熙的《新著国语文法》，才把这两项都列入"双宾语"的范畴。这样处理，不仅切合汉语的实际情况，而且也符合"语法体系须简洁明白"（陈望道语）的要求。

（六）前词和后词

对这两个与句子成分有关的名称，《文通》并未多讲。卷二阐述"代字"时云："凡为所代者前乎代字而见者，曰前词。亦有后乎代字而见者，亦曰前词。"（41页）

在阐述"询问代字"时云："询问代字者，所以求知夫未知者也……其所以答所问者，曰后词。"（71页）

以上所述表明，所谓"前词"与"后词"，并非指句子里的位置。前词是指“代词”所代之词语；后词是指针对“询问代词”之答语。显然，这是马氏所独创的两个名目，但在句法分析上实在没有存在的必要，而事实上《文通》在别处也未曾使用过。

（七）断词和状词

“断词”与“状词”，是《文通》里两个非正式的句法名称。卷一在为其所定界说作小结时说：“凡状词必先其所状。”（30页）有时也写作“状辞”（244页、409页）、“状语”（245页、407页）。联系《文通·卷六》“状字别义”一节所举多数例句的状字，如“已、将、遂、亟、迭、颇、必、果、良、不、岂、讵、庸”（233~243页）等来看，大体与今之所谓“副词”相当。可是，在上述小结之下又云：“夫静字以肖事物者，亦所以状名代字也，故先所肖焉。”（30页）如此说来，这所谓“状词”似乎又相当于后来所说的“定语”。再联系“状字别义”一节所列举之用于动字之前的“东、西、上、下、大、空”等，很明显，其“状词、状字”之外延比今之副词要大得多，有些类似于今之所谓“状语”。

卷三在论及“表词”时云：“凡以表决断口气，概以‘是’‘非’‘为’‘即’‘乃’诸字，参于起、表两词之间，故诸字名断辞。”又云：“断词，一曰决词。”（129页）这样说来，所谓“断词”或“决词”是指用于起词和表词之间，具有判断作用的“系词”。然而在全书中，被称作“断辞”或“决词”的并不限于上述诸字。例如：

《论·里仁》：“盖有之矣。”“有”者，决辞也。（180页）

《论·子路》：“必也正名乎！”诸句内皆以决辞合于助字而为表词也。（238页）

《孟·离上》：“民之归仁也，犹水之就下”。“犹”“若”诸字，用若断词，所以决其可比之理。（248页）

《论·子张》：“就有道而正焉，可谓好学也已。”“也”字断词，常语也。（378页）

可见马氏所谓“断辞”“决词”的含义极不确定，其语法意义并不严格，除指系词外，还泛指“必”“也”等一切有判断语气的词语。

（八）读

界说二十三给“读”作了明确的解释。（28 页）根据这个界说，“读”与“句”都“有起、语两词”，其区别在于前者“辞意未全”，后者“辞意已全”。这样，《文通》之“读”即今之所谓“主谓词组”。

其下具体说明“读之式”：“用如句中起词者”，即主谓词组作主语；“用如句中止词者”，即主谓词组作宾语；“兼附于起、止两词以表其已然者”，即主谓词组作定语；“有状句中之动字者”，则为主谓词组作状语。

根据其界说，所谓“读”如吕叔湘所说，即不独立或半独立的句子。与今日之说相比，包括三种情况：（1）主谓结构的词组；（2）主谓结构的句子形式；（3）主谓结构的从属分句。联系其例句分析，大致如此。

然而在分析带“者”或“所”的例句时，“读”的概念又似乎不怎么清晰。例如：

> 《孟·梁下》：“以大事小者，乐天者也。”“以大事小者”一读，句之起词也。“者”字乃泛指人君，而为读之起词，“事小”其语词。此“以大事小者”五字连成，乃囫囵设一“事小”之人在，故此读用同静字。“乐天者”，句之表词，“乐天者”三字亦读也。“者”字亦泛指人君，为读之起词。“乐天”，其语词。（29 页）

> 又《公上》：“管仲，曾西之所不为也。”“管仲”，句之起词，“曾西之所不为”一读，表词也。“曾西”，读之起词，“为”，动字，“所”，代字，指管仲，犹云“管仲乃曾西不为之人”。（29 页）

《文通》于前一例，说两个“者”字都是“起词”；于后一例，说“曾西”是起词，“所”指管仲，似为止词。这“起词”、“语词”、“止词”自然是就句读的意念而言，而不是就句读的结构而言。这么一来，《文通》所谓“读”并不一定等于今之“主谓词组”，也包括其他词组之具备意念上之起词、语词者。此类矛盾，在卷十专论“读”时还有所流露。

按照《文通》卷十所说，“读”和“句”又似乎是两种不同而平行的语言单位。再联系前面所说的“视同静字”，“与状字同功”（28 页）等等，《文通》之“读”好像是一种“中西合璧”的概念，即把“从属副句”之类也融合进来了。这跟现在大多数语法学者的理解当然不同。

第三节 位次概说

（一）位次的含义

卷一界说十七，给“次”下了明确的定义。据此，“次”有两个要点：(1) 是名字、代字的位次；(2) 是它们在句读中的位次。

在上述界说之前，《文通》有一段说明：“今复以名代诸字位、诸句读，相其孰先孰后之序而更立名称，凡以便于论说而已。”（27 页）由此可见，界说十七之“位”有两层意思：一是指名、代诸字在句读中的“先后之序”，一是指名、代诸字在句读中彼此间的关系。

显然，马氏基本上是依据西方语法“格”的概念，为汉语设立了“次”这个句法术语，作为分析句子时的辅助性概念。说是“基本上”，也就是不完全如此。《文通》于界说五类实字之后云：“凡文中实字，孰先孰后，原有一定之理，以识其互相维系之情。”（22 页）所谓“互相维系之情”是指句法关系，这是语法意义；所谓“孰先孰后”是指语序，这是语法形式。这里就涉及“位次”与上述“句子成分”的关系与区别。所谓“位次”是着眼于字词而提出的，“句子成分”则是着眼于句子而提出的。再联系“意达于外曰词”（24 页）的解说，“词”作为句子成分的一套术语，是以句子为对象而分析它的各个组成部分，是马氏用来表达意义的；而“次”这套术语是就字词之语序而言，是句法结构在形式上的概括。换句话说，位次是从字词与句子成分的相应关系上设立的。

《文通》明言：“次有四：曰主次，曰偏次，曰宾次，曰同次。”（89 页）但在行文中实际提到的共有六个“次”：与“偏次”相对者有“正次”（90 页），与“同次”相对者有“前次”（102 页）。

（二）主次和宾次

这是一对相互联系的概念。

先说“主次”。卷一界说十八指明了“主次”的含义，似乎仅指“起词”。其实不然。卷三论及“同次”时云：“凡名代诸字，所指同而先后并置者，则先者曰前次，后者曰同次。”（102 页）接着讲到“同次之例”，其中“用如表词”之二曰：“凡注解之句……其表词或为名字，或为一读，而其次必同乎起词。”（104 页）看来《文通》所谓“主次”，其范围有三：(1) 起词是主次；(2) 表词是起词的同次，因而是同主次；(3)“呼语”和“题名”（参见 89 页）。

再说“宾次”。界说十九指明其含义，再联系界说二十二所云“司词之次，亦为宾次”（28 页）和卷三所论“凡名字用以记地、记时、记价值、记度量、记里数，类无介字为先者，皆可视同宾次”（97 页），则其范围亦有三：(1) 外动字所带的止词，(2) 介字所带的司词，(3) 动字所涉及的转词。

（三）正次和偏次

界说二十和二十一分别解释二者的含义。其下又云：“凡在主宾次而为偏次所先者，亦曰正次。而以言句读中所处之位，则仍以主宾为次焉。”（27 页）这表明，正次和偏次是就其结构内部而说的，即今之偏正结构的中心语和前附加语；若就其句中所处之位而言，仍然是主次或宾次，即今之所谓偏正词组充当主语或宾语。

（四）前次和同次

其界说在卷三“同次三之四”（102 页）。关于此二者的关系，马氏云：“同次云者，犹言同乎前次者。同乎前次者，即所指者与前次所指为一也。”因此，“前次”可以是主次或宾次或偏次，而其“同次”也就成为同主次、同宾次或同偏次了。

所谓“同次之例有二”（104 页），是说同次的范围主要有两项：

（1）表词是起词的同次，这是同主次。例如：

《史记·屈贾传》："其文约，其辞微，其志洁，其行廉。"所有"约""微""洁""廉"四静字，各表其起词而与之同次焉。（104页）

《庄子·逍遥游》："南冥者，天池也。"犹云"南冥即天池之地"，故"天池"与"南冥"同次。（104页）

前一例是静字用为表词，即今之所谓形容词作谓语。后一例是名字用为表词，即今之所谓体词作表语的判断句。马氏称为"同次"，是因为表词与其所表者相同。

（2）加词是同次，这是指同位语的加词而说的。加词的前次可以是主次、宾次或偏次，而加词即前次之同次。例如：

《庄·骈拇》："臧与谷二人，相与牧羊而俱亡其羊。""二人"与"臧""谷"同次。（102页）

《史·陆贾列传》："右丞相陈平患之。"右丞相官名，加于陈平人名之先。（106页）

马氏于后一例之前云："凡官衔勋戚诸加词先后乎人名者，皆曰加词。"今日看来，这显然与其界说相互矛盾。但是，马氏自有其理由，即二者都对应于行文中的同一对象。

此外，《文通》还将下列三种情况列入同次：叠言以为警叹（103页）；止词先置，"之"字重指（109页）；主次或偏次先置，"其"字重指（109页）；名、代等字连书而意平列者（110页）。前者与后者例如：

《论·先进》："噫！天丧予，天丧予！"重言一句以自叹也。（103页）

《论·子罕》："子罕言利与命与仁。""利""命""仁"三事平列，皆同为"言"之宾次，而以"与"字连之。（110页）

这与"同次"的界说也不相符。前一例只是语句的重叠，但并非同次。后一例“利、命、仁”三者既然都是“言”的宾次，那么哪个又是哪个的“同次”呢？马氏自己也说不清楚。究其实，真正有“所指”而又“为一”的“同次”，有三种形式：

其一是“总分式”，例如“子所雅言，诗书执礼。”（108 页）其中“子所雅言”是总提，是前次；“诗书执礼”是分说，是同次。又如“所以自惟，上之……，次之……，下之……”马氏云“所叙‘上之’‘次之’‘下之’，皆所以‘自惟’之事。”（108 页）

其二是“复指式”，例如“堕肢体，黜聪明，离形，去知，同于大道，此谓坐忘。”（109 页）其中“此”为起词，复指前面所说五项。又如“礼义廉耻，是谓四维”，马氏云“‘是’字总指四名。”（109 页）

其三是“同位式”，除前引“右丞相陈平”之外，又如“独畏马服君赵奢之子赵括为将耳”，马氏云“‘马服君’勋名，加于‘赵奢’本名之先；又‘子’者五伦之名，加于‘赵括’本名之先。”（107 页）

（五）小　结

第一，上述六“次”是六个句法术语，又是三组相对的语法结构概念。

第二，主次、宾次、偏次是主要的“次”；前次可以是主次、宾次或偏次；正次不是主次就是宾次。

第三，主次和宾次所涉及的语法结构的范围大；正次和偏次的范围仅限于偏正词组，它只是一个句子成分的内部结构。

第四，前次和同次的范围，跟主次、宾次、偏次相互交织在一起。

第五，“次”与“词”有别：“次”是指名代诸字在句法结构中与其他实字的相互关系，而“词”是指名代诸字在句法结构中的功能。二者不完全等同而其实相通，故马氏云：“起词之于主次，止词之于宾次，一也。”（27 页）

第六，“次”既然是反映词在句中的组合次序，即语序概念，而从组合的形成来看，必然要涉及组合的层次。因此，马氏设立“位次”来分析研究语序，自然会表现出朴素的层次观念。这必然给后来者以有益的启示。

可想而知，马氏设立“次”，是作为分析句子的辅助手段。从汉语的实际和今天的眼光来考察，其中只有“偏次”真正有些用处，可以用来称说名字、代字作名字的限定语。而主次与起词、表词，宾次与止词、转词，都是明显的重复。至于“同次”，《文通》论述相当混乱，留待以后再评断。

通过本章的概述，我们有如下几点基本认识：

首先，《文通》的基本概念相当明确，譬如各个字类和句读中的重要概念都有确切的定义。

其次，行文内容的安排符合严密的逻辑，譬如先讲实字，次讲虚字，再讲句读，合乎科学知识的逻辑程序。

再次，本章论述即展示了比较科学的研究方法。譬如先提出界说，再举例说明，这是演绎法的运用；在列举大量例证之后，再加以概括，这是归纳法的应用。

最后，在句子成分的设立上，马氏未能给名字用作起词和止词的限定语以及动字语词的修饰语，分别确定个名称，因而析句时不能指明。《文通》虽然有“偏次”和“状字”用来解释上述两个次要成分，但是，“偏次”是位次的名称，“状字”是字类的名称，用它们来说明句子成分，就混淆了句子成分与位次的界限，混淆了句法与字类的界限，而且也不符合这三套语法术语的体例。应当说，这是该书留给后人的一个主要的遗憾。后来的语法学家，大多取消了“位次”的一套提法，而给上述两个次要的句子成分分别取名为“定语”和“状语”。当然，如果按照《文通》的体系称说，即分别设立“定词”和“状词”，这样，原有在句子成分上的缺陷与矛盾也就基本上解决了。

第三章　名字和代字

第一节　名字和代字的类别

（一）名字的类别

《文通》区分“名字”为“公名”和“本名”两类（33 页）。其下，又把“公名”分为“群名”和“通名”两小类（34 页）。从其举例来看，所谓“公名”即普通名词，“本名”即专有名词，“群名”即集体名词，“通名”即抽象名词。

从逻辑学的角度来看，把名字分为公名和本名比较合理，而把公名分作群名和通名却不周延。因为群名是和公名、本名相对待，而通名（抽象名词）却是和别名（具体名词）相对待。也就是说，其分类的标准不同，不能混为一谈。从汉语的实际来看，这种小类的划分也没有必要，因为汉语不像西方语言那样，不同类别的名词跟能否有复数及其前是否用冠词有关。

《文通》有关名字的论述，有几点值得注意：

首先，《文通》云，“通名往往假借静字”，“假借动字”，“更有假借状字者”。（34 页）“假借”之名称明显不当，容易与传统文字学“六书”之“假借”相混淆。后来，陈承泽《国文法草创》改用“活用”说，影响极为深远。以后，又有学者把这种现象称为形容词、动词的“名物化”、“指称化”。

其次，《文通》又云：“有时加一状字（如‘不’字‘无’字）于静字、名字之先，而并为一名者。”（38 页）这个提法也不妥当。如《文通》所举“不义”、“不殆”、“无礼”、“未形”等皆为结构，并非单词，不能与“静字”、“动字”、“状字（叠字）”同样看成“假借”（活用）。所谓“不义”即指不义之事，“无礼”即指无礼之行，应当看作“节缩”，或者说是“定语涵盖中心词”。

再次，《文通》又云：“名无定式，凡一切单字偶字，以至集字成顿成读，用为起词、止词、司词者，皆可以名名之。”（40 页）此说尤为不妥，混淆了“字”与所谓“顿”“读”的界限。“集字成顿成读”可用作“起词、止词、司词”，那是词组（短语）在句子里的功能（充当句子成分）的问题，不能“以‘名’名之”，只能说其功能相当于一个名词。不过，正是从这一观点出发，马氏把“霍氏之祸”“将然之前”“五帝三王之道”“江河之所以流”这些大小不同的语言单位均“视同一名”（40 页），所以他在句子成分上没有设立与后来的“定语”相当的名目。

最后，在一般情况下，《文通》所谓“字”即今之所谓“词”，《文通》所谓“词”即今之所谓“句子成分”，这是明确的。但是在某种情况下并非如此。譬如《文通》云：“至同一字而或为名字，或为别类之字，惟以四声为区别者，皆后人强为之耳。”（35 页）又云：“名有一字不成词，间加‘有’字以配之者，《诗》《书》习用之。”（39 页）很明显，前一句里的第一个“字”与后一句里的两个“字”，是指汉字的“字”，不是今之所谓“词”。而后一句里的“词”，即马氏所谓“字类”之“字”，并非今之所谓“句子成分”。这种术语含义不固定是出于当时的无奈，我们不必去追究，但阅读时要引起注意。

（二）代字的类别

《文通》关于代字的分类，可列一简表以明示：

- 指名代字
  - 发语者（第一人称）——“吾、余”
  - 指所语者
    - 与语者（第二人称）——“尔、汝”
    - 所为语者（第三人称）——“彼、其”
  - 指前文者（重指代字）——“之、其、此、是、兹”

接读代字（关系代词）——“其、所、者”

询问代字——“谁、孰、何”，“奚、胡、曷、恶、安、焉”

指名代字
- 逐指代字——“每、各”
- 特指代字——“夫、是、若、彼、此”
- 约指代字——“皆、悉、等、诸”
- 互指代字——“自、与、相、交”

（1）关于指名代字

首先，《文通》把指名代字又分出“指前文者”一个小类。其中，“之”和“其”也是人称代字，“此、是、斯、兹”本质上是指示代字，重指代字“身、亲、自、己”实际上是和人称代字密切相关的反身代字。《文通》根据它们指前文的共同特点 概称为“指前文者”（46~55 页）。这样分类不大合理，因为指前文和不指前文在这里并没有绝对的界线，而“指所语者”（人称代词）也都可以用来指前文，何况指前文的十个代字所属的三个小类又有着本质上的不同呢？

其次，马氏对人称代词以及重指代词观察极细致，极深刻。如“‘彼’字用于句之主次，而读之主次则用‘其’字”（45 页）；又如“‘之’在偏次，有指示之意，与‘此’‘是’诸字同义”（49 页），看出“之”既用作人称代词，也用作指示代词；又如“‘其’字指名有两用焉，一为读之起词而居主次，二以附名而居偏次”（49 页），等等。

再次，把十个重指代字再分为三小类，相当合理，也符合古代汉语实际。因为“之、其”又可作人称代词；“此、是、斯、兹”只作指示代词；而“身、亲、自、己”则是反身代词。

这里，有几个例句的分析需要提出讨论。例如：

《左·宣十五》：“余，而所嫁妇人之父也。”“而”在主次。（45 页）

韩愈《上张仆射书》：“愈蒙幸于执事，其所从旧矣。”“其”偏次，愈谓己也。（47 页）

《孟·万上》："亲之欲其贵也，爱之欲其富也。"此与《论语·颜渊》"爱之欲其生，恶之欲其死"同一句法。句中"之""其"两字，同指一人，而两字卒不可互易者，则"之"必宾次，而"其"必主次之故耳。（50页）

《报任少卿书》："彼观其意，且欲得其当而报汉。"以上下文言之，"彼"当太史公自谓，不应用"彼"字。而遍查各本，皆用此字，实无他书可为比证。未敢臆断，附识于此。（58页）

先比较前二例，"而""其"皆人称代字，均用于"所"字之前，前者析为主次，后者析为偏次。可见其失误。"其"是偏次，"而"亦为偏次。因为偏次与正次之间，可加"之"字，亦可不加"之"字。第三例，马氏明确指出了"之""其""不可互易"的原因在于位次之不同。这不仅符合今天的分布理论，而且体现了历史比较的方法。

至于后一例，此引文前有一大段文字描述李陵"奋不顾身，以殉国家之急"的情状，紧接着太史公写道："仆窃不自料其卑贱……诚欲效其款款之愚，以为李陵素与士大夫绝甘分少，能得人死力，虽古之名将，不能过也。身虽陷败，彼观其意……"由上文可以推断，"彼观其意"之"彼"并非"太史公自谓"，而确实是指李陵。再联系上面一段文字："夫仆与李陵俱居门下，素非能相善也。……然仆观其为人，自守奇士。"与"观其为人"相比较，"观其意"显然也是太史公推测之辞。因此，二十余年前讲授这篇文选时，即曾于所用教材之天头眉批道："观其意——作者插入语。"如果将此句读成："彼——观其意——且欲得其当而报汉"，即不以"彼观其意"四字连读，障碍就不复存在。

（2）关于接读代字

首先，《文通》给接读代字的定义是："顶接前文，自成一读"。（58页）据此可以说明指名代字"其"与接读代字"其"的区别。例如：

> 《孟·告下》："其为人也好善。""其为人也"一读，乃"好"之起词，而"其"字主次也。（50页）
>
> 《庄·秋水》："此其过江河之流，不可为量数。"（58页）

前一例“其为人”是主谓词组作起词，自成一读；后一例“其过江河之流”是主谓词组作起词，也是自成一读。马氏认为前例之“其”是指名代字，而后例之“其”才是接读代字。这是因为前者所指未在该句中出现，中间被隔开了；而后者直接“此”字，即所谓“顶接前文”。可见，“自成一读”虽然是接读代字所必须具有的条件，但并非充足的条件，因为指名代字也可以具有“自成一读”的现象。因此，“自成一读”是其次要特征，而“顶接前文”才是其主要特征。当然，这里所谓“顶接”是指“其”字与其所指极其靠近，不可过于坐实。例如“浮屠师文畅，喜文章，其周游天下，凡有行，必请于缙绅先生”，马氏云：“第一‘其’字，直指‘文畅’，而为‘周游’之主次，以成一读。”（58 页）该例“其”与“文畅”之间虽隔“喜文章”一句，但仍然是“直指”。

其次，是设立接读代字的理由。按照《文通》所下的定义，接读代字的概念是明确的，再联系具体例句的分析，它具有自身的本质特点，这个特点足以把接读代字与指名代字区分开来。既有明确的概念，又有事实的依据，那么设立接读代字应当说是完全有理由的。《文通》还举了《史记·游侠列传》的一个非常典型的例句：

> 今游侠，其行虽不轨于正义，然其言必信，其行必果，已诺必诚，不爱其躯，赴士之厄困，既已存亡死生矣，而不矜其能，羞伐其德，盖亦有足多者焉。（60 页）

《文通》云：“‘今游侠’三字单置于首，‘其’字附于名以顶指焉，叠成数读，直至‘赴士之厄困’，然后续书‘既已存亡死生矣’一句，上接‘今游侠’之起词，犹复叠拖数句。”其分析虽然寥寥几句（商务版原句标点不合马氏之分析，今已更正），但“其”字在句读结构中的独特作用，却是很清楚的。“游侠”是总冒在整个句子前面的主语，“既已存亡死生矣……亦有足多者焉”是其谓语。而具有接读代字“其”的部分“其行虽不轨于正义……赴士之厄困”整个是具有定语性质的结构，用来表明主语“游侠”是什么样的“游侠”，其实质是主语“游侠”的后置定语。这“其”字无论解释为指示代词还是语气助词，都不如解释为接读代字或关系代词，更能显示上引例句的层次和结构。

问题在于把“所”和“者”二字认定为接读代字，即存在着不可克服的矛盾。如果那样，就不得不以“所”在句读中为止词，以“者”在句读中为起词，它们分别属于止词、起词倒置之例。然而倒置皆可还原，可是“所”、“者”却始终不能还原。于是三个接读代字，只剩一个“其”字比较合格，“者”“所”都十分勉强。问题再清楚也不过了，完全没有必要为一个“其”字而设立“接读代字”（关系代词）这个类别，以至于损害汉语语法体系的总格局。（详参《文法学及其散论》）如果不把“其”字当作接读代字，对上引例句可采取另一种分析方法，即把该句当作一个多层次的按断复句：“今游侠，——而不矜其能，羞伐其德”这个偏句是“按”，“盖亦有足多者焉”这个正句是“断”，其“盖”字即是断语之形式标志。

对于“所”和“者”二字，马氏只注意到它们具有称代性的一面，而忽视了它们还具有附着性的一面。其位置固定而不能有丝毫变动，正是其附着性的突出表现。这也是几十年后，王力把“者”和“所”看作“特殊的指示代词”（见其主编《古代汉语》）的缘故。这里显然流露出了一点无奈。结合这两方面的特性，考虑到汉语语法体系的总体格局，我们以为把“所”和“者”列入“称代助词”比较适宜。（参《文法学及其散论》）

在说到“以‘所’字领起者，有可不言而喻者”时，马氏云：“更有《传》中誓文以‘所’字领起者，而杜注与经学家直谓‘所’字系当时誓词，盖曾未细味其文，故武断耳。”（63 页）其实这是马氏未着眼于词语的演变，因而批评有失偏颇。上述用法的“所”字，其前词于上下文中不见，开始为不言而喻，由于经常用于誓词，久而久之即成为一种行文格式。杜预与经学家以共时眼光直谓“所”字系誓词，有其合理之处。

说到接读代字“者”字的具体作用时，《文通》云：“而句读之长者，或单以‘者’字殿之，而并无所指者，亦以明其故也，则‘者’字惟以提顿其句读已耳。”（70 页）其下还分析了一些例句。这就是说，这种用来表示“提顿”的“者”字，不再是接读代字，而应归入“助字”了。

(3) 关于询问代字

《文通》把询问代字区分为两组（71页），一组是“谁、孰、何”三个，一组是“奚、胡、曷、恶、安、焉”六个。不仅指明二者的区别，还揭示出它们的句法规律，可谓深入细致。在分析“如何”、“若何”、“奈何”时，点明“如、若、奈”为“动字”（75页），并云：“虽为成语，而其意则虽所用而各异，实未可囿于一解也。”这个分析也十分精到。

(4) 关于指示代字

在《文通》所分出的四小类中，就实质来说，只有特指代字“是、彼、此”等是真正的指示代字。逐指代字具有指示代字的特点，但兼有表示数量的形容词性质。“约指代字又分两种”（83页），其前一种如“皆、尽、具、悉”以及“凡、大抵、亡虑”等，实际上是表示抽象的范围意义的状字（副词）；后一种如“莫、无、或、有”等，即今之所谓“虚指代词”或“不定代词”。而互指代字“自、与、相、交”则兼有副词的性质，“与”即“相与”，“交”即“交相”，而“自”既用为反身代词，也用为互指代词。

在分析具体例句时，《文通》也有一些失当之处。例如：

> 《论·公冶》：“盍各言尔志。”“各言”者，每人言也。“各”字单用，而在主次。（79页）
>
> 《史·游侠列传》：“不可者各厌其意。”“各”在宾次，而位先动字。（同上）
>
> 《书·大诰》：“尔知宁王若勤哉！”“若勤”者，“若此勤”也。但曰“若”者，省文也。（83页）

上引前二例，前面说“各”“在主次”，后面又说“各”“在宾次”，其不同仅在于单用还是不单用。这不仅是从语义着眼，而且与前面所说的“同次”和后面所说的“加词”的提法都相矛盾。“不可者”是句中起词，居主次，“各”当为加词，是同主次。把第二例的“各”字看作“宾次”，显然有些牵强附会，不合汉语事实。其实，“每”与“各”两代字的区别有两点：一是“每”字常用于体词前，表示指示，“各”字常用于体词后，表示复指；二是在语义上，“每”偏重于“统指”，“各”偏重于“分指”。“统”“分”之别，须细加体会。（详参《文法学及其散论》）后一例，“若”即指示代字，用于静字“勤”字之前，即为“如此”之意，并非“省文”。《文通》亦曾云：“‘若’字单用，间亦训作‘如此’，非常解也。”（83 页）

《文通》于“代字”一节开头提出“前词”云：“代字指前词，则所指非特一字已也，凡与前词攸关者胥指焉。故前词或为顿，或为读，或为句，或为节，举为所指。”（41 页）马氏明确说“代字者，所以指名也”，那么所谓“前词”应当是“名字”；而马氏又说“前词”或为顿、读，甚至或为句、节，那么所谓“代字”就不单是“指名”了。有鉴于此，《文通》才于“指名代字”小类里又分出“指前文者”（43 页），这个“前文”自然可以包括“顿、读、句、节”了。其实，马氏在理论和实践两方面都已承认代字并非“所以指名者”，后来的语法学家也是这样处理的。今天阅读《文通》，当然也不必固守其有关“代字”的界说了。

讲到逐指代字时，《文通》云：“经史中凡遇逐指事物，有单用其名为代者，亦或有重言其名者，其重者，即所以每之也。”（79 页）例如：

《庄·养生主》：“良庖岁更刀，割也；族庖月更刀，折也。”“岁”“月”两字单用，即“逐岁”“逐月”之意。（79 页）

《史·陆贾列传》：“分其子，子二百金。”犹云“分与其子，每子各得二百金。”重言“子”字，上“子”“诸子”也，下“子”“每子”也。（80 页）

又《匈奴列传》：“故其战，人人自为趣利。”两“人”字同意，重之者，每之也。（同上）

以上分析，可见马氏观察之细。在论及特指代字“夫”字时，马氏对经生家提出了批评：“经生家误以‘夫’字为提倡之连字，盖未知夫‘夫’字之位，在句首者其常，而在句中者亦数见也。”（80 页）例如：

《左·昭七》：“日君以夫公孙段为能任其事而赐之州田。”“夫”

先本名而在句中，惟以指示耳。（80 页）

《孟·万下》："宜与夫礼若不相似然。""礼"公名，先以"夫"字，特指以上所引之礼。（同上）

《论·季氏》："君子疾夫舍曰欲之而必为之辞。"此"夫"字直惯一读。（81 页）

以上三例里的"夫"字，分别用于本名、公名与读之前，皆"确有所指而必为提明者"（80 页）。遗憾的是经生家未曾注意到。

第二节　名字、代字的位次

（一）名字的位次

名字可以处于六次中的任何一次。

（1）名字居主次。名字为起词时是主次；名字作表词是同于主次，为同主次。（89 页）例如《史记·礼书》："自子夏，门人之高弟也。"《文通》云："'高弟'为表词，亦指子夏，与子夏同，故曰同次。"（102 页）

（2）名字居宾次。名字为止词时是宾次；名字作介字的司词也是宾次；名字作转词，表示时地、度量等而前无介字的，也视同宾次。例如《史记·大宛列传》："于是天子始种苜宿、蒲陶肥饶地。"马氏云："'肥饶地'者，今无介字以先之，视同宾次。"（97 页）

以上这些都好理解。但《文通》又云："更有名字不为起词，而置先动字，或言所事之缘由，或言所用之官，或状形似者，皆可视同宾次。"（101 页）例如：

《史·陆贾传》："乃病免家居。""病"者，因病而免，言免之缘由也。"家"者，言所居之处，状其居也。"病""家"二字，名也，而各在两动字之先，既非起词，故视同宾次。（101 页）

他如《屈原传》之"蝉蜕"，《过秦论》之"席卷""囊括"等语，诸名之先于动字者，皆所以状之也，故视同宾次。（同上）

对此，今日读来就有些难以理解。因为上引例中诸名字皆用作状语，而且《文通》于“状字假借”一节也曾以“庶民子来”、“权使其士”、“云合归汉”等为例，说是“诸句皆以名字状动字而先焉”（230 页）。既然“子、权、云”等是名字假借为状字，那为何“病、家、蝉、席、囊”等不“一视同仁”，而要“视同宾次”呢？想来这可能是马氏分别用“词”与“次”两套术语分析句子所造成的矛盾。既然说的是“位次”，“病、家”等显然不在主次，也不可能是偏次（因为动字无次），于是只能归入宾次（主、宾相对）了。

（3）名字居偏次和正次。名字处于偏次，即今之所谓“定语”；处于正次，即今之所谓“中心语”。名字居正次，或与主次相重合，或与宾次相交错。例如《史记·叔孙通传》“千金之裘，非一狐之腋也。”（91 页）其“裘”是正次，也是主次；其“腋”是正次，也是同主次。又如《庄子·徐无鬼》“庶人有旦暮之业，则劝。”（91 页）其“业”字是正次，也是宾次。

（4）名字居前次和同次。前次和同次是相互对待的概念，同次即其前次的同次。识别前次与同次的关键在于区别某字说明某字。因此，名字处于同次，其前次自然也是名字。如《楚策》“遂生子男，立为太子。”“子”，宾次而为前次者，“男”，表其所生之子为男也，指同乎“子”，故为同次。（102 页）

关于“同次”，问题较多。现就其主要者加以讨论：

首先，《文通》给“同次”所下的定义很明确，同次只包括“名、代诸字”（102 页）。可是，其后又说静字作表词与起词同次（104 页），明显与“同次”的定义不符。这显然是硬套拉丁语法有关“同格”“同位”理论的结果。

其次，《文通》把修饰动字的静字说成“与起词同次”（105 页），更与其定义相左。如《汉书·万石君传》“内史庆醉归。”一例，《文通》云：“‘醉’者，所以状‘庆归’之容也，先乎动字，与‘庆’同次。”（105 页）然而于其前又云：“更有名字不为起词，而置先动字……或状形似者，皆可视同宾次。"（101 页）如《万石君传》"因长老肉袒固谢罪。"《文通》云："'肉袒'者，形'谢罪'之状也。"按理，"肉袒"既是状"长老谢罪"之容，应当视为与"长老""同次"，可是马氏却说"故视同宾次。"（同上）前后不能自圆其说。

再次，按照《文通》所说，同次与前次相对，在前者为前次，在后者为同次。（102 页）可是马氏又把用作"加词"者定为同次，而且说加词可前可后。如列入"同次之例"之二的"凡官衔勋戚诸加词先、后乎人名者，曰加词"（106 页）即是。这与其界说亦相矛盾。

最后，《文通》又云："更有名、代等字连书而意平列者……所指或异，而所次尽同也。"（110 页）这与"同次"的定义也不相符。如《论语·子罕》"子罕言利与命与仁。"《文通》析曰："'利''命''仁'三事平列，皆同为'言'之宾次，而以'与'字连之。"（同上）既然"三事平列"，都是"言"的止词，那么哪个是前次，又哪个是同次呢？根本就说不清楚。

（二）代字的位次

代字既是代名字，其位次自然和名字一样，也有六种。这是就总体而言。不过不同的代字，它所能具有的位次的数目是不同的。如指名代字"我"、"汝"可居多种位次（主次、宾次、偏次，参 44 页）；"其"可居偏次或读之主次（47 页，49 页）；"之"位居宾次，在偏次则为指示代字（47 页，49 页）；重指代字"自"可居主、宾，而居宾次必先乎动字（56 页）；"己"字则主、宾、偏三次皆可（57 页）；询问代字可居主次、宾次和偏次，"凡在宾次，必先其所宾"，即今之所谓"宾语前置"。（71 页）这里，先重点阐述接读代字的位次。

(1)"其"独居读首，因而常居主次或偏次。《文通》云："其在主次者，有前词为名而'其'字顶接者"；"有前词为代字而'其'字直接者"。（58 页）例如：

《史·诸侯年表序》："齐晋秦楚，其在成周微甚。"齐晋秦楚，

四国本名也，“其”顶指之，合“在成周”三字以成读，“其”乃主次也。（58 页）

《庄·秋水》：“此其过江河之流，不可为量数。”“其”顶接“此”字。“此”，代字也，今为前词，“其过江河之流”为读，“不可为量数”为句，而“此其”二字连用，细按之，则各为句、读之主次。（58~59 页）

前一例“其”字顶接名词，后一例“其”字顶接代词，皆居读之主次。

《文通》云：“‘其’字在偏次也，前词先置，而‘其’字下必接名字，‘其’字冠读首以顶指焉。”例如：

《左·僖七》：“夫诸侯之会，其德刑礼义，无国不记。”“其”者顶指“诸侯之会”也，犹云“会中所有之德刑礼义，无国不记之”也，故“其”字为偏次，而“其德刑礼义”为“记”之止词，今先置焉。（59 页）

（2）“所”常居读领，指代动作行为的受事，因而只能居于宾次，或是外动字之止词，或是介字之司词。例如：

《汉书·食货志》：“爵者上之所擅，出于口而无穷。”“所”字指“爵”，而“爵”先“所”字，“所”字又为“擅”之止词，位宾次而先焉。（60~61 页）

韩愈《蓝田丞厅壁记》：“丞之职所以贰令。”“丞之职”，“所”之前词也，“所”乃“以”之司词而先焉。（61 页）

“所”字无论作为止词还是司词，总是与其外动字或介字以及相关语言成分构成一读，这个读即今之所谓名词性的词组。无非是两种情况：如果是外动字的止词，那就跟前加起词构成一读，如上引“上之所擅”之类；假如是介字的司词，那就和后加动词性语词构成一读，如上引“所以贰令”之类。其实，在《文通》所列举的例子当中，还有一种情况。

例如：

> 《左·襄十四》："赐我南鄙之田，狐狸所居，豺狼所嗥。"两"所"字皆指"南鄙之田"。（61页）
>
> 《左·襄三十一》："大官大邑，身之所庇也。""所"指"大官大邑"。（同上）

以上两例里的"所"字，从语义看，并非动字之止词，而是分别指向动作的处所或凭借。后来有学者认为是句中省略了介词，而马氏未曾这样表明。介词省略说并无根据，因为古籍中虽然常见"所以（庇）"的结构，却未见"所于（居、嗥）"的说法。这种不用介词而表示处所或凭借的"所"字结构，可能比用介词的同样语义的结构更加古老。马氏的分析虽然含混，却是他态度谨慎的表现。

就位次而言，"所"字与其他成分就形成了三个方面的复杂关系。以《礼记·大学》"孝者，所以事君也。"（60页）为例：①从整个句子来说，"孝者"是起词，居主次，而"所以事君"是表词，居同次、同主次；②从"所"所代前词来说，"孝"是前次，"所"是其同次；③从"所"的位次来说，"所"是介字的司词，居于宾次。

上引三例，"所"字所指的前词均在"所"字之前，如"爵"、"丞之职"、"孝"。"所"字所指的前词也有在"所"字之后的，如《孟子·滕下》"仲子所居之室"，"所"代"室"，"室"为"所"之前词，即其前次。（62页）又如《论语·述而》"子之所慎，齐、战、疾。""所"指其后之三端，其前次在后。（62页）可见，《文通》所谓"前次"，是从意义上而不是从位置上来说的。

（3）"者"必煞读脚，指代动作行为的施事，因而"义若起词"（66页）。"者"字构成的读，可居主次、宾次和偏次。例如：

> 《孟·尽上》"是故知命者，不立乎岩墙之下。""知命者"乃全句之起词。（66页）
>
> 《史·酷吏列传》"善视有势者，即无势者视之如奴。"所"善

视”者有势之人，故“有势者”为止词。（67页）

《史·刺客列传》“士为知己者死。”“知己者”，“为”之司词。（68页）

《孟·梁上》“不为者与不能者之形何以异？”“不为者”与“不能者”皆属于“形”字，故居偏次而先焉。（68~69页）

上引四例之“者”字读，在前一例居主次，在中二例居宾次，在后一例为偏次。此外，“者”字读还可用作加语。如《史记·河渠书》“佗小渠披山通道者，不可胜言。”“披山通道者”用以记“佗小渠”何若也，是其加语，与其同次。（69页）

《文通》屡言“知命者”“犹云‘知命之人’”，“有势者”即“有势之人”，“笑臣者”犹云“笑臣之人”等，这显然是些偏正结构的词组，而在分析时仍然说“者”字是起词（即主谓词组）。这是自相矛盾的说法。其症结在于马氏单从意义着眼，而未能从结构来观照。不仅如此，马氏在应用其理论来分析例句时，似乎无意间又越出了自己所定的范围。例如：

韩《送韩御史序》：“吏得尽偿其所亡四十万斛者。”所“偿”者即所亡四十万斛之米。（67页）

《孟·梁下》：“乐民之乐者，民亦乐其乐。”其句意若云“人君如能乐民之乐，民亦乐其乐矣”。（69页）

以上二例之分析是说不通的。前一例之观点，在论述“所”字时已有所流露，如“臣之所好者道也”一例，马氏云“‘所’指‘者’，犹云‘臣所好之事’也”（63页）。这对后世曾经产生过比较深远的消极影响。如果接读代字“所”即指代“所好之事”，那么其后的“者”字就不当视为代字，二者不属于同一句法层面。对于后一例，《文通》且云：（“者”字）“其成读也，为用有七：……七有假说词气者。”（66页）把“义若起词”的“者”与“假说词气”的“者”混为一谈，更不符合逻辑。以上二例的“者”字，按理都应归入助字。（详参《文法学及其散论》）

其次，分析一下指示代字的位次。逐指代字“每”常居偏次，“各”居有主次和宾次。后者如韩愈《淮西事宜状》“今若分为四道，每道各置三万人。”并析曰：“犹云‘每道应置各三万人’‘各’居宾次而先焉。”（79页）此分析明显不当。原句“每”置于名字“道”之前，用在偏次；“各”置于“道”字之后，“置”字之前，复指名字“道”，居同主次，并非“居宾次”。

特指代字“是”、“若”、“此”三字“先乎公名，则在偏次”（81页）。“是”、“彼”、“此”二字单用，可居宾次。如《史记·酷吏列传序》“由是观之，在彼不在此。”（82页）其中“是”置介字后，“彼”、“此”置动字后，皆居宾次。

约指代字“分两种：一后乎名代诸字而以之重指者，则与所指名代之字同次，……二后乎名代诸字而为其分子者，则常在正次”。（83~84页）其实，前一种如“皆、尽、具、悉”等均当归入状字（今谓副词），并非代字，因而无位次可言。而《文通》却举例云：

> 《孟·告下》：“人皆可以为尧舜，有乎？”“人”，名也，“皆”，约指代字，后乎名而重指之同在主次。（84页）
>
> 《史·萧相国世家》：“以何具得秦图书也。”“具”字重指“图书”，言所得无遗也。先于“得”字者，先所宾也。（同上）
>
> 《汉·叔孙通传》：“诸言盗者皆罢之。”“诸言盗者”，接读代字也，“皆”字后之，同在宾次，而为“罢”字止词。（同上）

按照《文通》的体系，以上前二例之解说也并非绝对说不通，因为“皆”是指向起词“人”，而“具”是指向止词“图书”。但是这毕竟属于语义指向，在句法上都处于起词和语词之间，是用来修饰动词的。至于后一例，“诸言盗者”按语义说是“罢”的止词，为强调而置前，而“罢”后已有止词“之”，此“之”字即复指前文的“诸言盗者”。可见“皆”不是用来复指的，并不充分具备代词的性质。若把这一类所谓“约指代字”归入“状字（副词）”，相关矛盾都不再存在了。

后一种如《孟子·梁下》“诸侯多谋伐寡人者。”“多”字正次，“诸侯”偏次。（85 页）其余“莫、或、无”等皆是。惟所举《孟子·告下》“二王我将有所遇焉”一例，《文通》析云：“‘有’者，二王中有一也。以上所引约指代字，皆为分子者。”（85 页）此例之“有”字，前受“将”字修饰或限制，后置“所遇”这个名词性词组，显然是“动字”，而不是约指代字。马氏分析失误。此段所涉及的“众、莫、无、或”诸字（词），后来的语法学家大都把它们归入“不定代词”。

有一处需要提及，即在论述询问代字“何”与助字合用时云：“何者”、“何哉”、“何与”、“何也”均“用如表词”。（73 页）而在提到“何则”时却说：“经生家皆以‘何则’连读，愚谓‘何则’二字亦犹‘然而’两字，当析读，则‘则’字方有着落。且‘则’字所以直接上文，必置句读之首，何独于此而变其例哉？”（74 页）并举《史记·田齐世家》为例云：

> “中国白头游敖之士，皆积智欲离齐秦之交，伏式结轶西驰者，未有一人言善齐者也。何则？皆不欲齐秦之合也。”此“何”字亦表词也。犹云“上言如是是何也”，‘则’字以下，申言其故。”（73~74 页）

这段论述表明，马氏确实具有语法学家的敏锐眼光。刘淇《助字辨略》卷二即把“何则”、“何者”视同一律，“并先设问后陈其事也”，自然应该连读。但是，这里的“者”是助字，而“则”却是连字。“何”“则”析读的见解极有启发性。无论从词性还是从意义上来看，“然”、“何”是代字，“而”、“则”是连字。就上引一例而言，“何”是询问原因，“则”是申言因果关系。“何则”与“否则”的情况极为相似。马氏的解说是非常合理妥帖的。“何则”具有承上启下的作用：“何”为表语，居同主次，而“则”是承接连字，用来引起下文。

第四章　动　字

第一节　动字的类别

《文通》把动字区分为六类：

（1）外动字，“其动而直接乎外也，曰外动字”（144 页）。外动字能带止词，也能带转词。今又称为他动词或及物动词。其中包括自反动字，即其前加止词“自”、“相”之动字。（159 页）

（2）受动字，“如受者居主次，则为受动字”（160 页），即起词是受事的动词。（160 页）

（3）内动字，“凡行之留于施者之内者，曰内动字”（166 页）。内动字不带止词，能带转词。今又称作自动词或不及物动词。

（4）同动字，“有不记行而惟言不动之境者，则谓之同动”（177 页），即同于动字之用的动词，如“有”、“无”、“在”、“似”等。

（5）助动字，“有不记行而惟言将动之势者，则谓之助动”（177 页），即“助动字为功”的动词，如“可”“能”“足”“得”等。

（6）无属动字，“有见其行而莫识其所自者，则谓之无属动字”（189 页），即无起词而动作无所归属的动词。

有几点需要说明和讨论：

首先，外动字是动作涉及自身以外的动词。因此，带有止词（宾语）就成为外动字的重要的语法特征。外动字除了带止词以外，还能带有各种不同意义的转词（补语）。外动字所构成的结构，是动字结构中最复杂多样的结构。

其次，受动字是指动作行为的受事者充当起词（主语）的动词。显然，受动字是个建立在句子结构上的名称，离开了句子结构，就没有独立的受动字。因此，起词是受事也就成为受动字的特征。由此看来，为动字设立这个小类没有实在的意义，后来的语法著作已不再采纳。与此相似，自反动字是以“自”或“相”为止词的动词，离开了“自”和“相”，也无所谓自反动字。因此，自反动字也毫无单独设立的必要。

再次，内动字的动作行为仅涉及自身，因而不能带止词（宾语），但它可以带有不同意义的转词（补语）。

再次，同动字是不表示动作而表示存在或领有意义的动词。它具有跟一般动字相似的功能，因而同于动字，就叫同动字。

再次，助动字是表示能愿意义的动词，起着辅助其他动字的作用，经常处于其他动字的前边。

最后，无属动字的提法既不合逻辑，又无实际意义，不能与外动、内动、同动、助动四小类并列。

第二节　外动字的用法

（一）外动字和止词

《文通》在说明外动字与止词、起词的关系之后，还引用《公羊传》及其注以说明外动字的施受关系。（144 页）并举例云：

> 《左·文六》：“宣子于是乎始为国政，制事典，正法罪，辟刑狱，董逋逃，由质要，治旧污，本秩礼，续常职，出滞淹。”“为”“制”“正”“辟”“董”“由”“治”“本”“续”“出”十字，外动字也，盖其行之施诸外，皆有止词以见其效也。“出”字，外内动字皆可，在所驱使耳。（145 页）

可见，马氏并非完全从语义出发，认定带有止词（宾语）是外动字的重要的句法特征。不仅是“出”字，“外、内动字皆可”，有些原本不是动字的，如“本”字带上止词便也是外动字。所谓“在所驱使耳”，正道出了汉语的特点。这说明外动字是止词（宾语）的前提，而止词是外动字的后果，二者互相依赖而存在。

《文通》也论及“两止词”（双宾语）的问题：“‘教’‘告’‘言’‘示’诸动字后有两止词，一记所语之人，一记所语之事。先人后事，无介字以系者常也。”（152 页）

以上所说有两个问题需要强调：一是马氏把带“两止词”的仅限于“教、言”类动字，其范围未免狭窄；二是既云“无介字以系者常也”，就等于说有介字亦为“两止词”。

说到两止词即双宾语，《文通》把“赐、予”类动字排除在外，这极为不妥，因为这一类动词往往也带有两个宾语，与“教、言”类动字并无区别。例如：

《孟 · 公下》：“子哙不得与人燕。”（146 页）

《孟 · 滕下》：“汤使遗之牛羊。”（147 页）

《史 · 滑稽列传》：“置酒后宫，召髡赐之酒。”（147 页）

《左 · 庄八》：“袒而示之背。”（147 页）

《公羊传 · 隐元》：“公将平国而反之桓。”（147 页）

以上各例中的动字“与、遗、赐、示、反”，其后皆有两个名字或代字，一记所语之人，一记所语之物，亦“无介字以系”，应当同样看作“两止词”。可是《文通》却把它们一概分析为“一止词，一转词”（146~147 页）。尤其《左传》一例，动字也是“示”字，与《秦策》“文侯示之谤书”完全一样，而《文通》把《左传》一例析为“止词和转词”，而把《秦策》一例列入“两止词”（152 页）。又如《孟子 · 万上》：“天子不能以天下与人”一例，马氏分析说：“‘人’为转词，今易为止词，位后‘与’字。”（148 页）与上引《孟子 · 公下》一例相比较,同样是动字“与”，也同样是名字“人”，却一个分析为转词，一个分析为止词。这种不妥帖，显然是由于其界限不清而造成的。后来，黎锦熙在《新著国语文法》里提出“赐、与”类动词也能带“双宾语”，这就克服了上述矛盾，是符合汉语实际的。至于“两止词”的位置，一般是先人后事，但也有先事后人的，除上引《公羊传》一例之外，再如《左传·定三》：“窃马而献之子常。”（148 页）

《文通》有关“两止词”“无介字以系者常也”的提法，在逻辑上有些不周延。因为无论是指人还是指事物的止词，一旦其前加上了介字，那么这个止词就只是意念上的止词。而且抛开句法结构的原则，单纯从语义着眼，止词与转词的界限也就混淆不清，因为名字或代字加上介字，它就是介字的司词，不再是动字的止词，应当被解释为动字的转词了。马氏在论及“转词例有介字以先焉”时，即举例云：

韩《董公行状》：“未尝言所言于上者于人。”“于上”“于人”者，言所向“言”之人也。（146 页）

关于止词的位置，《文通》云：“止词后乎外动字者，常也。惟外动字加弗辞，或起词为‘莫’‘无’诸泛指代字，其止词为代字者，皆先动字。”（156 页）这是古代汉语句法结构中两条重要的规律。此种语言现象，过去的训诂家虽然也曾提及，但有意识地归纳为语法规律，马氏却是第一人。此外，《文通》也曾注意到止词“无弗辞而先置”的情况，虽然并不多见。例如：

《庄·则阳》：“或之使，莫之为，疑之所假。”“或之使”者，“之”止词，无弗辞而先焉。（158 页）

《文通》还指出：“凡止词为‘自’字‘相’字……其止词先动字者常也。”（159 页）这在卷二论及“互指代字”时已经提到（87 页）。

（二）外动字和转词

《文通》在阐述“转词”的含义时，强调说：“转词例有介字以先焉。”（145 页）可见，外动字的转词往往与它前加的介字构成“介字·司词”结构（今谓介宾结构），以表示各种一般性质的语法意义。这种结构的位置，可在外动字之前，也可在外动字之后。

(1) 处于动字后的转词(145~147页):有表示对象,表示处所,表示目的,表示起自(以上均用介字"于(於)");有表示工具、凭依(用介字"以")。

(2) 处于动字前的转词(148~151页):有表示所用(用"以"),表示对象(用"与"),表示目的(用"为"),表示原因(用"为"或"以")。

(3) 处于动字后而省略介字的转词(147~148页):一般都是表示处所的转词,因而省略介字不会被误解。例如:

> 《孟·万上》:"子产使校人畜之池。""畜之池"者,畜鱼于池也。"池",指所畜之处也。今删"于"字。(147页)
>
> 《左·僖二十三》:"乃送之秦。"犹"送之于秦"也。别本作"送诸秦"。(147页)
>
> 《史·冯唐列传》:"陛下下之吏。""下之吏"者,下彼于吏也。"吏",言所下之处也。(148页)

在分析转词所处的位置时,《文通》云:"凡外动字之转词,记其行之所赖用者,则介以'以'字,置先动字者,常也。盖必有所赖用而后其行乃发,故先之。"这说明马氏已经注意到,介以"以"字的转词常置于动字之前的原因,是语义对句法的制约作用。例如:

> 《孟·尽上》:"柳下惠不以三公易其介。""三公"转词,即所用以"易"者也,故以"以"介焉,而先乎"易"字。(149页,按:原标点有误)

至于转词置于动字之后,马氏也分析了其中的原因。例如:

> 《孟·离娄上》:"继之以不忍人之政。"……诸句转词介以"以"字置于止词之后者,盖止词概为代字,而转词又皆长于止词,句意未绝耳。(150页)
>
> 《史·封禅书》:"天子以他县偿之。"不曰"偿之以他县"者,此乃煞句,不若前引诸句皆在段中故也。(同上)

可以看出，马氏不仅运用转换句型的方法来讲明句子的构造，而且以语用因素来说明转词先后置的条件。这也说明，马氏已经注意到汉语句法组合上的灵活性以及用与不用介字的自由。

就转词和止词的关系来说，《文通》不仅在理论上没有给以明确的界限，而且在例句的分析上也有纠缠不清的地方。譬如同是《左传·隐元》“公语之故，且告之悔。”一例，卷十析曰：“‘语’‘告’两动字后，所有‘故’‘悔’两字皆转词，并无介字为介。”（401 页）而卷四分析“两止词”时却说：“‘语’‘告’两字后‘之’，指告语之人，曰‘故’曰‘悔’，乃告语之事。”（152 页）

《文通》于外动字一节还提出所谓“自反动字”：“凡止词为‘自’字‘相’字，概谓之自反动字，其止词先动字者常也。”（159 页）无论就汉语实际或者《文通》语法体系来说，都没有必要。因为这实际上属于句读（词组），而不属于字类问题，何况字类中已经设立“互指代字”一个小类，再提出“自反动字”，二者就会混淆不清。

第三节 受动字的表达格式

前面说过，“受动字”的提法并不妥帖。但是，《文通》所提出的“考经籍中凡外动转为受动，约有六式”（160 页），却很有实用价值。马氏从语义出发，尽力归纳出被动句的语法格式，虽然是受了西方语法注重形态的启发，但也是他精通古代文献而又深思熟虑的结果，在那个时代实属创新。

（一）“为”“所”式

《文通》以“卫太子为江充所败”为例，作了比较详细的句法分析，而且还运用替换法，与“卫太子为江充所败之人”、“卫太子败于江充”两句相比较。这是应当称许的。但是，马氏却说：“故‘江充所败’实为一读，今蒙‘为’字以为断……如此，‘江充所败’乃‘为’之表词耳。”

（160 页）这种分析是不可取的。既然受事者“卫太子”是句中起词，“败”已表示受动，“为”当视作介字，“江充”是其司词。

（二）“为”字式

《文通》以“道术将为天下裂”为例，析云：“‘天下裂’一读，即‘天下所裂’也。‘天下’，‘裂’之起词，其止词乃‘所’字，隐而不言。‘为’字先乎读而为断词，其起词‘道术’也，句法与前式无异。”（161 页）

上述分析尤其失当。既然受事者“道术”是句中起词，外动字“裂”自然已转为受动字而充当语词，那么“为”应分析为介字，“天下”是其司词。句中并无“所”字，为何要转换成“天下所裂”？

（三）“於”字式

《文通》在分析诸多用“於”字表示受动的例句之后云：“诸引外动字后，皆用‘於’字以介施者，而成为受动字也。至外动字转词本以‘於’字为介者，则转为受动之后，其转词仍旧，不可视为施者之介字。”（162 页）马氏把引进施事者的“於”跟引进处所转词和对象转词的“於”区分开来，说是后二者“不在此例”。其中有个例句很典型，如：

> 《孟·告下》：“傅说举于版筑之间，胶鬲举于鱼盐之中，管夷吾举于士，孙叔敖举于海，百里奚举于市。”诸“举”字皆受动字，为人所举也，其后“于”字，乃记其举之处，非举者也。（162 页）

马氏认定“士”与“版筑之间”“海”等一样，是“记其举之处”，可见他考察语言现象之精细！然而至今仍有些古代文选却把上例里的“士”注释为“狱官”，这显然是望文生训而未察其语境，这里的“士”是指“监狱”。这个例子说明了句法对词义的制约性。（参《简明训诂学》）

（四）"见（被）"字式

《文通》以"百姓之不见保"为例，析曰："'不见保'者，不为保也。'保'前加'见'字而成为受动矣。"（163页）马氏用替换法说明"见"字的表示受动的作用与"为"字相近，这是可取的。但是，"见"与"为"词性并不相同："见"是助动字，不能引进施事者；而"为"是介字，能带表施者的司词。其后，即以"何故见冤于人"等句为例云："诸引句，于动字加一'见'字，复介以'于'字，以言其行之所自发也。"（164页）

在分析"见"字表示受动的作用时，《文通》注意到有些"见"字并非表示受动的情况。例如：

> 韩文《进学解》："然而圣主不加诛，宰臣不见斥。"其意盖谓"不为宰臣所斥"也，则"见斥"二字反用矣，未解。（164页）

"未解"之说，自然体现了著者的实事求是的科学态度。其实，"见"字用于外动字之前，除表示受动以外，还有另外一种用意。上引例中"宰臣"与"圣主"一样，是施事者为起词，按马氏说法，"诛"和"斥"不是"受动字"，那么此"见"字自然不表示受动。"圣主"和"宰臣"两句相对，"见"与"加"互文见义，"加"字从来不表示被动，"见"字在该句中自然也不表示受动。马氏在前面曾引某云："'见'者，加于我之辞也。"（163页）孔颖达曾疏曰："自彼加己之辞。"可见，此种用法的"见"与"加"一样，当为抽象动词，"加"是"加以"，"见"即"予以"。其后的"诛"和"斥"分别为"加"与"见"之止词。上引两句应解释为"圣主不加以诛伐，宰臣不予以斥责"，可谓简洁而又合理。（参《文法学及其散论》）

（五）"可"或"足"字式

《文通》云："'可''足'两字后动字，概有受动之意。"（164页）并举例云：

《孟·公下》:“晋楚之富，不可及也。”犹云“晋楚之富非为人所可及”也。以“可”字先乎“及”字,“及”字即有受动之意。“富”为“及”之止词，今转为起词而居主次。(164 页)

《孟·梁上》:“抑为采色不足视于目与，声音不足听于耳与，便辟不足使令于前与?”三“足”字后动字，皆转为受动。“视于目”者，犹云“为目所视”也，余同。(165 页)

《文通》还注意到:“‘得’‘当’诸字后动字，亦有受动之意，然不常见。”(165 页)这正道出了“可”“足”与“得”“当”“能”等助动字的区别，值得重视。

对于这一类受动句式，吕叔湘在《中国文法要略》里，认为是表示“可能实现的动作所构成的状态(或性质)”(96 页)，明确地把它们列入“表态句”中。这样处理比《文通》要稳妥些。

(六)外动字单用式

《文通》云:“外动字单用，先后无加，亦可转为受动。”(165 页)这就是后来学者常说的意念被动句。有当今学者指出，这正是古代汉语被动句的表达特点，即无须其他形式标志。至于前面所说的“为”、“见”、“被”是表遭受义的动词,“於(于)”是引进施者的介词,“可”、“足”依然是助动词，它们都不是什么表示被动的词语。这些见解有待今后进一步讨论。

以上六种格式的分析表明，所谓“受动字”，实际上是指由动字所构成的受动式的句子，这些内容应该放到句读里讲。“受动字”本身既无语法标志，亦无特定意义，完全没有必要自成一类。

第四节　内动字的用法

内动字不能带止词，而能带各种不同意义的转词。《文通》云:“内动者之行不及乎外，故无止词以受其所施”,“而施者因内动之行，或变其处焉，或著其效焉，要不能无词以明之，是即所谓转词焉。”(166 页)此前，马氏曾以《孟子·滕上》为例来辨明内外动字：

> 当尧之时，天下犹未平。洪水横流，泛滥于天下。草木畅茂，禽兽繁殖，五谷不登。……（144 页）

马氏把上引句中的“平”“流”“泛滥”“畅茂”“殖”“登”都注明为“内动”。不难发现，其中的“平”和“畅茂”是形容词，而不是动词。这固然表明马氏未能认真辨析，但也显示汉语的内动词与形容词的界限不十分清晰，容易混淆。

如果说《文通》关于外动字转词的分类是着眼于介字的话，那么内动字转词的分类则是着眼于语义。

（一）内动字与处所转词

《文通》云：“其转词记处者有四：曰从来之处，曰所经之处，曰所至之处，曰所在之处。”（166 页）

（1）所从之处所转词，大多用介字“自”、“从”、“由”，其转词的位置可在动字之前，也可在动字之后。（167 页）

（2）所经之处所转词，以不用介字为常，用介字则“非常例也”（168 页）；其转词位于动字之后。

（3）所至之处所转词，一般也不用介字，偶而用“於（于）”字；其转词亦后乎动字。《文通》举了两个用同一动字的例句，很有意思：

> 《孟·公下》：“不能造朝。”又：“趋造於朝。”“趋造於朝”者，即上文所云“趋而造朝”也，皆可无介字为介也。（168 页）

（4）所在之处所转词，一般用介字“於（于）”字，也有不用介字的。对此，《文通》用《史记》和《汉书》作比较说：

> 《史记》往往同一句法，“於”字有用有不用者。《项羽本纪》云：“今尽王故王於丑地，而王其群臣诸将善地。”前句曰“於丑地”，后句惟曰“善地”，不介“於”字而辞意亦明。同一句也，

《史记》用“於”字而《汉书》删去者，《汉书》用“於”字而《史记》删去者，难仆数也。（170页）

马氏观察分析文献语料之精细，今日读来依然令人叹服！

（二）内动字与效果转词

此类转词大多用介字“於（乎）”字，而且处于动字之后。（171页）例如《孟子·公上》：“且以文王之德，百年而后崩，犹未洽於天下。”又如《庄子·逍遥游》：“中于机辟，死于罔罟。”（172页）这比较符合《文通》所谓“其行之效有所於归者”。但是有些例句里的转词，似乎不是表示“其行之效”的。例如：

《孟·公下》：“王曰‘吾甚惭於孟子。’”（171页）

《论·为政》：“攻乎异端，斯害也已。”“乎”同“於”，有以“攻”字解为“攻击”之意，则“乎”字费解矣。盖“攻人”“攻城”诸语，“人”“城”，“攻”之止词，而无“乎”“於”介字以间也。（171~172页）

以上二例介字后解释为对象转词，似更恰当。这种对象转词置于动字之后，可以不用介字，也可以用介字。这种情况，在古代文献中屡见不鲜。

（三）内动字与缘起转词

此类转词一般先于动字，大多用“自”、“从”、“由”这些介字。例如：

《汉·贾谊传》：“以为患之兴自此起矣。”“自此”者，“患”“兴”之缘起也，而先乎“起”字。“起”，内动字也。（173页）

《燕策》：“今王诚欲致士，先从隗始。”“从”同“自”字。（173页）

（四）内动字与所同转词

此类转词也就是所谓对象转词，常位于动字之前而用介字“与”字。例如：

《孟·离下》：“孟子不与右师言，右师不悦……”（173 页）

《文通》析云：“‘言’字后记所言者，则为外动字，今不记所言者，则‘言’作‘对语’之解而为内动字矣。”（同上）这进一步表明，在马氏看来，动字后是否带止词，是区分外动与内动的主要标志。

回顾本节，有两处值得重视。

其一，在论述效果转词时，《文通》列举的内动字中有：“无益于俗”“凝滞于物”“开罪于先生”“渐渍于失败”“被服于成俗”“有当于人心”（172 页）等。这表明，马氏所谓“字”已经包括“无益”“凝滞”“开罪”“有当”这些早期的双音节的“词”了。

其二，在本节结束时，《文通》云：“然有内动字用若外动者，则亦有止词矣。”（176 页）这就是后来所谓内动词活用作外动词（使动词）的句法现象。例如：

《庄·应帝王》：“且也虎豹之文来田，猿狙之便，执嫠之狗来藉。”“来田”者，使人田之也。“来藉”者，致人羁縻也。“来”，内动也，今用如外动，故“田”与“藉”两字皆其止词矣。（176 页）

《史·张耳陈余列传》：“张耳数使人召前陈余。”《齐策》之“王前”“触前”，“前”字内动也；“召前陈余”，“前”字为外动矣。（同上）

《庄·骈拇》：“伯夷死名于首阳之下，盗跖死利于东陵之上。”“死”字用如外动。（同上）

以上所引，当分为两种情况：一是内动字用作使动词，如“来”和

“前”；一是内动字用如一般外动词，如“死”字。其中，有一种现象引起了马氏的注意：“动字之用有两歧者，亦时见于书。”（177 页）例如：

《孟·尽心上》云：“天下无道，以身殉道，未闻以道殉乎人者也。”同一“殉”字，乃一曰“殉道”，一曰“殉乎人”，即一为止词，一为转词。（177 页）

又《梁惠王下》云：“君子不以其所养人者害人。”又《滕文公上》云：“曰害于耕。”同一“害”字，一曰“害人”，一曰“害于耕”，即一为止词，一为转词。（同上）

这里，马氏道出了汉语内动与外动有时难以截然划分的实际情况。

第五节　同动字的用法

同动字主要有四个：“有”、“无”、“在”、“似”。

（1）有起词和止词的“有”，表示领有或存在；有起词和止词的“无”表示不具有或不存在。（177 页）例如：

《礼·大学》：“物有本末，事有终始。”“物”与“事”，“有”之起词，“本末”“终始”，皆其止词也。（177 页）

《庄·秋水》：“夫物，量无穷，时无止，分无常，终始无故。”四句“无”字，各有起止两词。（同上）

上引前一例之“有”，皆表示存在；后一例之“无”，皆表示不存在。《文通》云：“间以‘所’字合动字，系于‘有’‘无’两字之后以为止词者”。例如：

《礼·大学》：“身有所忿懥，则不得其正；有所恐惧，则不得其正。”“忿懥”动字也，“所”字合之，置于“有”字之后，所以为其止词也，犹云‘忿懥之事’也。故‘所忿懥’三字合成，为‘有’之止词。‘有所恐惧’等句同解。《论语·八佾》：“君子无所争。”“所争”二字，“无”之止词，犹云“君子无争之

事”也。（177 页）

以上分析说明，马氏把“所”字合动字构成的结构看成名词性词组，并非一贯坚持认定“所”是接读代字而为后附动字之止词。这大致接近今人的认识，是符合古代汉语实际的。

《文通》又云：“‘有’‘无’两字后习用‘以’字介词，以系动字之后，而止词则隐而不书。”（178 页）对这种“有以”或“无以”的结构，马氏提出两种分析方法：

《孟·梁上》：“杀人以挺与刃，有以异乎？曰：无以异也。”“有以异乎”者，犹云“果有何以相异”也，“无以异也”者，犹云“实无何以相异也”。“何”字乃“有”“无”之止词，今不明书。（178 页）

韩《送石处士序》：“先生有以自老……”又《与崔群书》：“仆无以自全活者。”“有”“无”两字后必有止词隐而未书者，而后以“以”字为介，即以言“所有”“所无”之功用也。（178 页）

以上对“有以”和“无以”作了两种分析。前者，是认为“有”“无”后省“何”字，“以”为介词。此“何”并非表疑问，而表示不必明言之事物。吕叔湘《文言虚字》即取此种，把“有（无）以”解释为“有（没有）什么用来……”。后者，是认为“有”“无”后省“所”字，“以”仍为介词。两相比较，后者优于前者。以为“有、无”后隐“所”字，则“所”与介词“以”连同其后的动词或动词性词组共同构成一个名词性词组，充当“有、无”的宾语。如果以为“有、无”后省“何”字，那后面的介词“以”便得不到合理的解释而没有着落。

（2）没有起词而只有止词的“有”，一律表示存在。（177~178 页）例如：

《孟·梁下》：“今有璞玉于此。”今以璞玉置之当前，至何人有此璞玉，则不言也。而“璞玉”实为“有”之止词也。（179 页）

《论·先进》：“有民人焉，有社稷焉。”只言有其人耳，故无

起词。（同上）

上引两例之“有”，仅表示存在，不表示领属。可是马氏于其前却说：“‘有’字后紧接动字，则有‘惟有’之解。”并举例云：

《论·卫灵》：“志士仁人，无求生以害人，有杀身以成仁。”“杀”动字也，紧接“有”字，并未间以介字，则作“惟有”之解。犹云“志士仁人决不求生以害仁，惟有杀身以成仁而已”。“无”字作“不”字解者常也。（179 页）

这里释“无”为“决不”，释“有”为“惟有”，这有些随文作解的味道，与卷二有关“约指代字”的解说明显不一致。《文通》云：“后乎名代诸字而为其分子者，则常在正次，盖分子正次，分母偏次，乃约分之例也。”（83~84 页）所举例即包括“无”和“有”二字。例如：

《汉·高帝纪》：“相人多矣，无如季相。”“无”者，于所相多人之中无人如季相者。（85 页）。

《孟·告下》：“二王我将有所遇焉。”“有”者，二王中有一也。（同上）

同理，上引《论语》一例中的“无”和“有”即处于名字“志士仁人”之后，也应当视为约指代字，“无”表概指，谓“无一”，“有”表虚指，意谓“有人”，均复指“志士仁人”。此段分析之下，《文通》即云：“‘有’‘无’两字或以为代字者，以其隐指某人故耳。”（179 页）

(3)“在”字言人物所处之境，“其止词则名字动字皆可”，“无止词则与内动无异”。（181 页）例如：

《孟·离上》：“天下之本在国，国之本在家。”“在”字后皆以名字为止词。（181 页）

《左·桓六》：“季梁在，何益？”单言“在”字而无止词，与内动无异。（同上）

以上二例，前一例之“在”用如外动字，后一例之“在”用如内动字。然而在分析下一例时却有些问题。例如：

《史·信陵君列传》：“安在公子能急人之困也？”“安”状字，有“於何”之解，此为“在”之转词，与《孟子·梁上》“恶在其为民父母也”同一句法。“恶”状字，亦有“於何”之解。（181页）

对此例之分析，有两处值得讨论。一是“在”为同动字，其后“可以代字为止词”（181页）。二是“‘何’字为止词则先于动字”（76页）。因此，“安在”、“恶在”都是疑问代词作动词的宾语而置于动词之前的句法结构，不必解为“於何”，更不应解作“状字”。

(4)“似”字后“或为名字，或代字，或读，皆可”，“可为‘似’之表词”。“类”字用法同。（182页）例如：

《左·宣十》：“‘徵舒似女。’对曰：‘亦似君。’”两“似”字后，一代一名。（182页）

《庄·秋水》：“计中国之在海内，不似梯米之在大仓乎？”“不似”二字，所以决言前后两读之不相同也。（同上）

《魏策》：“夫物多相类而非也，幽莠之幼也似禾，骊牛之黄也似虎，白骨疑象，武夫类玉，此皆似之而非者也。”三言“似”字，两言“类”字，皆有相象之意，故两字用法亦同。（同上）

《汉·贾谊传》：“夫移风易俗，使天下回心而乡道，类非俗吏之所能为也。”“类”字疏作“皆”字，然解作“似”字，则辞意较婉，亦无不可。（同上）

上引前三例中，第二例之“似”字，其后为读，其余两例之“似”字后，非名即代。第三例之“类”字，一为代字“相”而置其前，一为名字“玉”而置其后。至于第四例，马氏亦视其中之“类”字为“同动字”，则非是。《文通》于“表词”一节指出：“凡以表决断口气，概以‘是’‘非’‘为’‘即’‘乃’诸字，参于起、表两词之间，故诸字名断辞。”（129 页）上引第四例之“类”，正置于断辞“非”字之前，就不应当视为同动字。其实，此“类”字已经虚化为所谓“状字”，以今日言之，就是语气副词。“类非”意谓“似乎不是”。

至于“如”“若”两字，《文通》却云：“虽为状字，而其用与动字无异，亦可列入同动字也。”（182 页）此说有些模棱两可，其原因在于不明书写之“字”与语法之“词”的区分。“如”“若”作为书写的“字”，既用作动词（动字），又用作介词（介字）。在具体分析例句时，值得推敲。例如：

《史·黥布列传》：“出就舍，帐御饮食从官，如汉王居。”“如汉王居”者，与汉王居相同也。（183 页）

《淮阴侯列传》：“果若人言：狡兔死，良狗烹”。“果若人言”者，诚如人言也。（同上）

《文通》把上引两例混在一起分析，当然不妥。“如汉王居”，“如”为语词，其后是名字为其止词，“如”自然是同动字。而“果若人言”，“若”前有状字“果”，其后有动字“言”为语词，“若”用作介字，“人”是其司词，“若人”是所谓“加词”作“言”的状语。

第六节　助动字的用法

关于助动字，《文通》有两处解说：一是“有不记行而惟言将动之势者，则谓之助动”（177 页）；一是“不直言动字之行，而惟言将动之势，故其后必有动字以续之者，即所以言其所助之行也”（183 页）。两相比较，后一个定义全面，即不仅从意义上，还从形式上说明了助动字的特征。

（1）“可”“足”两助动字后，所续其他动字概有受动之解。“得”字后之动字亦然，然不常见。（183 页）这在“受动字的表达格式”一章里已经阐述过了，不再重复。

（2）凡动字为“能”字所助者，概非受动，以“能”字明有使然之意。（184 页）《文通》举例云：

《孟·梁上》："孰能一之？""一"，外动字，后乎"能"字，有"使之为一"之解。（184 页）

又《告下》："我能为君辟土地，充府库。""能辟""能充"者，皆有"使然"之意。（184 页）

《礼·中庸》："唯天下至诚，为能尽其性，能尽其性，则能尽人之性。""能尽其性"者，犹云"设如能尽其性"也，经生家即以"能"字有假设之意。不知凡挺接之句，或重叠前文，如"能尽其性"之类，皆寓有假设之语气，不必以用"能"字为然也。（184 页）

马氏说"'能'字明有使然之意"显系误解，所引前两例之"一"和"辟""充"三词确有"使然"之意，但并非有"能"字才如此，"能"字仅表示"能愿"。对后一例之剖析，确实比经生家高明，具有语法学的眼光。但是，对下面一例的分析却有些拘泥：

韩《上张仆射第二书》："进若习熟，则无危堕之忧，退能便捷，则免激射之虞。"经生家以句内"若""能"两字互用，即以"能"解"若"与"若使"之明证，盖刻舟胶柱之见也。（184 页）

此例"若"与"能"互文见义，"能"宜解作"若"，训诂家之训释并没有错。像这种"能"通假作"若"的现象，古代文献里经常见到。

（3）"可""足""能""得"单独使用，即为一般动字。如果带止词就是外动字，带转词就是内动字。（187 页）例如：

《史·汲黯列传》："使人可其奏。"所"可"者"其奏"也，故"可"为外动字。（188 页）

《孟·梁上》："为肥甘不足于口与？""足"字用于内动字，故"于口"其转词也。（同上）

《燕策》："于是不能期年，千里之马至者三。""不能期年"者，未及期年也，此"能"字之又一解也。（188~189 页）

试读以上三例可知，这种用法的“可”“足”“能”三词的词义已经改变，不再表示“能愿”，自然不是助动字。如“可”是“认可”“同意”；“足”是“满足”；“能”是受“足”字类化而引申为“够”“满”等义，马氏解为“及”亦适合。

此外，《文通》云：“助动之后，往往介以‘以’字，而直接所助之动字者，明其所以助也。”（185 页）例如：

> 《孟·梁下》：“然则小固不可以敌大……”“小固不可以敌大”者，犹云“小固不可以之敌大”也。“以之”者，即“以小”也。“之”代“小”字，而为“以”字之司词，为其见于上文，故不书明。（185 页）
>
> 《孟·公下》：“焉有君子而可以货取乎？”犹云“焉有君子而以货可取”也，“货”为“以”之司词。（同上）

以上分析，单从理论上来说也讲得通，但是上引二例性质不同，不能混为一谈。前一例，若把句中“以”字视为介字而补出司词（“小”或“之”），就嫌累赘，因为该例“小”字已是句中起词，是动作的施事者，又说“以”后省“小”字，自然有失偏颇。而且此“以”字完全可用“而”字替换，句意丝毫不变，可见此“以”字是连词，即连接助动字与外动字。后来的双音词“可以”，就是这种结构经常使用而演变的结果。后一例，“君子”是起词，而且是动字“取”的受事者，“以”是介字，其司词“货”是动字“取”的手段，与起词“君子”并非指同一事物。王力于《汉语语法史》就曾指出：先秦汉语，用“可”则其主语多为受事者（如后一例），用“可以”则其主语多为施事者（如前一例）。殊为有识。接着，《文通》又举例云：

> 至如又《公下》：“不识王之不可以为汤武，则是不明也。”又《滕上》：“今滕绝长补短，将五十里也，犹可以为善国。”又《万上》：“故君子可欺以其方，难罔以非其道。”诸句，“以”字司词，皆其句之起词也。如是，以“以”字为受动字，亦无不

可，盖“以”字可作“用”字解。（185 页）

马氏对以上三例的分析，更令人不解。其实，所引三例当分为两种情况，也不可混为一谈。第一例“不识”后之读与第二例之起词“王”、“滕”是施事者，并非受事者；“可”是助动字，“为”（成为）是主要动字；“以”用或不用都一样，也可用“而”字替换，可见是连字，用来连接助动字和主要动字。因此，这两句不是被动句，“以”也不应当解作“用”字，根本不是什么“受动字”。而后一例之起词“君子”却是受事者；“可”为助动字，“欺”为外动字，助动与外动连用；而“以”为介字，“其方”是其司词，“以其方”是“欺”的方式或手段。显然，此句是被动句，“以”的司词“其方”并不是“其句之起词”。该句意念上的起词（主语），在句中隐而未现，查《孟子》原文上下句即知是“欺子产者”。马氏分析皆失误。

第七节 无属动字的用法

《文通》云：“动字所以记行，行必有所自，所自者，起词也。然有见其行而莫识其所自者，则谓之无属动字，言其动之无自发也”（189 页）这实际上等于说，汉语里有些句子是没有起词而只有语词的。后来有些语法著作便把这一类句子称作“无主句”，可见马氏卓有见识。

马氏分无属动字为两小类。

其一是所谓“记变”，这一类大多属于自然现象的变化，如“大雨震电”，“大雨雪”，“失火”，“有年”等。（189 页）对于“有年”，《文通》云：“‘有’字亦无属动字，盖不识其为何‘有’也。”此前，马氏已经把“有”字归入同动字，并且论及有无句“往往无起词”的情况，这里又以“有”字为无属动字，明显不妥。

其二是“有连字假用动字而无起词者”。这一类是由动字与虚字构成的结构，在文句中起连接作用。如“统之”、“总之”表总结上文，“至于”表承上启下，“推而远之”表插语等。（189 页）显然，马氏之表述不够准确，因为起连接作用的是整个结构或词组，而不单单是动字。不仅如此，其中所举的一些例子也不尽妥当。例如：

《史·张释之列传》："陵迟而至于二世，天下土崩。"（189页）

又《淮阴侯列传》："不至十日，而两将之头可致戏下。"（同上）

又《孟荀列传》："推而远之至天地未生，窈冥不可考而原也。"（同上）

又《张释之列传》："令他马，固不败伤我乎？""令他马"，设令为他马也。然谁令"令"之，则不言也。故"假令""假设""浸假"诸动字，假以为推宕连字者，亦此志也。（190页）

头一例，无论"陵迟而至"还是"至于"，都不是起连接作用。此句是"而"字连接两个动词，后面带上转词"于二世"。第二例，"至"前有状字"不"，其后有时间转词"十日"，这"不至"也并非连字。第三例之"推而远之"以及"推此志也"，说成连字也十分牵强，这两句是太史公的评述，前面的起词（主语）为共喻省略，不应归入无属动字。最后一例，"令"字丝毫不表示"使令"的意思，而纯然用来表示假设。不过，马氏提供了一种信息，即有些假设连词是由动词虚化而来。

本章小结

本章所存在的主要问题，在于动字分类的逻辑性不强。受动字实际上是外动字的用法问题，属于句法的范围。自反动字也只是一个用法问题，并无特定的字类意义，何况已有互指代字，更无必要另外建立一个小类，以免二者相混。无属动字本身就有外动与内动之分，不宜与外动字和内动字并列。同动字与其他字类之间没有一个比较清晰的界限，其中几个主要成员"犹、若、有、无"等，同时又被列入其他字类。

第五章　坐动和散动

《文通》于卷五论及“动字相承”前，有“动字假借”（191 页）和“动字辨音”两节。前者阐述其他词类活用为动字和内动字活用为外动（使动）字的现象。其具体内容分为：（1）名字活用为动字（191~193 页）；（2）代字活用为动字（193 页）；（3）静字活用为动字（193~194 页）；（4）状字（重言、连绵词及带语助的形容词）活用为动字（194~195 页）。其中所述大多为后来学者所采纳。但也有一些分析是不为今日之读者所接受的：

《左·哀十六》：“微二子者，楚不国矣。”“国”字假为受动。（191 页）

又《昭十九》：“建可室矣。”“室”假为受动。（同上）

以上二例之“楚”和“建”皆“受者居主次”（160 页），“国”“室”原本名字而用作语词，马氏自然认为二字活用作“受动”了。这是符合《文通》自身之体系的。如今语法学界根本没有“受动字”的说法，自然不能接受这种分析。从实词活用的角度来说，“国”与“室”是名字用如外动，而上引二句是被动句，于是便分别解读为“不被认作国家”与“被认可娶妻”。

“辨音”一节说明所谓四声别义的种种情况。其具体内容包括：（1）因异韵而为名字、为动字（参名字章）；（2）以音异而区分为静字与动字；（3）以音异区分为内动与外动；（4）以音异区分为其他字类。（196~207 页）举例非常丰富，是研究音变构词的珍贵材料。

第一节 坐动和散动的含义

(一)《文通》的有关界说

《文通》云:“一句一读之内有二三动字连书者,其首先者乃记起词之行,名之曰坐动;其后动字所以承坐动之行者,谓之散动。”(208 页)实际上,马氏不止这一处论及坐动与散动问题,其他几处如:

“凡动字之在句读,有散动为承者,概为坐动。”(212 页)

“凡内外动字,以言起词之情者,曰坐动。”(393 页)

“又所谓坐动者,即句读之起词也。”(394 页)

“外动字或为语词,或为散动,其止词必位其后。”(396 页)

以上共五处界说,前二处基本上是按动字之位置解说,后三处则是按句法功能解说。如果结合《文通》所列举和分析的例句来看,前一种解说只符合部分例句,而后一种解说却符合所有例句。例如:

《论·季氏》:“季氏将伐颛臾。”“伐”,坐动,以记起词之行。(208 页)

《史·管晏列传》:“后百余年而有晏子焉。”《左传·僖七》:“君亦无所不利焉。”上引“焉”字,所助之句,各以“有”“无”两字为坐动。(355 页)

《孟·离下》:“世俗所谓不孝者五:惰其四支,不顾父母之养,一不孝也;博奕好饮酒,不顾父母之养,二不孝也……”历数不孝之事,皆散动字与其止词,而为各句之起词。(222 页)

《礼·中庸》:“践其位,行其礼,奏其乐……孝之至也。”七顿各有散动与其止词,共为起词,“孝之至”为极品,亦表词也。(223 页)

以上四例,前二例只有动字“伐”和“有”,并无“二三动字连书”,即无散动与之相对,而马氏定其为坐动;后二例各句读只有一个动字,并无坐动与之相对，而马氏却认定是散动。

（二）坐动与散动的实际含义

比较《文通》关于坐动与散动的五处解说，再参照其有关例句的具体分析，我们可以看出，所谓坐动与散动是动字处在句读中的两种状态，即动字在构成句读结构时，有时充当语词，有时不充当语词。其中充当语词的动字就是坐动，不充当语词的动字则是散动。例如：

> 《论·季氏》："远人不服而不能来也，邦分崩离析而不能守也，而谋动干戈于邦内。""能"坐动，"来"散动，以承"能"字助动。"分崩离析"四动字，皆为坐动，意平而各不相属。"谋"坐动，"动"散动，以承"谋"字。（210页）

马氏以上分析表明，"能来"二动字连书，"能"充当语词，因而是坐动，"来"不充当语词，则为散动；"分崩离析"四动字连书，因为都充当语词，所以"皆为坐动"；"谋动"二动字连书，"谋"充当语词，所以是坐动，"动"承"谋"字而不充当语词，因而是散动。

由此可见，坐动和散动这两个概念，是依存于句读结构而产生的，如果离开了句读结构，也就无所谓坐动和散动。因此，坐动和散动是从动字与句子成分的相互关系上建立起来的，正如位次是从名字、代字与句子成分的相互关系上建立起来一样。马氏提出这两个概念，目的在于说明动字在句读上的功能的。前面说过，同一个名字或代字，在不同情况下可以处在不同的位次。同样，同一个动字，在不同情况下也可以具有坐动或散动的不同的状态。如"为政以德"（《论语·为政》）之"为"是坐动，而"想见其为人"（《史记·孔子世家》）之"为"却是散动。

我们可以从两个方面来观照马氏关于坐动和散动的说法：从积极方面看，马氏对于汉语的句子可以多个动字地铺排这一点，已经给予充分的解析；从消极方面看，马氏是以西方语法体系来框定汉语的动字连用，又用两个不同的标准来区分坐动与散动，带有一定的主观性。

第二节　语词部分的坐动和散动

上面一节说明，《文通》一开始有关坐动与散动的界说，仅仅指语词部分而言，但在分析坐动与散动的例句时，却是除语词部分外，还指非语词部分而言。

在句结构中，动字充当语词特别复杂，因此，语词部分的坐动和散动也就特别地多种多样。根据上一节关于坐动和散动的前两处解说，我们可以这样来概括：动字语词句中两个以上的动字，在非平列地相承连用时，其中直承起词的第一个动字叫坐动，其后的动字叫散动。具体说来，有三点值得注意：

其一，相承连用的坐动和散动，仅适用于动字语词句的范围；除此以外不具有这种格式。

其二，语词部分的坐动和散动，是指非平列地相承连用的动字来说的；至于平列地连用的动字结构应当排除在外。这样，用作语词的平列动字中间常用连字“而”来连接，这不属于相承连用的坐动和散动。《文通》于“动字相承”一节所穿插的所谓“若两外动字参以‘而’字，止词同者，有三例焉”（219~222 页），其中绝大多数例句就是如此。

其三，助动字之后承以其他动字连用时，该助动字即为坐动，其后之动字则是散动。除了上面所举《论语 · 季氏》头一句之外，再如《求贤昭》：“吾能尊显之。”马氏云：“‘能’坐动，‘尊显’两散动，皆并承‘能’字。”（211 页）这里留下一个明显的矛盾，《文通》所谓“坐动”是句子里充当语词的主要动字，同时又把“动字相承”的句子里的“助动字”看成“坐动”。既称为“助动字”（“助”即辅助），又能充当主要动字，这有些不合逻辑。

可见，语词部分的坐动和散动是相对的概念，其所处的位置也是固定的，即坐动在前而散动在后。《文通》又云：“夫动字之可承以散动者，约有三焉。”（213 页）

（1）“凡动字言官司之行者，则有承读以记所闻、所见、所知、所述之事者”（213 页）这一类是感知性和述说性的动字。例如：

《孟·公上》：“今人乍见孺子将入于井”。“见”字坐动，“人”字起词也；“入”字第二动字，上承“见”字，“孺子”为“入”字起词，“孺子将入于井”六字承读，即目见之事也。（213 页）

又《万上》：“不识舜不知象之将杀己与？”“舜”字起至“与”字止，为“识”字承读；而“象之将杀己”无字，又为“知”字承读。（同上）

又《梁上》：“王说曰：《诗》云：‘他人有心，予忖度之。’夫子之谓也。”云云，“曰”后诸句至“何也”止，皆所述之语，自为句读，不得统名之承读。又“《诗》云”后所引之《诗》，一读一句亦然。（同上）

以上三例，第一例记所见，其中充当语词的“见”字是坐动，而承读中的“入”字为散动。第二例记所识，其语词“识”字是坐动，而承读之“知”字为其散动；在“不知象之将杀己”中，“知”字又是坐动，其承读之“杀”字为散动。第三例记所云，马氏指出：“至‘曰’‘云’诸动字后，虽皆为所云之语，而所语甚长，又未能以承读概之也。”（213 页）这就是说，不能仅仅把“王曰”或“诗云”里的“曰”或“云”当作坐动，其后一概笼统地当作承读，而要一层一层地剖析下去。譬如第三例，“王曰”之“曰”是坐动，“诗云”之“云”便是散动；而“诗云”后又有承读，其“云”是坐动，其后之“有”与“忖度”都是散动。由此可见，坐动和散动在“语词”部分里显然是相对而言的。

其余各例属感知类的动字有“闻”、“以为”、“知”、“观”、“视”、“望”、“意”、“度”等，属述说类的动字有“道”、“谓”等。

(2)“凡动字记内情所发之行者，则后有散动以承之者”。（214 页）这一类是心理性、能愿性和祈使性的动字。例如：

《孟·梁下》：“民惟恐王之不好勇也。”“恐”字坐动，内情所发，“王之不好勇也”六字承读。（214 页）

又《公上》："谁敢侮之。"又《滕上》："御者且羞与射者比。"曰"敢侮"，曰"羞与比"，皆坐、散两动同一起词，故祇后先并置耳。（同上）

又《梁下》："对曰：'王请无好小勇。'"犹云"请王无好小勇也"。夫"请"者，孟子所请之人也，谓"王"也。所请之事，"王无好小勇"也。今"王"字先于"请"字，一若"王"为"请"字起词矣，故有以"王"为对呼之名者此也。是则"王"字当为一顿。（215页）

又《梁上》："是使民养生丧死无憾也。""使"字坐动，"民"字起至"无憾"止，乃承读也。（216页）

以上五例，第一、第三两例之"恐"、"羞"属心理性动字，在句中充当语词，位置又在前，是坐动，其后之动字"好"、"比"为散动。第二例之"敢"属能愿性动字，是坐动，而动字"侮"承其后，为散动。第四例之"请"本属祈使性动字，因此马氏认为该句犹云"请王无好小勇也"，如此，则"请"字是坐动，而"好"为散动。《文通》引此例之前云："'请'字之后，其承读起词如为所请之人，往往置先'请'字，有解为所呼之名者非是。"其中前一层所概括的规律，无益于句法分析；后一层所说判断正确。正如马氏所说，今"王"字先于"请"字，一若"王"为"请"字起词，而且这种句子在古代文献里比比皆是，其起词正是所请之人，不应视为"请"之止词而前置，再把这种用法的"请"字当作动字便有些牵强。其实，这一类"请"字已由动词虚化为表敬让的副词（即所谓状字），与古籍里用于动字前的"敢""窃""愚"等相似。按照《文通》之体系，此类当称为"状字"。马氏于"状字假借"一节即云："状字本无定也，往往假借他类字为状字者，然必置先于其所状。"（229页）其中有一条就是"有假借动字为状字者"，所举例如"立诛之"，"生拘石乞"，"动欲慕古"等。（230页）"请、敢、窃"一类用作状字（副词），都是表示某种尊敬和谦让的情态。第五例之"使"属祈使动字，充当全句语词，是坐动，其后承读之"养""丧"两动字是散动。

可是，《文通》在分析以下一类例句时又云：

《孟·梁上》："彼夺其民时，使不得耕耨以养其父母。""使不得耕耨"者，非"彼"也，乃"彼夺民时"之事势使然者也，故"使"字当作连字观也。（216页）

《史·张释之列传》："于是释之追止太子梁王无得入殿门。""无得"亦禁令之连字也。（217页）

《文通》把"使""令""得"等字的用法强分为动字和连字两种：一种是"使"等紧跟起词，有"使令"之具体行为义，即视为"动字"；另一种如以上两例的"使"和"得"二字，只因为它们没有紧接起词，其行为义较虚，就视为"连字"。虽然此说不是毫无分寸，但毕竟有些牵强。上引前一例，就语义来说，前后两句说的都是"彼"，不过这两句在逻辑上有因果关系；就结构来说，"使"的起词仍然是"彼"，"使"的止词是"民"，只是承前省略而已。试比较下面两例：

《史·货殖列传》："桀黠奴，人之所患也，唯刁间收取，使之逐鱼盐商贾之利"。"之逐鱼盐之利"，"使"字后承读也。（217页）

又《李斯列传》："遂散六国之从，使之西面事秦，功施到今。"此"使"字亦明事势使然，连字也。（同上）

以上二例"使"字的意义和用法可以说没有任何差别，可是马氏却认定前者"承读"而为动字，后者"明事势使然"而为连字，其主观随意性十分明显，其间的界限就很难掌握。

至于后一例，马氏误把"无得"当作"无令""无使"，因而混为一谈。其实，该句的"得"是表能愿的助动字，"无得"即"不能"，句中的"太子梁王"既是"追止"的止词，又是"无得入"的起词。如果于"梁王"后加一"而"字，则语意更显。就"追止太子梁王"而言，"追"是坐动，"止"是散动；就"无得入殿门"而言，"得"是坐动，"入"是散动。

(3)“凡动字记有行之动，其后承以散动，以记所为动之事者，则惟以两动字先后置之，而不另为承读。”（218 页）这一类是身体动作性的动字。例如：

《孟·梁下》:“景公说，大戒于国，出舍于郊。”“出”字有形之动，“舍”内动字承之，以言所为出之事也。“出”者“舍”者皆景公也，故“出舍”之行皆景公所自发，唯以“出舍”二字先后并置，而“舍”字可不另为承读矣。（218 页）

又《滕上》:“然友之邹，问于孟子。”“之”字有形动字，“邹”字其转词也。“问”者，所为之邹之事也。“之”字后系以“邹”字，而后承以“问”字。（同上）

《秦策》:“楚绝齐，齐举兵伐楚。”“举”字有形动字，“兵”者，其止词也。“伐楚”者，所为举兵之事也，此则两动字间参以止词耳。（同上）

《史·项羽本纪》:“汉果数挑楚军战。”“挑楚军战”四字同上。（218 页）

以上前三例，第一例是两动字连书，在前者是坐动，其后者为散动。第二例是于坐动后带转词，再承以散动。第三例是坐动后带止词，再承以散动。三例中的“出”、“之”、“举”都是动作性的动字。

以上所论，《文通》只是把“可承以散动”之“动字”，按照它们所表示的动作行为的性质分作三类予以阐述。但是，对语词后相承的散动部分，只是简单地说成“与止词无异”（222 页），未能再作进一步的分析。应当指出，以上前三例里的所谓散动字（“舍”、“问”、“伐”）相承，后来的语法著作一般都视为“连动式”，因为它们与坐动字的起词是同一个。而最后一例却不一样，“挑”的起词是“汉”，“战”的起词是“楚军”。这就是后来所说的“兼语式”。二者不宜混在一起。当然，这部分内容应当放在“论句读”一卷里，可惜该卷未曾涉及。

第三节　非语词部分的散动

《文通》云："以上所论，散动直承动字，与止词无异。而句读中所用散动之式，不止此也。"（222 页）这就是说，所谓"散动"包括两种情况：一是指语词部分位置在后而不充当语词的动字是散动，如上一节所论述；二是指不属于语词部分而在其他句子成分里的动字也是散动，这是本节所要论述的。

（1）散动用如起词，即充当主语。例如：

《孟·梁下》："齐宣王问曰：'交邻国有道乎？'""交"外动字，"邻国"其止词。"有"坐动也，"道"则其止词也。"交邻国"三字为"有"字之起词，"交"字散动而为"有"字之起词。盖齐王问交邻国之道，非交邻国之人之道也。（222 页）

《庄·达生》："忘足，履之适也。忘腰，带之适也。""忘足""忘腰"，两散动字与其止词，而各为句之起词。"履之适"与"带之适"，各为其表词也。（223 页）

以上二例，前一例"交邻国"是句中起词，"有"是语词，"道"是止词。而在起词中，动字"交"不在句子的语词部分，因而是散动。后一例"忘足"、"忘腰"是句中起词，"履之适"、"带之适"是其表词。而两"忘"字是在起词当中，不在语词部分，因而也是散动，即使该句没有坐动。

（2）散动用如表词，即充当表语。例如：

《孟·公下》："无处而馈之，是货之也。""货"散动字，"之"其止词，"货之"二字，乃以表"无处而馈之"之非道也。（223 页）

又《滕上》："庠者养也，校者教也，序者射也。"（同上）

《论·子路》："以不教民战，是谓弃之。""弃之"二字，可谓表词，所以明"以不教民战"之实情也。（223~224 页）

以上三例，头一例，马氏显然以“无处而馈之”为起词，“货之”是散动字带止词，充当句中表词。第二例“庠”、“校”、“序”都是起词，“养”、“教”、“射”都是不带止词的散动字为表词。这种分析和举例都很合理。但在列举数例之后却说：“诸所引散动字，或有止词，或无止词，皆以为断语之表词。”（223 页）这里突然冒出一个“断语”，看来是指“是”字。而“是”字在所举例中都是代字，用来重指起词。后一例“弃之”，马氏以为“表词”，其中“弃”字是散动。不过这与卷四所论不符。《文通》云：“‘谓’‘言’诸动字后，所有顿读皆为止词。”（154 页）因此，“弃之”应视为止词才是。

（3）散动用为司词，即充当介字的宾语。例如：

《孟·梁上》：“为民父母行政，不免于率兽而食人。”“于”介字，“率”散动字，“率兽”乃“于”字之司词也。（224 页）

《谷梁·僖十》：“吾宁自杀以安吾君”。“以安吾君”者，介字与其司词，“安”字又为散动字也。（同上）

以上前一例，“率兽而食人”是两个具有散动字的动宾结构，充当介字“于”的司词。后一例，若视“以”为介字，则“安吾君”为其司词，而“安”就是带止词的散动字。其实，该“以”字可用“而”字替换而语意丝毫不变，因而当作连字也未尝不可。

（4）散动用于偏次，即充当中心词的定语。例如：

《孟·梁上》：“故王之不王，非挟太山以超北海之类也，王之不王，是折枝之类也。”“挟”“折”两散动字，“太山”与“枝”字各为其止词，“以超北海”四字则又为“挟太山”之转词，要皆用于偏次，而“类”字乃其正次也。（224~225 页）

又《公下》：“故将大有为之君，必将有所不召之臣。”“大有为”与“不召”，皆散动字与其状字，皆在偏次，以附于“君”“臣”二字者也。（225 页）

又《梁下》：“文王之治岐也，耕者九一，仕者世禄。”“耕”“仕”两散动字，殿以“者”字，即指耕田之人与出仕之人也。其实“耕者”“仕者”各为一读，而以“者”为起词，其“者”字即接读代字耳。（同上）

以上三例，前一例“挟”为散动字，其后带止词“太山”及转词“以超北海”，共为“类”的偏次；“折枝”是散动字带止词充当“类”的偏次。中间一例“有为”与“召”为散动，其前各加状字“大”和“不”，分别充当“君”与“臣”的偏次。后一例附于偏次里分析，可见马氏有把“散动字”加“者”字当作偏正词组的倾向，因而说“即指耕田之人与出仕之人”。

这里有两点值得讨论。一是“散动用于偏次”的问题。《文通》论及“次”时，明确地说“次者，名代诸字于句读中应处之位也”，根本就没有涉及动字有“次”的内容。在论及散动时，又突然说“散动用于偏次”。这前后不一致说明，马氏虽然仿照拉丁语法的“格”为汉语的名字、代字设立了“次”，但又不能不顾及汉语动字用作名字的修饰语这个普遍存在的语法现象。应当说这是马氏的一个创新之处，只是在“体系”的设置上尚欠周密罢了。二是从以上对所谓“坐动”和“散动”的分析可以看出，《文通》设立“坐动”“散动”的性质，与设立“受动字”非常相似，即本身并无实际的价值，即使要讲也应当放在句读里讲，而不应该当作动字的一个类别。

第六章　静字和状字

第一节　静　字

马氏出于对《文通》各卷篇幅平衡的考虑，把“名字”和“代字”并为一卷（卷二），把“动字”分为两卷（卷四、卷五），而把“静字”与“位次”问题并为一卷（卷三）。如果就内容的内在联系来说，这样安排自然不妥。因此，我们作了一些必要的调整，把“位次”部分移到“名字和代字”一章内。

（一）静字的类别

《文通》把“静字统分两门”：一是“象静”字，“言事物之如何”，即今之所谓性状形容词；二是“滋静”字，“言事物之几何”，即数量形容词，今谓之数词。（111 页）

前面说过，马氏之所以把“数词”与“形容词”归为一类，是因为《文通》所建立的是古代汉语的语法体系。在古代汉语尤其是上古汉语里，没有后来那种独立的量词，数词可以直接名词，就跟形容词一样。这样安排并非没有道理。

（二）象静字的用法

《文通》云：“静字有两字同义者”，“有两字对待者”。（112 页）这说明马氏已经注意到由两个词素组合而成的双音节的静字。

又云：“更有以公名、本名、代字、动字、状字用如静字者。”（112 页）就其举例来看，其中情况比较复杂：有的是词类活用，有的是名词、代词作定语，有的是叠音形容词而并非“状字”等。今天的语法学者或许认为，马氏上述说法有些混为一谈。然而以“深层语义”的理论来考察，那些名字、动字“用如静字”，也就是用来描写“起词”所表示的事物的属性，而不再是指称事物或表述事物之行了。这在逻辑学上是有根据的。

这里所谓用法，就是指象静字的句法功能。其用法有三种：

（1）用于偏正结构（112 页～　）

《文通》云：“静字先乎名者常也。”这是说象静字位居偏次（修饰语），而名字位居正次（中心语）。而且马氏列举大量例证，说明其间加“之”或不加“之”的一般规律，即与偏正结构的字数为偶为奇具有相互制约的关系。譬如：“孝子、孤臣、广土、众民”（112~113 页）等，是单字对单字，一般不介“之”字；“膏腴之地、倦罢之兵、纤介之祸、愁苦之音”（113 页）等，是偶字对单字，一般间“之”字；“遥荡恣睢转徙之途”、“怪迂阿谀苟合之徒”（113~114 页）等，是多偶对单字，一概加“之”字；“轻重之权、小大之狱”等，是二对一的，一般介“之”字；“左右贤王、新旧令式、文武长材”等，是偶对偶的，一般不加“之”字。可见，加“之”与否的原则一般是“合之为偶数”。

有几点值得注意。《文通》云：“静字同义，而蝉联至四字六字先附于名者，亦惟一衬‘之’字而已。”（113 页）例如：

《庄·大宗师》：“汝将何以游乎遥荡恣睢转徙之徒乎？”“遥荡”等六字同义，附于“途”字，参“之”字为衬。（113 页）

韩《上宰相书》：“枯槁沉溺魁闳宽通之士，必且洋洋焉动其心”。八静字皆附一名，“之”字间焉。（114 页）

从如今的角度来看，前一例是三个形容词共同修饰一个名词，后一例是四个形容词共同修饰一个名词，其修饰语和中心词之间只用一个“之”字。若用现代汉语来说，可以在三或四个形容词之后只用一个“的”字，也可以在每一个形容词之后各加一个“的”字。这说明古代的“之”与现代的“的”不完全一样，前者独立性强一些，后者附着性强一些。（详参《文法学及其散论》）

《文通》又云：“前文名字不一其类，后用静字为别者，则殿以

'者'字，代指其名也。若约数，则名字先置以为母，静字后置以为子，殿以'者'字，亦以代名也。……前文无名而突用静字，以'者'字为殿者，则其静字必习用者也。"（116 页）例如：

《汉·沟洫志》："今堤防，狭者去水数百步，远者数里。""狭""远"二静字，所以言上文"堤防"之各别也；皆殿"者"字者，正以代"堤防"也。（116 页）

《孟·离下》："是则罪之大者。""罪"名字，先置为母，"大者"后置为子，中间"之"字，以明"罪"字之在偏次。"罪之大者"，犹云"诸罪中之大罪"也，故"者"字所以代名也。（117 页）

韩《何蕃传》："司业祭酒撰次蕃之群行灼灼者数十余事。""灼灼"重言，用如静字，不曰"蕃之群行之灼灼者"，避重也。（同上）

《左·襄三十一》："吾闻君子务知大者远者，小人务知小者近者。""大""小""远""近"皆静字，并无前文为指，而各助以"者"字者，皆习用字，所指者不言可明也。（同上）

以上四例，正分别表明所论述的四种情况。第一例的两个"者"字，即指代上文的"堤防"。第二例的"者"字，与"大"组合表"罪"中的一部分。第三例因为前文已有"之"字，为避免重复，"群行"后就不再加"之"字。最后一例四个"者"字，前文都没有出现所指代的名字，因为所指不言而喻，用不着明说。无论是哪一种，《文通》对"者"字性质与作用的分析，大体接近今天的认识，即把"者字结构"当作一个名词性词组了。

（2）用于并列结构（119 页～ ）

《文通》云："若静字先名，而有浅深对待之义者，概参'而'字，'以''且'两字亦习用焉。有参以'又'字者。"（119 页）例如：

《庄·列御寇》："人者厚貌深情，故有貌愿而益，有长若不肖，有顺懁而达，有坚而缦，有缓而钎。”诸静字皆耦，而有对待之意，故以“而”字连之。唯“长若不肖”犹言“有技与无能者”，用如两名，故以“若”字连焉。“若”者，及也。（119 页）

《易·系辞》：“是故蓍之德圆而神，卦之德方以知。”一用“而”，一用“以”，则“以”“而”两字可通用之明证。（同上）

《论·泰伯》：“富且贵焉……贫且贱焉。”则参“且”字者，义有浅深也。（同上）

《公羊·隐元》：“隐长又贤，何以不宜立？”“长”“贤”两静字，参以“又”字者，义犹“且”也。（同上）

以上四例，分别用连字“而”、“以”、“且”、“又”来连接静字。第二例，马氏特别指出“以”“而”两字通用。这也正好证明前面阐述助动字“可”与另一动字之间，既能用“以”，也能用“而”（185 页）的说法完全能够成立。其中第一例，《文通》以此证明连字“而”所连接的两项是静字，若前后两项是名字则用连字“若”或“及”。就一般而论，所言极是。但“长若不肖”一例却并非如此。细审《列御寇》原文即知，“人者厚貌深情”一句是总写，即通常所言“人心难知”也。以下即从五个方面具体叙述其“厚貌深情”。这五个方面，有四个都用“而”字，其前后语义相反，惟“长若不肖”一读用“若”字。唐代陆德明注曰：“外如长者，内不似也。”清人马其昶注云：“若，犹而也。”此句谓“形如长者而实为不肖”。马氏仅着眼于字而未能着眼于词，未明此“若”字通“而”，因而视其前后两项为名字，殊不知“长”与“不肖”亦皆静字（或加状字）也。（详参《文法学及其散论》）

《文通》又云：“惟从未见如名、代诸字以‘与’‘及’‘并’等字为连者，此名、静两种字之别也。”（119 页）这里，马氏确实敏锐地观察到：体词并列与谓词并列，所用的连词是不同的。他所揭示的这条古代汉语语法规律，对辨别体词和谓词有着理论上和实用上的意义。

（3）用于主表结构（127 页～　）

《文通》云：“静字成为语词，更名曰表词，所以有别也。”又云：“静字而为表词，必置起词之后。”（127 页）例如：

《孟·万下》：“故闻柳下惠之风者，鄙夫宽，薄夫敦。”“鄙夫”“薄夫”皆名也，而为起词，“宽”“敦”两静字，各置其后以为表词。（127 页）

又《滕上》：“孟子道性善。”“性”名也，起词，“善”附后为其表词。“性善”两字，“道”之止词也。（同上）

《左·僖二十八》：“师直为壮，曲为老。”“壮”“老”两静字，各为表词，“师直”“师曲”两顿为起词，“为”字参焉，所以决也。（130 页）

《孟·公下》：“城非不高也，池非不深也，兵革非不坚利也，米粟非不多也，委而去之，是地利不如人和也。”“城”“池”“兵革”“米粟”皆名也，而为起词，“不高”“不深”等静字，各为表词，参以“非”字断词，以决其不然。（131 页）

以上四例，第一例是静字单独作表语。第二例是主表结构“性善”作句中止词（宾语）。第三例是静字作表词，其前加表示肯定的断辞。后一例是一连四个静字（带状字“不”）作表词，其前都加表否定的断辞。

（4）用于述补结构（135 页～ ）

《文通》在论及象静字用于“平比”和“差比”时，列举了这方面的大量例子。例如：

《庄·山木》：“且君子之交淡若水，小人之交甘若醴。”“淡”“甘”两象静也，附诸名后，所以比也。其所比之两端，一则“君子之交”与“水”，一则“小人之交”与“醴”也。今以“淡若”“甘若”二字参诸其间。此所谓平比，两端无轩轾而适相等也。（135 页）

《史·魏其列传》：“上察宗室诸窦，毋如窦婴贤。”“贤”静字，所以比也，所比两端，即“毋”与“窦婴”也。今“贤”字置于“窦婴”后，所谓后于两端也。（136 页）

《论·先进》："季氏富于周公。""季氏""周公"，相较之两端也，其所以为较者，"富"也。"富"象静字也，差其所较者，"于"字也。（138页）

《秦策》："敝邑之王所说甚者无大大王。""无大大王"者，即"无大于大王"也。其所比之首端为"无"，代字也。（139页）

以上四例，前二例为平比，后二例为差比。第一例，"君子之交"和"小人之交"是起词，"淡"和"甘"是语词，"若水""若醴"是其转词。"淡若水""甘若醴"，以今日言之，即为述补结构，"淡""甘"是其述语。第二例，"毋"是代字作起词，"如"是语词，"窦婴"是止词，"贤"是转词。"如窦婴贤"，以今日言之，亦为述补结构，"贤"是其补语。第三例，"季氏"为起词，"富"是静字作表词，"于"是介字，"周公"为其司词，"于周公"是"富"之转词。以今日言之，"富于周公"即为述补结构，"富"是其述语。第四例，"无"是读中起词，"大"是读中表词，"大王"是读中转词。以今日言之，"大大王"即述补结构，只是其中介字未出现。

（5）象静字的名物化（114页～　）

《文通》云："静字单用如名者，前文必有名以先焉。"（114页）又云："无先焉而静字单用者，则所指人物，必其显然易知者也。"（115页）例如：

《孟·梁上》："以小易大，彼恶知之？""小""大"两静字，今单用如名，以前文有"牛""羊"两名在先，故知"小""大"所指之为何。（114页）

《史·淮阴侯列传》："故善用兵者，不以短击长而以长击短。""长""短"静字单用，承上文"兵"字而言。（115页）

《易·谦》："天道亏盈而益谦，地道变盈而流谦，鬼神害盈而福谦，人道恶盈而好谦。""盈""谦"静字，用各不同，并无前文以先焉，然用以各指其义，则甚明也。（同上）

《荀·议兵》："兵不血刃，远迩来服。""远迩"静字，指远迩之人也，前文并无"人"字。（116页）

以上前二例，《文通》归于“前文必有名以先焉”之类。其实第一例符合，第二例并不符合，因为“小”、“大”分别指“羊”、“牛”，而“短”、“长”并非指“兵”（“善用兵”之“兵”指军队）而言。第二例也与下面两例一样，都属于“显然易知者”。就是说，这种用法的静字已经名物化，即形容词变为具有指称意义的名词。因为是泛指，所以在一定语境里“显然易知”。

《文通》又云：“凡‘无’‘有’两字后，承以对待静字，所以分别上文所名之人物。此种句法最为习见。”（115 页）其下仅举一例：

《史·李将军列传》：“百姓闻之，知与不知，无老壮皆为垂涕。”

此前与此相关的例子有：

又《屈原列传》：“人君无愚智贤不肖，莫不欲求忠以自为，举贤以自佐。”“愚智贤不肖”，贴“人君”。（115 页）

韩《潮州谢表》：“子养亿兆人庶，无有亲疏远迩。”“亲疏远迩”贴“人庶”。（同上）

韩《窦公墓志碑》：“六府从事几且百人，有愿奸易险贤不肖不同，公一接以和与信。”“愿奸易险”等皆静字，上贴“人”字。（同上）

以上四例说的都属于“静字用如名者”，只是马氏把后三例归于“前文必有名以先焉”，把前一例归于“‘有’‘无’两字后承以静字”。这里要指出的是，前一例的“无”与后两例的“无有”、“有”不同，并非同动字，而与第二例的“无”相同，是“无论”的意思。其实，如果说第三例的“亲疏远迩”是贴“人庶”，那么前一例的“老壮”也应当是“贴‘百姓’”。马氏将以上四例强行分开，不知何故。

（6）平比、差比与极比

《文通》云：“象静为比有三，曰平比，曰差比，曰极比。”（135 页）

所谓“平比”，即“象静字以比两端无轩轾而适相等者”，其常用字词为“如”“若”“犹”“由”等。（135页）例如：

《庄·逍遥游》：“肌肤若冰雪，绰约若处子。”“肌肤”“冰雪”、“绰约”“处子”，各为两端，等以“若”字，犹云“肌肤之白若冰雪，绰约之态若处子”也。不言“白”与“态”者，盖“肌肤”尚“白”而“冰雪”为最，“绰约”言“态”而“处子”独多。故“白”与“态”隐寓于所比之端，不待显言而自明矣。（136页）

《汉·高帝纪》：“相人多矣，无如季相。”犹云“未见人有如季相贵者”也。不言“贵”而上下两端已隐言之矣。（同上）

《孟·公上》：“以齐王由反手也。”犹云“以齐国之大而行王道，易如人之反手”也。（137页）

所谓“差比”，即“两端相较有差”者，其常用字词为“於”“于”“乎”。（138页）例如：

《孟·公上》：“德之流行，速於置邮而传命。”此以“邮传”较“德行之速”也。此句如字字言明，当云“德之流行，速於置邮而传命之速”也。下“速”字不言者，可不言也。（138页）

《荀·荣辱》：“故与人善言，暖于布帛，伤人之言，深于矛戟。”（139页）

《吕氏春秋·爱士》：“人之困穷，甚如饥寒。”此“如”代“於”，盖不多见。（同上）

所谓“极比”，即“将所以比之象推至于其极”者，其常用字词为“极”“至”“甚”等。（140~141页）例如：

《史·酷吏列传》：“然由居二千石中，最为暴酷骄恣。”“暴酷骄恣”静字，即所以比之象也，今以“最”字先于“为”字，以言其极。（140页）

《论·泰伯》：“泰伯其可谓至德也矣。”“德”字名也，“至”字先之，以推言德之至极也，然未言何者与比而见为如此也，此

即所谓泛称夫极也。（141 页）

《孟 · 公下》：“寡助之至，亲戚畔之，多助之至，天下顺之。”“寡助之至”者，推言助者之寡至于其极也。“多助之至”者，推言助者之多至于其极也。“助”动字也，“之至”二字续于其后，所加之义有如此者。（142 页）

以上所论析，有几点值得讨论。首先，“论比”一节实在是属于句读问题，不应当在属于“字类”的“静字”篇里详细论述。其次，把“平比”与“差比”相提并论极为不妥，因为前者是比喻性的，而后者才是比较性的，二者性质不同。再次，“极比”的提法没有实际意义，这只不过是在静字前加上表程度的状字（副词）构成一个词组而已。最后，在分析例句时，认定所谓表平比、差比和极比的大多数句子，其中省略了表示属性的静字，这也毫无必要。因为那样一来，省略的范围就显得没有边际。其实，那样的句子完全可以解释为名字表词句。

（7）关于“断辞”

《文通》于表词一节提及“断辞”云：“凡以表决断口气，概以‘是’‘非’‘为’‘即’‘乃’诸字，参于起表两词之间，故诸字名断辞。断词，一曰决词。”（129 页）据此，断辞即相当于今之所谓系词。但通观全书，称作“断辞”或“决词”的，远不止上面提到的那五个字。例如：

《论 · 里仁》：“盖有之矣。”“有”者决词也。（180 页）

又《子路》：“必也正名乎！”以决辞合于助字，则成为表词矣。（238 页）

《孟 · 梁上》：“民望之，若大旱之望云霓也。”（248 页）

又《离上》：“民之归仁也，犹水之就下也。”“犹”“若”诸字，用若断词。（248~249 页）

《赵策》：“彼则肆然而为帝。”“则”字常解，决词也。（304 页）

《论 · 子张》：“就有道而正焉，可谓好学也已。”“也已”者，“也”字断词，常语也。（378 页）

由以上解说可以看出，马氏所谓“断辞”“决词”的含义极不确定，除指今之系词外，还泛指一切有判断作用和语气的动字和虚字，甚至包括所谓“读”（参336页）。看来，《文通》所谓“断辞（决词）”，有两个不同的范畴：一个属于字类的断辞，即具有判断作用的动字和状字；一个属于句读上具有判断语意和语气的短语和助字。

（三）滋静字的类别和用法

《文通》分滋静字为三小类：

（1）数目字，即今之所谓“基数”。（122页）

其用法有二：其一，用于偏正结构，即所谓“数先于名者”。如《左传·昭二十》：“声亦如味：一气，二体，三类，四物，五声，六律，七音，八风，九歌，以相成也。”（122页）此例中的数目字都置于名字之前，与象静字一样。

其二，用于主表结构，即后于名“以为表词”。如《礼记·中庸》：“天下之达道五，所以行之者三。”（122页）在此例中，“天下之达道”、“所以行之者”是起词，数目字“五”“三”为表词。这是古代汉语的特点。

此外，《文通》云：“凡数书零位，率参以‘有’字，言更有加也。”（124页）例如：

> 《论·乡党》：“必有寝衣，长一身有半。”“有半”者，又一身之半也。（124页）
>
> 《左·文十六》：“乃出师，旬有五日，百濮乃罢。”“旬有五日”者，十日后又加五日也。（同上）

此“有”即“又”，用于整数和零数之间的空位，可视为连词。

（2）序数字，“所以第事物之序”。（124页）

其用法是数字前“冠以‘第’字”。如《史记·萧相国世家》：“萧何第一，曹参次之。”又如韩《王公神道碑铭》：“第几人必王某也。”前例“萧何”是起词，“第一”用作表词。后例“第几”用于名字之前，是偏次，“第几人”是句中起词。

(3) 约数字，即“子母差分之数”。(125 页) 例如：

《左·隐元》：“先王之制，大都不过参国之一，中五之一，小九之一。”“参”“五”“九”皆母也，诸“一”字皆子也。“参”后缀以“国”字，志所分也，“五”“九”后不缀自明。母子中参“之”字，常也。(125~126 页)

《史·货殖列传》：“故关中之地，于天下三分之一。”母后皆缀以“分”字，明所分也。(126 页)

《史·匈奴列传》：“汉兵物故什六七。”又：“得来还，千人一两人耳。”所引母子数，皆不参“之”字者。(126 页)

《史·历书》：“子一分，丑三分二，寅九分八。”(126~127 页)

第一例，“过”是外动字，约数字是其止词；第三例，“物故”是内动字，约数字是其转词；第二、第四例，“关中之地”“子”“丑”等是起词，约数字是其表词。其分数间或用“之”，或不加“之”，是表示分数的两种形式。不过，严格说来，上述只有“五之一”“三分之一”“什六七”“三分二”才是滋静字，其余的都是词组。

第二节　状　字

(一) 状字的含义和用法

《文通》云：“状字，所以貌动静之容者。状字之于动字，亦犹静字之于名字，皆所以肖貌之者也。凡状者，必先其所状，常例也。”(227 页) 这里简要地说明了“状字”的含义、作用及其在句读中所处的位置。例如：

《孟·梁上》：“天油然作云，沛然下雨，则苗勃然兴之矣。”“油然”者，状字也，所以肖“作云”之状，故先之。“沛然”以状“下雨”，“勃然”以状苗之“兴”起，故皆先焉。

（227 页）

《左·襄二十九》："虽甚盛德，其蔑以加于此矣。""盛"静字也，"甚"字状之。（同上）

《论·八佾》："子谓韶，尽美矣，又尽善矣。""美""善"二字皆静字，"尽"字状之，而皆先焉。（同上）

《孟·梁下》："君是以不果来也。""不""果"两字皆状字，"不"状"果"字，故先焉。（228 页）

《庄·齐物论》："且女亦大早计。""亦""大""早"三字皆状字，而状者各先所为状。（228 页）

以上五例包括三种情况：前一例是状字用于动字之前；中二例是状字用于静字之前；后二例，马氏以为是"自状"，即状字修饰状字。与今日之说相比，前三例的分析大致一样，后二例则有些差异。其一，"大""早"并非"状字"（副词），而是"静字"（形容词）用作"计"的修饰语（状语）。因为马氏未能给这种修饰语取一个相应的名称，又认定"凡字之有数义者，未能拘于一类，必须相其句中所处之位，乃可类焉"（23 页），所以才把"大""早"归入状字。其二，"自状"的提法不准确。当今学者认为，动字或静字之前，如果不止一个状字（副词），则是分别在不同的层面修饰动字或静字。

《文通》又云："不惟此也，名字，代字，顿也，读也，皆为状焉。"（228 页）且不论此说与其状字的界定是否符合，单就其所举例句及其分析来看即有偏差。例如：

《孟·离上》："视天下悦而归己，犹草芥也。""草芥"名字也，"犹"字状之。（228 页）

《史·封禅书》："获一角兽，若麟然。""若麟然"者，有似于麟也，非真麟也。先以"若"字，复以"然"字为殿者。（同上）

《礼·中庸》："或生而知之，或学而知之，或困而知之，及其知之一也。""或"状字，用之以状读焉。（229 页）

《汉·万石君传》："事有可言，屏人恣言极切。""极切"者，

极至也，“切”状字而用为表词。（同上）

前两例之“犹”“若”用于名字之前，其义为“似”“类”，当归入同动字才是（参 182 页）。第三例之“或”字置于动字之前，用作起词，当列入约指代字（参 85 页）。最后一例之“切”字“用为表词”，又为“极”所状，当视为静字。

（二）状字的假借与形式

《文通》云：“状字本无定也，往往假借他类字为状字者，然必置先于其所状。”（229 页）例如：

《孟·梁上》：“庶民子来。”“子来”者，如子之来也。“子”名字，先乎动字而成状字。（230 页）

《庄·养生主》：“刀刃若新发于硎。”“新”字本静字也，今先“发”字而为状字。（同上）

《左·哀十六》：“生拘石乞而问白公之死焉。”“生”本动字，今假为状字矣。（同上）

以上三例之“子”、“新”、“生”，马氏分别列入“假借名字为状字”、“假借静字为状字”、“假借动字为状字”三种情况。马氏所说之“假借”，即今之所谓“活用”。究其实言之，当是名字、静字、动字用作状语。

《文通》又云：“状字用以象形肖声者，其式不一。有用双声者，有用叠韵者，有重言者，有重言之后加以‘焉’、‘然’、‘如’、‘乎’、‘尔’诸字者。”（231 页）这说的是部分状字本身的表现形式。其中问题比较大的，是状字与非状字的界线不清。

首先，马氏把许多当为静字的联绵字及后面加“衬音助字”的叠音字都归入了状字。如“含糊、犹豫、盘薄、猖狂、蹉跎、缠绵、绸缪、巍巍乎、侃侃如、啚啚尔”等。这些词在句中经常充当表词，并非“貌动静之容”。杨树达《马氏文通刊误》即指出：“当认作静字，不当以为状字。马氏于此类错误最多，殆难悉举。”（101~103 页）

其次，状字与动字的界线混淆不清。除了前面已经提到的把用作语词的“犹、若、如”等同动字说成是状字（228 页）以外，马氏还把“展转、颠倒、逼迫、彷徨”等双声叠韵的动字也归入了状字（231 页）。应当说，不仅这种归类极不合理，而且混淆了句法与词法的界限。譬如用“犹”等表示比喻义的句子，就明显属于句法问题，而马氏却从“字类”着眼，把上述用法的“犹”等解释为状字。

再次，状字与代字的界线也没有分清。前面已经提到，“或”是约指代字，在分析例句时却说成是状字。与此类似的，例如：

> 《论·先进》：“夫子何哂由也？”犹云“夫子为何哂由也”。“为”字不言，单用“何”字合于动字，故为状字。若“何”字为动字之止词，则又为代字矣。（241 页）
>
> 《史·陆贾传》：“何念之深也？”“何”虽不紧靠“深”字，然实贴“深”字。（242 页）
>
> 《史·管晏列传》：“何子求绝之速也？”（73 页）

《文通》云：“凡‘何’字单用而代转词者，则为状字，若为止词，为表词，与为司词者，则代字矣。”（242 页）据此，马氏把前二例的“何”字视为状字，把后一例的“何”字视为代字。然而《史记》两例“何”字的用法并无区别，却一归状字，一归代字，其随意性令人费解。这里有个典型的例句分析：

> 《孟·梁下》：“今也不然。”犹云“今非如此”也。此“然”字解作“如此”而为表词者，实肖容之状字也。（235 页）

按：据《文通》“状字之决不然者”一节所述，“不”为状字；再联系“‘也’字有助静字而成为状字者，如‘今也’‘昔也’之类”（340 页）的说法，“今”也是状字。如此说来，“今也不然”一句全是由三个状字和一个助字构成的，岂不荒唐？

最后需要指出的是，由于马氏在“状字诸式”一节只着眼于形式，结果便与其作用相互抵牾。例如：

《庄·秋水》:“默默乎河伯，女恶知贵贱之门！”（231 页）

《礼·檀弓》:“夫子曰:‘尔无从从尔，尔无扈扈尔。’”（同上）

《汉·诸侯王年表序》:“而海内晏如。”（232 页）

以上例句中的“默默乎”“从从尔”“晏如”等，均重言或单言之后加“乎、尔、如”诸字，《文通》皆列入状字，然其作用皆非“貌动静之容”，其位置亦非“先其所状”。“默默乎”是修饰名字，“从从尔”“扈扈尔”“晏如”是充当表词。

总而言之，《文通》有关状字的收字范围有些扩大化，这样一来就和状字的职务范围发生矛盾。别的不说，就那些双声、叠韵、重言以及后面带“然、乎”等字的状字，大多并不修饰动字和静字，反而经常作表词，即用如静字。因此，后来的语法学家大多主张限制副词的范围，以便与其职能相一致。

（三）状字的语义类别

《文通》云:“状字往往单词只字，而以义可别者有六。”

（1）处所状字。如“东败于齐”，“左右视”，“郊迎北面称臣”等（233 页）。其中“东、左、右、郊、北”皆“指事成之处”。

（2）时间状字。如“乘舆已驾”，“平公将出”，“遂恶之”，“早为之所”，“岁计之”，“竟自脱”等（233~234 页）。其中“已、将、遂、早、岁、竟”皆“记事成之时”。

（3）性状状字。如“大戒于国”，“空取”，“殊死战”，“徒以亲在”，“纯任德教”，“重不相善”等（235 页）。其中“大、空、殊、徒、纯、重”皆“言事之如何成”。

（4）频率程度状字。如“亟称于水”，“迭为宾主”，“三数叔鱼之恶”，“盖千乘”，“厚施而薄望”，“长财七尺”，“大事垂可立”等（236 页）。其中“亟、迭、三、盖、厚、薄、财、垂”皆“度事成之有如许者”。

（5）推断状字。如“战必胜”，“士诚小人”，“洵美且仁”，“不果来”，“固愿闻名”，“今也不然”，“舍馆未定”，“勿施于人”“靡得而记”等

（237~241 页）。其中“必、洵、不、果、固、未、勿、靡”皆“决事之然与不然者”。

（6）语气状字。如“焉能事鬼”，“居恶在”，“安事诗书”，“岂能独乐”，“巨能入乎”，“或将丰之”等（241~244 页）。其中“焉、恶、安、岂、巨、或”皆“传疑难不定之状”。

从以上列举的例句可以看出，马氏所谓“状字”十分繁杂。其中包括除今之所谓副词之外，还有方位名词、处所名词、时间名词、形容词、动词、疑问代词等。其实，马氏之“状字”是一个相当含混的概念，不仅指字类（词类），而且也包含位次（句成分）的内容。《文通》在论及“更有记时与记处状字，合于他字以成一语者”（244 页）时，这种含混更为明显。譬如“为间、居顷、久之、上之、外之、日者、今也”等，“皆可名为状辞”（244 页）。马氏指出：“此种成语，概位句读之首，非若单字状字之必先乎动字也。”这些所谓“成语”，无论称为“状字”还是“状辞”都不恰当，因为其中情况比较复杂，有的似乎是词组（为间、居顷），有的勉强算是复音虚词（久之、外之），有的只能说是时间名词后附加语气词（日者、今也）。正因为概念不明确，在分析例句时就难免不失误。例如：

《左·文七》：“舍适嗣不立而外求君，将焉置此？”“焉”字，记处而先所状也。（233 页）

《齐策》：“无齐，虽隆薛之城到于天，犹之无益也。”“犹之”云者，犹云与上文鱼失水比，犹无益也。“之”字不为义，故“犹之”亦状语也。（245 页）

前一例，“焉”是代字，询问处所；可在其六“传疑难不定之状”里也列入了“焉”字的同类例句，如《左传·闵二》“余焉能战”（242 页）。同一种功能，却归入两类。后一例，马氏视“犹之”为“状语”（状字），又认定“之”字“不为义”，极是。但在具体分析“犹之无益”之“犹之”时，却过于坐实。此前，《文通》在列举若干例句之后云：“所云‘上之’、‘次之’、‘外之’、‘下之’，皆以历数地位，列为状语，则诸‘之’字无解而有解矣。”说“之”字有解，至于如何解释并未说明。其实，上述诸“之”字皆“助字”（衬音助词），仅起凑足音节之作用。（详参《文法学及其散论》）如“犹之无益”即“犹无益”，“犹”是副词“依然”的意思。上引《齐策》一例，前有“虽”字，后用“犹之”配合，正是让步复句的表达格式。

关于状字，马氏也有一些合理而深刻的论述。

首先，如果撇开前面涉及的少数动字与询问代字不算，单就联绵字、重言字等几种状字来说，马氏确实注意到它们与象静字的密切关系。他在“连字”一章就明确指出：“状字原以肖动静之貌，与静字无别。古人于静字状字，统以静字名之。今以两者为用不同，故特别焉。”（286 页）这等于说，上述几种状字与象静字既性质相近，又功能有异。这就为后来学者的研究提供了探索的余地。

其次，在“状字别义”一节，不仅列举了“两字重状一时者”，如“既已、尝已、行复、方且、曾复”（234 页）等，还列举了“重言一义”者，如“岂遽、岂钜、何渠、庸讵、宁渠”（243 页）等。前者是表示时间，后者是表示反问，这些复合状字，亦即清代学者所谓“复语单义”，当代学者也十分关注此种复合副词，多有论及。

再次，马氏对“置于句首”表示往昔之时的“初”“始”“前”等状字进行了比较。《文通》云：“‘初’者，原始之辞，今置句首以为记事推原之例，左氏文习用之。”（234 页）又云：“《史记》之用‘始’字，与左氏之用‘初’字，《汉书》之用‘前’字同，可见诸书皆各有字例也。”（234~235 页）所谓“字例”，即作家行文用字之惯例。显然，马氏是用历时的眼光来观察文献言语的演变情况。这实在难能可贵。

再次，马氏对经生家有关表否定的状字的训释提出了批评。经生家以为“生不有命在天”、“勿念”、“毋宁夫人”之“不”“勿”“毋”等“为语词”“为发声而无解者”，“不有”即“有”，“勿念”即“念”，“毋宁”即“宁”。（239 页，241 页）马氏认为，“不”应“解作‘岂不’为顺”（240 页），至于后二例“盖古书往往有省文两字并作一字者”（241 页）。相比之下，马氏之说较为合理。今日看来，上引三例当为用语调表示委婉反问的句子，相当于“生不有命在天？”“毋宁夫人？”字面是否定而实际是肯定的。

第七章　介　字

《文通》云："介字云者，犹为实字之介绍耳。"并且进一步指出："泰西文字，若希腊、辣丁，于主、宾两次之外，更立四次，以尽实字相关之情变，故名代诸字各变六次。中国文字无变也，乃以介字济其穷。"（246 页）这不仅说明了介字的句法作用，而且道尽了汉语作为没有形态变化的孤立语的特征，以及介字在汉语语法中的特殊意义。

联系前面字类中有关介字的论述，我们知道，介字总是和它的司词构成今之所谓"介宾结构"，这个介宾结构在句读中充当动字的转词（今之补语）或名字中心词的偏次（今之定语）。可见，介字在句子成分的扩展上起着很大的作用。

《文通》又云："介字习见者，曰'之'，曰'於（于）'，曰'以'，曰'与'，曰'为'，共五字。"

第一节　"之"字的用法

（一）用于偏正结构（246~247 页）

《文通》云："两名相续，意有偏正，偏者先而正者后，偏正之间，概介'之'字。"其所述"介于两名字之间"、"介于静字名字之间"、"介于代字名字之间"三种情况，凡用"之"字者皆属用于偏正结构。"之"字置于偏次和正次之间，就成为这种偏正式结构的形式标志，因而也就具有表示偏次和正次之间的修饰关系的功能。例如：

《汉·霍光传》："立少子，君行周公之事。"（247 页）

《左·昭六年》："犹求圣哲之上，明察之官，忠信之长，慈惠之师，民于是乎可任使也而不生祸乱。""圣哲""明察"等，

皆静字之偶者，而所附名字各皆单字，故参“之”字以四之。（同上）

《史·秦楚之际月表序》：“自生民以来，未始有受命若斯之亟也。”“若斯”者，指示代字也，“亟”字单，故加“之”字以足焉。（同上）

以上三例，其“之”字前的“周公”、“圣哲、明察、忠信、慈惠”、“若斯”，分别为名字、静字和代字，皆处偏次。又如：

《汉·贾谊传》：“及太子既冠成人，免于保傅之严，则有记过之史，彻膳之宰，进善之旌，诽谤之木，敢谏之鼓。”“记过”者，动字及其止词也，“史”，名字也，中间“之”字，以明偏正之次。下句同解。（248 页）

以上所析，即其所云“散动字用于偏次，而名字在正次者”。除“记过”外，上例中“彻膳”、“进善”、“诽谤”、“敢谏”皆属此类。

（二）用于主谓结构（248 页）

《文通》云：“凡读于起词坐动之间，间以‘之’字，一若缓其辞气者然。”（248 页）例如：

《孟·梁上》：“民望之，若大旱之望云霓也。”“大旱之望云霓”，所以比之读也。“大旱”起词也，“望”坐动也，中间“之”字，缓辞也。（248 页）

《左·宣十二》：“以岁之非时，献禽之未至，敢献诸从者。”两读言请献之故，间以“之”字，辞气一宕。（249 页）

又《成二年》云：“大夫之许，寡人之愿也，若其不许，亦将见也。”经生家皆谓所引《传》语各节首句皆间“之”字，而下以“若”字对之，故“之”与“若”互文耳。不知凡起词坐动有“之”字为间者，皆读也。而凡读挺接上文者，时有假设之意，不必以“之”字泥解为“若”字也。（249 页）

《孟·离上》："三代之得天下也以仁，其失天下也以不仁。""三代之得天下也"，读之为起词者，故间以"之"字。（同上）

以上四例。其中第一例，把"大旱之望云霓"比之"读"，尚可成立，但是把"大旱"视为"起词"则不妥，因为"望云霓"并非"言""大旱"之动静，而是"民""望云霓"，"大旱"是状"望云霓"之时也。第二例，"岁之非时"、"献禽之未至"是两个读，"之"字用于起词和表词或语词之间，今天看来，这两个读充当该因果复句的两个分句，表示"请献"的原因。第三例，小学家往往以所谓"互文"把"之"字解释为表示假设的"若"字，马氏对此提出批评，认为该"之"字依然是介字，用于起词和坐动之间，只是联系下句有假设之意。无疑，马氏的解说是对的。第四例，"三代之得天下"和"其失天下"这两个读，分别充当两个句子的起词，"以仁"和"以不仁"为句中语词。以上分析表明，加"之"的主谓结构一定是"读"（词组），因此介字"之"就成为"读"（即主谓词组）的语法标志。

（三）用于动宾结构（251~252 页）

《文通》云："凡止词先乎动字者，倒文也。如动字或有弗辞，或为疑辞者，率间'之'字，辞气确切者，间参'是'字。"（251 页）这是说动词的宾语前置，其后加"之"或"是"字。例如：

《论·里仁》："古者言之不出，耻躬之不逮也。""古者"句之起词，"不出"其坐动也，"言"则"出"之止词也。今止词先置，而"出"为"不"字所状，故间"之"字以明焉。（251~252 页）

又《阳货》："末之也已，何必公山氏之之也。"犹云"何必之公山氏也"。盖疑辞也。（252 页）

又《为政》："父母唯其疾之忧。"无弗辞，无疑辞，而亦间"之"字者，盖有"唯"字先之也。——此种句法，《左氏》《论

语》最所习见。（252 页）

以上三例，其中“出”、“之”、“忧”皆为坐动，其止词“言”、“公山氏”、“其疾”皆止词前置，其后加“之”字。后世学者大都以为，这种用法的“之”字是指示代词，其作用是复指前置宾语。

（四）用于介宾词组（253 页）

《文通》云：“至介字后司词，间亦先置而参以‘之’字者。”（253 页）这是说介词的宾语移前，其间要加“之”字。例如：

《论·先进》：“非夫人之为恸而谁为？”“为”介字也，“夫人”其司词也。犹云“非为夫人恸，将为谁乎？”（253 页）

《越语》：“故滨于东海之陂，鼋龟鱼鳖之与处，而蛙黾之与同渚。”犹云“与鼋龟鱼鳖处，而与蛙黾同渚”也。“为”“与”两介字，其司词先置，而可间以“之”字。（同上）

《庄·养生主》：“技经肯綮之未尝，而况大軱乎？”“未尝”两字，所以状“经”字也，今后置焉，犹云“技未尝经乎肯綮”也。（同上）

以上三例，前二例之“为”“与”皆介字，其司词“夫人”、“鼋龟鱼鳖”、“蛙黾”分别前置于介字，其后皆加“之”字。第三例，马氏以为状字“未尝”后置，其所状“经”字移前，其间亦加“之”字。其实大误，古代典籍里并无此种句法，因而再也找不到第二个例来。俞樾云：“郭注以‘技经’为‘枝之所经’，殊不成义。‘技经肯綮’四字，必当并列。《释文》曰：‘肯，著骨肉也。’綮，司马云：‘犹结处也。’是‘肯綮’并就牛身言，‘技经’亦当同之。‘技’，疑‘枝’字之误。……枝谓支脉，经谓经脉。枝经，犹言经络也。经络相连之处，亦必有碍于游刃。庖丁惟因其固然，故未尝碍也。”（转引自《庄子集释》）“未”是表否定的状字，而“尝”即“尝试”，是动字，“枝经肯綮”为“尝”之止词而前置，故其后要加“之”字。其句法与前二例一律。（详参《文法学及其散论》）

关于“之”字，学界向来有“介字”和“连字”二说。从以上阐述和分析可以看出，“之”字的词性，既不同于一般的介词，也不同于一般的连词。就前者而言，“之”字主要的不是把名、代字介绍给动、静字，而是把名字的修饰语和名字组合起来，甚至把起词和语词组合起来。就后者而言，“之”字不是在句读之间起联系作用，而是在读或顿的内部起组合作用。从其语法功能的整体来看，在现时的古代汉语语法体系中，似列入结构助词比较适宜。（详参《文法学及其散论》）

第二节 “於（于）”字的用法

（一）用于表词或语词之后

(1)《文通》云：“用附静字，则以系所司之词。”（255 页）这是说介字“于”及其司词置表词之后为转词。例如：

《孟·告下》：“金重于羽者，岂谓一钩金与一舆羽之谓哉！”“金”与“羽”比重，表其相差之义者“于”字也，而连缀其所比者亦“于”字也。（255 页）

《汉·东方朔传》：“夫谈有悖于目，拂于耳，谬于心而便于身者。”凡用“于”字，皆以连缀司词以附于静字也。（同上）

上引二例，前者用“于”表示比较，后者用“于”表示行为的有关方面。在谈到“用附静字”时，所举《论语》“据于德，依于仁，游于艺”及“兴于诗，立于礼，成于乐”二例却是不当，“于”字之前都是动字，并非“以联静字”（255 页）

(2)《文通》云：“用附动字，则以介转及之词。”（255 页）这是说介字“于”及其司词置语词之后为转词。例如：

《孟·告下》：“故天将降大任于是人也。”“降”外动字，“大任”其止词也，而“是人”则“降大任”之所归也，故以“于”字介焉。（255 页）

又《梁上》："言举斯心加诸彼而已。""加"外动字，"彼"为其转词，而"诸"代"之于"两字，"之"字其止词也，"于"字所以介转词也。（同上）

又《离上》："今也小国师大国而耻受命焉，是犹弟子而耻受命于先师也。""受命"者，外动字与其止词也，"于先师"者，言"受命"之所自也。（256页）

以上三例，"降"、"加"、"受"皆外动字，其后各有止词"大任"、"诸（之）"和"命"，分别用介字"于（诸）"，前二例表示行为之归向，后一例表示行为之起自。再如：

《孟·离下》："舜明于庶物，察于人伦。""明""察"两内动字，介以"于"字，以表"明""察"之所向。（256页）

又《离下》："舜生于诸冯，迁于负夏，卒于鸣条。"三介"于"字，以记所在也。（同上）

又《滕上》："吾闻出於幽谷，迁于乔木者。""出於幽谷"者，"於"字以言所自，犹云"出自幽谷"也。后用"于"字，言所至也。（同上）

以上三例，"明"、"察"、"生"、"卒"、"出"、"迁"皆内动字，其后各用介字"于（於）"，前一例表示行为之有关方面，中间一例表示行为之所在，后一例"於"表起自，"于"表趋向。

（3）《文通》云："用附受动，则以明行之所自发。"（256页）这是说在被动句里，外动字后往往用"于"字，表示行为"所自发"。例如：

《孟·滕上》："劳心者治人，劳力者治于人。治于人者食人，治人者食于人。"曰"治人"，曰"食人"，则外动字与其止词；至转为受动，则曰"治于人"，曰"食于人"，介以"于"字者，以言"治"与"食"之行所自发也。（256页）

《左·成二》："郤克伤于矢，流血及屦，未绝鼓音。""伤于矢"者，"为矢所伤"也。（同上）

以上二例：前一例意在说明“于”字是介进行为的施事者，这比直接说“于”字表示被动要准确得多；后一例是用替换法表明“于”字的作用和介字“为”一样，都是介进行为的施事者。

（二）用于语词或表词之前

（1）《文通》云：“若‘于’字之司词为意之所重者，则可先所附焉。”（256~257页）例如：

《孟·尽下》：“吾于《武成》取二三策而已矣。”“取”外动字，“于《武成》”者，附于“取”字而为其转词也。以其为意之所特重者，故置于动字之先。（257页）

《论·阳货》：“于女安乎？”“安”内动字也，“于女”者，附于“安”字而为其转词，以其为意之所重，故先之。（同上）

《史·虞卿列传》：“今死而妇人为之自杀者二人，若是者必其于长者薄而于妇人厚也。”“于长者”“于妇人”，“薄”“厚”两字之司词也。（同上）

《孟·梁上》：“夫子言之，于我心有戚戚焉。”“于我心”，“有”字之转词也。犹云“有戚戚于我心”也。今先置者，亦以明意之所先也。（258页）

《史·淮阴侯列传》：“于诸侯之约，大王当王关中。”（259页）

以上所引共五例，介字“于”及其司词皆置于动字或静字之前。前三例“于”字是分别引进有关对象“《武成》”、“女”、“长者”和“妇人”，不过“取”为外动字，“安”为内动字，“薄”“厚”为静字；第四例“于”字是引进处所“我心”，“有”为同动字；最后一例“于”字是引进论事依据“诸侯之约”，其介字与其司词具有插入语的性质。

（2）《文通》云：“外动字之止词，间有介以‘于’字而先焉者。”（258页）例如：

《孟·万下》：“吾于子思，则师之矣。”“师”外动字，“于思”

其止词。今为意之所重，故介“于”字而先之。“师”字奇，故加“之”字以偶焉。（258 页）

又《公上》：“我于辞命，则不能也。”“不能”二字已偶矣，止词不重。（同上）

以上二例，“于”字所介皆动字之止词。句中语词若是单字，则以“之”字重指，前一例即是；其语词若是偶字，则不用“之”字，后一例即是。

（3）《文通》又云：“表词之偏次，若与起词有对待之义者，率介‘于’字而先之。”（258 页）例如：

《左·昭二十五》“我不输粟，我于周为客。”“我于周为客”者，犹云“我为周之客”也，则“客”为表词，“周”其偏次也。今“周”与“我”有对待之义，故介以“于”字而先焉。（258 页）

《秦策》：“子，秦人也，寡人于子，故也。”“寡人于子故也”者，犹云“寡人乃子之故”也。句法同上，而少断词耳。（259 页）

以上所说及举例，皆为马氏使用替换法作语义层面的剖析，而并非语法层面的分析。就语法结构来说，前一例“我”是起词，“为”是断词，“客”是表词，“于周”表示对待或范围，意谓“对周而言”或“在周之中”。后一例“寡人”是起词，“故”是表词，“于子”亦表示对待。其中“于周”和“丁了”都是转词前置。

在论述“与起词有对待之义”之后，《文通》云：“其非表词之偏次，又非转指两词，而与起词若有相关之义者，亦从此例。”（259 页）例如：

《论·述而》：“不义而富且贵，于我如浮云。”“我”字与前后文义实不相属，而于“义”则与“浮云”之“富贵”有相关之义，故介“于”字以系之。（259 页）

《孟·万上》：“父母之不我爱，于我何哉！”“父母之不我爱”一读，而为“何哉”之起词，犹云“父母之爱我与否，何有于我哉！”（同上）

《庄·骈拇》："伯夷死名于首阳之下，盗跖死利于东陵之上，二人者所死不同，其于残生伤性均也。"诸引句中，其介"于"字者，皆与起词有相关之义，故先焉。（同上）

以上是从语义的角度来解释"介'于'字而先之"的理由。但是，由于句法分析不当，令人难以理解。如果说把第二例的"父母之不我爱"当作"起词"还能勉强说通的话，那么第一例马氏自己也说"前后文义实不相属"（是"富贵"如"浮云"），而第三例则更说不通。第三例之"残生伤性"指的是"所死"，而不是"所死不同"。"二人者所死不同"一句是对前两句的概括或按断。其所以失误，是在句法上把"不义而富且贵"和"二人者所死不同"当作起词，因而语义分析必然出问题。其出路在于，不把它们当作起词，而把它们当作分句。譬如《庄子》一例，撇开前两句，就后两句来说，是一个有转折关系的复句，意谓"二人者（虽然）所死不同，（然）二人于残生伤性均也"。

（4）《文通》云："凡与起词有对待之义者，必介'于'字以系于其后，而又参以'之'字者，所以读之也。"（259 页）例如：

《论·述而》："君子之于天下也，无适也，无莫也，义之与比。""君子"与"天下"，两相对待者也，故以"于"字介"天下"，以系于"君子"之后，参以"之"字者，所以成读也。故"之于"二字相连，一若用为读之坐动者然。（259 页）

在这里，马氏是把这一类句子与上引一类句子作比较，其相同的一面，是起词与介字后的司词均有对待之义；其不同的一面，是或不加"之"或加"之"字。前一类不加"之"，起词是名字或代字，介字与其司词为句中转词；后一类加"之"，则起词与其后的介字及司词便构成"读"，该"读"中的"于"字即用为"坐动"（"读"之语词）。此种句子在古籍里比比皆是，《文通》也列举了很多。对加"之"字而表示对待的这类句子，如马氏那样分析，确实简便得多，因而为后来的语法学家所采纳。不过，把其中的"於（于）"字视为"坐动"，即涉及其词性问题，近十几年由此引起大讨论，值得注意。

（三）有关“於（于）”字的非常句法

《文通》云：“‘于’字司词未见用指名之字者，用‘所’字者亦罕见也。”（260页）例如：

> 《谷梁·僖五》：“晋人执虞公。‘执’不言所于地，愠于晋也。”“执不言所于地”者，犹云“不言所于执之地”也。“所”为“于”之司词而先焉者，例也。（260页）
>
> 韩《送杨少尹序》：“中世士大夫，以官为家，罢则无所于归。”“所于归”同上。“所”司“于”字，实所罕见，而司“之”字则未一见也。大抵“之”字唯用于宾次，而“于”字所司概非宾次故也。且“焉”字可代“于此”。（同上）

按：《文通》所云“指名之字”的“之”似应加引号。马氏是说，介字“於（于）”的司词未见有用指名代字“之”字者。“所”是接读代字，虽有用例，但亦罕见。“所”是接读代字，按常例当置介字之前，如“所以”、“所为”、“所与”等皆常见，因而也应有“所於（于）”，可是“所于”这种结构极少见到。上引前一例“执不言所于地”，本当说成“执不言所执之地”，为了避免重复“执”字，又要突出所执之地，因而说成“所于地”（所在之地）。加上“焉”即“於之”之兼词，常用于语词（谓语）之后，古籍里自然就见不到“於（于）之”的用法了。后一例“所于归”，马氏指出：“‘所’司‘于’字，实所罕见。”这道出了古代汉语的事实。究其原因，“以”、“为”、“与”三介字皆由动字虚化而来，而“於（于）”字却是一个纯粹的介字。马氏另一处分析也证明了这一点，例如：

> 《论·里仁》：“君子去仁，恶乎成名！”《孟·梁上》：“天下恶乎定？”两引“恶乎”，犹云“於何”也。（261~262页）

按：不说“何於”，而说“於何”，亦见介字“於（于）”不同于其他介字。（详参《文法学及其散论》）

《文通》云："司词后乎介字，转词后乎动字者，常也：《内外传》有反此者，后此则未之见也。"（261 页）例如：

《左·昭十一》："王贪而无信，唯蔡于憾。"所"于憾"者"蔡"也，故"于蔡"乃"憾"之转词，今先焉。"蔡"乃"于"字司词，今亦先焉。（261 页）

又《僖九》："入而能民，土于何有？"言"何有于土"也。（同上）

《齐语》："管子对曰：'以鲁为主，反其侵地棠潜，使海于有蔽，渠弭于有渚，环山于有牢。'"言"有蔽于海，有渚于渠弭，有牢于环山"也。（同上）

以上所引三例，或者司词置于介字之前，或者转词置于动字之前。这说明在《左传》、《国语》那个时代，语序尚未十分稳定，或许是说话人为强调某一点而随意驱迁所致。

第三节 "以"字的用法

《文通》云："'以'介字也，联缀实字也。而用法有二：一司名字者，一司散动字者。"（262 页）

（一）"司名字者"

其语法意义，马氏指出有两点，一是"言所用者"，二是"言所因者"。（262 页）例如：

《孟·梁上》："杀人以梃与刃，有以异乎？""梃""刃"所用以"杀人"者也，"以"字介之。（262 页）

《庄·徐无鬼》："吾所以说吾君者，横说之则以诗书礼乐，从说之则以金板六韬。"（同上）

《孟·梁上》："斧斤以时入山林，材木不可胜用也。""以时"者，"因时"也。（同上）

又《万下》"以位，则子君也，我臣也，何敢与君友也？""以位"者，犹云"案位"也。"案"亦"因"也。（263 页）

《汉·陆贾传》："以客从高祖定天下。"（同上）

《史·平原君列传》"乃欲以一笑之故杀吾美人。"（同上）

以上共六例：前二例"以"字介所用，后四例"以"字介所因。如果按语义细加分析，第一例引进行为的工具，第二例引进凭借，第三例引进行为的时间，第四例表示论事标准，第五例表示身份，第六例表示原因。

"以"司名字，"后名字者不常"。（265 页）例如：

《孟·离下》："其有不合者，仰而思之，夜以继日。"犹云"以夜继日"也。"以"司"夜"字，今反后焉。（同上）

《左·僖十五》："且晋人戚忧以重我，天地以要我。""戚忧""天地"两双名，各为"以"之司词，而"以"字位其后焉。（同上）

又《隐三》："先君若问与夷，其将何辞以对？"犹云"其将以何辞对"也。（266 页）

上引三例，"以"的司词皆名字，而"以"字置名字之后。其实，此种句法在古代典籍里也并非少见。

（二）"以"司代字

《文通》云："'以'司'何''是'两代字，倒置为常，司'之''此'诸字则否。"（264 页）例如：

《孟·梁下》："夏谚曰：'吾王不游，吾何以休？吾王不豫，吾何以助？'""以"司"何"字而后置焉。（264 页）

《左·昭十二》："楚是以无分，而彼皆有。""是以"者，犹"以是"也。（同上）

《左·僖四》："以此攻城，何城不克？""以此"二字未倒置。

（265 页）

《礼·大学》：“此以没世不忘也。”是“此”为“以”字所司而先之者。不知此句暗含“所”字，犹云“此所以没世不忘也”。（同上）

以上四例，前二例“以”字的司词分别是询问代字“何”与指名代字“是”，皆置“以”字之前。后二例的司词皆为代字“此”，一在“以”字后，与前二例不同；一在“以”字前，但“此”是句中起词，其后为表词，故马氏认定“以”字前暗含“所”字。这并非没有道理，因为“所以没世不忘”即为一名词性的“读（词组）”。

《文通》云：“‘以’司‘所’字，则必后焉。”（265 页）例如：

《孟·滕上》：“学则三代共之，皆所以明人伦也。”“所”指上文“学”字，“以”字司之而后焉。（同上）

《左·襄四》：“《鹿鸣》，君所以嘉寡君也。”诸句内“所以”两字，皆“以”后于“所”，此书中最习用者。（同上）

按：如马氏所说，“所”为“以”字所司，总是置其前，而古籍里见不到有置其后的用法。句法如此固定，其附着性非常明显，因而把“所”列入“代字”总嫌有些牵强。（详参《文法学及其散论》）

（三）“以”司散动字

《文通》云：“其司散动字者，则必后乎其他动字，凡以言所向也。‘以’字间有可省者。”（263 页）例如：

《孟·万上》“晋人以垂棘之璧与屈产之乘，假道于虞以伐虢。”第一“以”字司名字，解用也。“以伐虢”者，“伐”外动字，“虢”其止词，皆为“以”字所司，今后乎“假”字者，以言所为“假道”也，即假道之初意也。（263 页）

《史·日者列传》：“夫卜者多言夸严以得人情，虚高人禄命以说人志。”

又《匈奴列传》:“愿寝兵,休士卒,养马,除前事,复故约,以安边民,以应始古。”

《淮阴侯列传》:“解衣衣我,推食食我。”犹云“以衣我”“以食我”也,今省“以”字。故同传下文即云:“衣我以其衣,食我以其食。”(皆同上)

此段论析,问题较多。首先,混淆了“以”字用作介字与连字的界线。既然“假道”和“伐虢”,“言夸严”和“得人情”,“虚高禄命”和“说人志”,前后都是动词性词组,“以”字仅有连接作用,并无支配功能。其后马氏亦云:“此‘以’字以联先后动字之法”。而且连字可用可不用,而介字却一般不能省。在分析《淮阴侯列传》一例时,既说“今省‘以’字”,可见不能视为介字。其次,分析第三例时把其中两个“以”字与前二例相提并论,也不合该句结构。如果说“以”字“司散动字”而“后乎其他动字”,那只要用一个即可,无须连用两个。其实这二“以”字之后省略指名代字“之”,该“之”字指代上述“愿寝兵,休士卒,养马,除前事,复故约”五事。介字的司词往往省略,尤其“之”字省去在古籍里更是屡见不鲜。马氏在分析大量例句之后亦云:“诸‘以’字后司词,皆蒙上文而不书。”(264页)再次,把《淮阴侯列传》里的“解衣衣我,推食食我”和“衣我以其衣,食我以其食”二句视同一律,也缺少辨析。前者并非省略“以”字,因为这“以”字本来就可用可不用;后者“以”字的司词“其衣”“其食”是名字,“以”字不能省去,若说成“衣我其衣,食我其食”,极易产生误解。而且“以其衣”、“以其食”还可移至动字前,说成“以其衣衣我,以其食食我”。可见此例之“以”字,不能与前二例之“以”字同样看待。

(四)“以”联静字

《文通》云:“两静字义可分者,参‘以’字以联之。”(266页)例如:

《礼·乐记》:“治世之音安以乐,其政和;乱世之音怨以怒,其政乖。”“安”“乐”两静字,参“以”字以联之,犹“安而乐”

也。余同。（266 页）

《礼·聘义》“温润而泽，仁也；缜密以栗，知也。”“以”“而”两字互用之证，故用义必同也。（同上）

以上论析表明，用于两静字之间的“以”字，不具支配意义，而起连接作用，因而能与“而”字互用。显然，这种用法的“以”当属连字，而不再是介字。静字用作表词，动字用作语词，其性质与功能一样。同样道理，前面所说用于两动字之间的“以”字，也能与“而”字互换，和用于两静字之间一样，也应当视为连字才是。

（五）“以”司其他字

《文通》云：“‘以’字司‘上’、‘下’、‘往’、‘来’与方向等字，皆以为推及之词。”（267 页）例如：

《论·雍也》：“中人以上，可以语上也；中人以下，不可以语上也。”曰“以上”，曰“以下”，所言不止“中人”也，由“中人”而推及于高乎“中人”者与降乎“中人”者也。（267 页）

《孟·公上》：“自有生民以来。”诸引“以”字后缀以“往”“来”诸字者，皆以推言其人、其地、其时也。（同上）

上面所说“以”字的用法，与第一类“‘以’司名字”的性质和作用显然有较大差别，这些“以”字几乎都能用“而”字替换，因此，不宜列入介字，当视为连字或助字。

（六）“以”字的其他用法

《文通》云：“‘以为’二字，或省‘为’字，而单用‘以’字者焉。”（266 页）又云：“‘以’字司顿，冠于句首，或顿后联以‘而’字者，最习见。”（267 页）例如：

《左·昭二十五》：“公以告臧孙，臧孙以难。”“以难”者，犹云“以为难”也。又有以“以”字解作“谓”字者，文义虽

同，而以释字法，则强合矣。（266 页）

《赵策》："言与之，则恐王以臣之为秦也。"犹云"以臣为为秦"也。（267 页）

《史·滑稽列传》："以楚国堂堂之大，何求不得？""楚国堂堂之大"一顿，"以"字司之，冠于句首，文势一振。（267 页）

《汉·贾谊传》："夫以天子之位，乘今之时，因天之助，尚惮以危为安，以乱为治。"（同上）

《史·蔺相如列传》："今以秦之强而先割十五都予赵，赵岂敢留璧而得罪于大王乎？""以秦之强"后联以"而"字，文气较为婉转耳。（267~268 页）

又《张释之列传》："今陛下以啬父口辩而超迁之，臣恐天下随风靡靡，争为口辩而无其实。"（268 页）

以上共六例。前二例之"以"字，既然是"以为"和"谓"之义，前有起词，后有静字（如"难"）或读（如"臣之为秦"），就应当看作动字，而不宜列入介字。中间二例之"以"字，其司词分别是"楚国堂堂之大"和"天子之位"，"以"是介字。后二例之"以"字依然是介字，不过与"而"配合使用而已，其中前者"以"表凭借，"而"表转折（以……然而），后者"以"表原因，"而"表结果（由于……因而）。

第四节 "与"字的用法

（一）"与"司名字

《文通》云："'与'，介字也，凡以联名代诸字之平列者。其与萨动字之功用者，则必先焉。"（268 页）例如：

《论·公冶》："夫子之言性与天道，不可得而闻也。""性"及"天道"两名平列，盖皆为夫子所可言者也，故以"与"字联之。（268 页）

《孟·离下》："诸君子皆与獾言，孟子独不与獾言。"

《史·淮阴侯列传》："足下与项王有故，何不反汉与楚连和。"（269 页）

又《平原君列传》："约与食客门下二十人偕。"曰"连和"，曰"偕"，皆有偕同之意。（同上）

《文通》有关"与"字的解说，与其有关介字的界说是相符的，但与现代语法学界的观点不合。首先，把并列结构中的"与"也视为介字，是说不通的。因为介字的司词是属于"宾次"，而并列结构两端之实字是等价的，根本就找不出司词。按照今天有关介词的定义，前一例之"与"应当列入连词，后三例之"与"才属介词。因为前者"与"字前后的名词是平列的，其位置可以互换而语义不变；而后者"与"字前后两名词并非平列，其中"诸君子"、"孟子"、"足下"等为句中起词，而"与獾"、"与项王"、"与楚"、"与食客门下二十人"是句中转词。其次，作为连字所连接的前后两项是不能省略的，否则语意不明；而作为介字，其前是起词，其后是司词，二者在一定的语境中皆可省略。起词省略的，如第三例后一句及第四例"与"字前即未出现"足下"和"毛遂"（是"足下"、"反汉"，是"毛遂"、"约"）。再次，作为介字，"与"字前往往出现状字，如第二例之"皆"和"独"，第三例之"何不"；而作为连字，"与"字前只能出现名字或代字，不会有状字紧靠其前。

（二）"与"司代字

《文通》云："'与'司'谁''何'两代字，后所司者常也。"（270 页）例如：

《汉·贾谊传》："陛下虽贤，谁与领此？"（270 页）

又《东方朔传》："先生自视何与比哉？"所谓"谁与""何与"者，即"与谁""与何"也。（同上）

《文通》又云："司'所'字则必后焉。"（270 页）例如：

《论·乡党》:“揖所与立。”“与”司“所”字而位于其后。(同上)

《汉·霍光传》:“发御府金钱刀剑玉器采缯，赏赐所与游戏者。”(同上)

上引四例，前二例是“以”字的司词为询问代字而置其前，后二例是司接读代字“所”字而置其前。不过，二者在句中的作用并不一样。前者“谁与”、“何与”分别是句中动字“领”和“比”的转词；后者“所与立”、“所与游戏者”分别是句中动字“揖”和“赏赐”的止词。

与此相关的结构和句法，还如：

《秦策》:“今日韩魏孰与始强?”犹言“与始孰强”也。(270页)

《汉·高帝纪》:“今某之业所就孰与仲多?”同一句法。(同上)

《庄·庚桑楚》:“拥肿之与居，鞅掌之为使。”犹云“与拥肿居”也。(同上)

《左·昭十五》:“晋居深山，戎狄之与邻。”(同上)

以上前二例，“孰与”的结构跟“谁与”“何与”相同，但是其语义和作用并不一样，后两个在句中依然保留其介字与其司词的身份，而“孰与”已经凝固为一，在句中充当语词（谓语），有“比较”之意。“孰与”前之“韩魏”、“业所就”是句中起词，其后之“始”、“仲”为“孰与”之止词，而“强”和“多”为其转词。后二例表明，“‘与’司名字而倒置者，必间‘之’字。”(270页)

(三)“与”的司词省略

《文通》云:“‘与’先动字，其所司有蒙前文而不书者。”又云:“‘与’字于助动后，无司词者常也。”(271页)例如：

《孟·万下》:“弗与共天位也，弗与食天禄也。”犹云“晋平

公弗与亥唐共天位”也。亥唐在前，故隐而不书。（271 页）

《汉 · 陆贾传》：“留与饮数月。”（同上）

《论 · 子罕》：“可与共学，未可与适道。”“可与共学”者，言“可与之共学”也。“之”者，以指可与共学之人。“可”助动也。此等句法，动字往往解为受动。（同上）

《汉 · 陆贾传》：“越中无足与语。”（同上）

以上四例，“与”字后皆省略司词，其司词或为名字，或为代字。不仅如此，而且起词也大都没有出现。这正是前面所说“与”作为介字和连字的区别所在。

第五节 “为”字的用法

《文通》云：“‘为’，介字，以联实字也，解‘因’也，‘助’也。又凡心响其人曰‘为’。要之，凡行动所以有者曰‘为’，故‘为’先乎动字。”（271 页）又云：“‘为’为动字，解‘作为’也；‘为’为连字，解‘因为’也。皆与此异。”（272 页）这一段对“为”字词性的分析，比对以上几个介字要细致些，也准确些。

（一）“为”司名字

《文通》云：“‘为’字司名者其常。”（272 页）例如：

《孟 · 离上》：“故为渊驱鱼者，獭也；为汤武驱民者，桀与纣也。”“獭”之所以“驱鱼”者，“为渊”也，故“为渊”者，乃“獭”之所以“驱鱼”也。（272 页）

《汉 · 陆贾传》：“为天下兴利除害。”（同上）

《孟 · 告上》：“乡为身死而不受，今为宫室之美为之；乡为身死而不受，今为妻妾之奉为之。”四“为”字司词皆先动字，而“为之”之“为”，动字也。（同上）

以上三例，前二例“为”字介进行为的对象或目的；后一例共有六个“为”字，除“为之”之“为”是动字外，其余四个可解释为对象，亦可解释为原因。

（二）“为”司代字

《文通》云：“司代字则‘之’字居多。”“司‘所’字必后之。”“司询问代字亦然，且可拆置焉。”（272~273 页）例如：

《孟·滕下》：“汤使亳众往为之耕。”“为之耕”者，“为葛耕”也。（272 页）

《史·淮阴侯列传》：“今足下虽自以与汉为厚交，为之尽力用兵，终为之禽矣。”所引“为之尽力”，介字也，至“为之禽”者，犹云“为所禽”也，不在此例。

又《大宛列传》：“所为来诛首恶者毋寡，毋寡头已至。”“为”司“所”字而后焉。（273 页）

又《周昌列传》：“陛下所为不乐，非为赵王年少而戚夫人与吕后有却邪？”

《论·先进》：“非夫人之为恸而谁为？”

《史·张陈列传》：“今怨高祖辱我王，故欲杀之，何乃污王为乎？”言“乃何为污王乎”也。“为何”二字，先后拆置。

《孟·滕下》：“恶用是鶃鶃者为哉？”

《庄·逍遥游》：“奚以之九万里而南为？”（皆同上）

以上共引八例，可分为四种情况。前二例是一种，即“为”司代字“之”，介引对象。至于马氏谓“为之禽”“不在此例”，所说有误。“为之禽”与“为之耕”，从句法结构来说并无不同，都是介字与其司词构成。不过就语义而言，前者引进施事者，后者引进有关对象。次二例是一种，即“为”司“所”字而后置，前者表示目的，后者表示原因。第五例是一种，即“为”司询问代字而后置，“谁为”即“为谁”。最后三例又是一种，即“何”、“恶”、“奚”等询问代字置句首，而“为”字置句末。这种用法的“为”字该如何解释，至今依然是一难题。从“为”字后有疑问语气词来看，“为”似应看成介字，但是“何为”屡见，“恶为”却不见，“何为”可说成“为何”，而“为恶”更是不辞。再加上如最后一例“为”字经常处于句末，因而也有人把它当作语气词的。比较妥帖的办法是，把“何……为”、“恶用……为”、“奚以……为”等当作表反问的凝固（习用）结构。

（三）“为”的司词省略

《文通》云：“先乎动字，其所司可蒙前文而不书。”（273页）例如：

《史·张释之列传》：“一倾而天下用法皆为轻重。”“皆为轻重”者，言“皆为一倾之故而有轻重”也。“一倾”在前文，故“为”字后不重言而上蒙焉。（273页）

《庄·养生主》：“虽然，每至于族，吾见其难为，怵然为戒，视为止，行为迟。”（同上）

《秦策》：“妻不下纴，嫂不为炊。”（同上）

以上三例，介字“为”之后均未出现司词，即省略指名代字“之”字。就语义而言，前二例表示原因，后一例表示对象（指“苏秦”）。

（四）“为”字的其他用法

《文通》云：“诸‘为’字之司词，皆以煞句，而后无动字者，则以皆为句之表词也。”（272页）例如：

《孟·告下》：“不知者以为为肉也，其知者以为为无礼也。”（272页）

又《万下》：“仕非为贫也，而有时乎为贫。”（同上）

以上二例之“为肉”、“为无礼”、“为贫”的“为”并非介字，而是动字，因为“而后无动字”。马氏的解说无疑是对的，句子必须有一动字充当语词，而介字“为”及其司词一般仅置于语词之前，如果句中无其他动字，则“为”字即当视为动字，否则句子即无语词而不成其为句子。由此可以得到某种启示，即介字“为”是因为句中另有动字作语词而退居次要地位的结果，即今之所谓“语法化”。

第六节　其余介字的用法

（一）“由”“自”“从”的用法

“由”、“自”、“从”作为介字，其语法意义基本一样，皆“司名字与代字”，或“有倒置者”。（274页，275页）例如：

《孟·公上》：“礼义由贤者出。”（274页）

《诗·关雎序》：“南，言化自北而南也。”“自北”者，言“化”所自来也。（275页）

《史·张释之列传》：“有一人从桥下走出。”（276页）

《左·僖二十四》：“请由此亡。”（274页）

《庄·齐物论》：“自此以往，巧历不能得。”（275页）

《史·高帝本纪》：“公等皆去，吾亦从此逝矣。”“从此”者，“自此”也。（276页）

《孟·梁上》：“何由知吾可也？”（274页）

《史·冯唐列传》：“父老何自为郎？”（275页）

又《三王世家赞》：“自古至今，所由来久矣。”（274页）

《左·隐三》：“骄奢淫逸，所自邪也，”（275页）

以上十例，可分为四组。第一组“由、自、从”皆司名字，表示行为之起自。第二组“由、自、从”皆司代字，亦表起自。第三对“由、自”皆司询问代字而置其后。第四对“由、自”皆司接读代字而“所”字置其前。当然，“自”字还有其不同用法。例如：

《左·成十三》“康公，我之自出。”言“康公出自我家”也。“康公”倒置者，“之”字间之也。（275页）

《礼·大学》：“自天子以至于庶人。”（同上）

《左·昭四》：“自命夫命妇至于老疾，无不受冰。”（同上）所

引“自”字后，曰“以至于”，曰“至于”，诸字同一句法，皆自此以往历叙之辞。（同上）

《汉·贾谊传》“彼自丞尉以上遍置私人。”所引“自”后，承以“以上”“已下”，与前引“自此以往”又一句法，皆原始统括之辞。（275~276 页）

以上四例，第一例是“自”的司词前置，其后加“之”字；中间两例是“自”与“至于”等配合应用，表示历叙；后一例是“自”与“以上”等配合使用，表示统括。

（二）“用”字的用法

《文通》云：“用，介字。司名字不常。司‘是’‘此’‘何’诸字，则后焉。先动字，则司词可省。”（274 页）例如：

《史·酷吏列传》：“用廉为令史。”“用”，以也。所司皆静字而名用者。（274 页）

《汉·杨挥传》：“不意当复用此为讥议也。”（同上）

《左·成十三》：“狄应且憎，是用告我。”（同上）

《书·大禹谟》：“兹用不犯于有司。”（同上）

《后汉·邓晨传》：“何用知非仆邪？”（同上）

《周语》：“民用莫不震动，恪恭于农。”所引“用”字，即“用是”也。不言“是”者，蒙上文也。（同上）

《史·诸侯年表序》：“故广强庶孽，以镇抚四海，用承卫天子也。”“用”司散动字，与“以”字同，此避重耳。（275 页）

以上所引共七例，可分为四种情况。第一例是一种，“用”后司名字（静字用如名字）；次三例是一种，“用”司指名代字，“此”在其后，“是”“兹”在其前。第五例是一种，“用”司询问代字，“何”置其前。后二例是一种，“用”后省略司词“是”字。马氏就最后一例以为“‘用’司散动字，与‘以’字同”，这样分析委实不妥。因为“以”和

"用"在句中皆为介字，其前均省去"是"字，"是以"即"以此"，"是用"即"用此"，省略的代字指代"广强庶孽"，都表示凭借。

（三）"微""极""当"等字的用法

《文通》云："微，非也。介字，惟司名字，置句前则为假设之辞。"（275 页）例如：

> 《庄·田子方》："丘之于道也，其犹醯鸡与！微夫子之发吾覆也，吾不知天地之大全也。""为夫子"者，"非夫子"也。（275 页）
>
> 《论·宪问》："微管仲"马注云："微，无也。"未确。（同上）
>
> 《史·李斯列传》："微赵君，几为丞相所卖。"（同上）
>
> 《左·哀十六》："微二子者，楚不国矣。"所引"微"字，皆可代以"非"字，且皆冠于句首，以为假设之辞。（同上）

此段论析，问题较多。首先，《文通·卷三》论及"表词"时曾云："凡以表决断口气，概以'是''非'诸字参于起表两词之间，故诸字名断辞。"（129 页）可见"非"是断词。"微"既与"非"同义又同用，就不宜列入介字。其次，"惟司名字"不能成为"微"是介字的充足理由，因为断词和同动字也支配名字。何况第一例之"微夫子之发吾覆"，"微"字并非仅司名字，所司"夫子之发吾覆"显然是"读"，联系下文有表假设之意，意谓"若没有夫子启发我的蒙蔽，我真不知天地的大全"。再次，所引《论语》一例，全句是："微管仲，吾其被发左衽矣。"马融释"微"为"无"，符合原意，即"(如果）没有管仲，我们都要披散头发，衣襟左开"。马氏在论述助动字"能"字时，曾云："凡挺接之句，或重叠前文，皆寓有假设之语气，不必以用'能'字为然也。"（184 页）同理，用"微"字的句子，亦"寓有假设之语气"，而"微"字的基本义是表否定性的存在，并非"假设之辞"。因此，从语法和语义的整体来考虑，"微"当归入否定性的同动字，与"无"字一样

与此类似的还有"非""舍"二字。《文通》云："'非''舍'两字，与

‘微’字同意，亦可视同介字。”（275 页）所举例有：

《书·大禹谟》：“众非元后何戴？后非众罔与守邦。”（同上）

《孟·公下》“舍我其谁也？”（同上）

这样归类，就无限扩大了介字的范围。其实，“非”依然是断词，“舍”仍应看作动字，与“微”字一样，用于句中则“寓有假设之语气”。

《文通》云：“外动字有用如介字者。”（276 页）例如：

《史·大宛列传》：“则离宫别观旁，尽种蒲陶苜蓿极望。”“极”，亦动字也。曰“极望”，则以联“望”与“蒲、苜”矣。谓为介字，亦无不可。（276 页）

《易·系辞》：“《易》之兴也，其当殷之末世、周之盛德邪，当文王与纣之事邪？”（同上）

《史·项羽本纪》：“当是时，楚兵冠诸侯。”以上“当”字，皆用如介字。（同上）

上引三例，当区别对待。前二例之“极”和“当”应视为动字，“极”即“至”（达到），“当”即“临”（正对，适逢），因为前者“极望”不能移到动字“种”的前面，后者若把“当”字归入介字则句中无动字。后一例之“当”字司名字“是时”，在句中表示行为的时间，因此视为介字是对的。

本章小结

由《文通》所论及的几个介字来看，马氏对介字的范围显然是主张从严掌握的。杨树达于《马氏文通刊误》指出：“马氏述介词太略。……仅‘於、以、与、为、由、用、微、自’八字，再取其论及而未标出者计之，为‘非、舍、从、极、当’五字，合计仅十三字耳。其实何止此数！余于《高等国文法》中所述之介字凡六十有余，溢出马氏者五十许。”然而陈承泽与杨氏观点相左。他在《国文法草创》里说：“《文通》所认介字范围綦严，极为有识。惟将‘微、非’之用于不完全自动者阑入介字为不当耳。”

汉语的介词，绝大多数是从动词演变而来的。这里就必然引出一个问题，即那些变化还不完全的，是把它们归入介词呢，还是让它们留在动词里呢？我们认为，从古代汉语的实际出发，还是从严掌握比较适宜。放宽了，介字与动字的界限就难以划清。杨氏之做法，为后来大多数学者所不取。

第八章　连　字

《文通》云："故连字界说，明分四宗：曰提起，曰承接，曰转捩，曰推展。"（277 页）这是说，连字分为四类。

第一节　提起连字

《文通》云："连字用以劈头提起者，本无定字，而塾师往往以'夫''今''且''盖'四字为提起发端之辞，今姑仍之。"（277 页）这里表明马氏吸收了传统训诂学的研究成果。

（一）"夫"字

《文通》云："'夫'字以冠句首者，皆以顶承上文，重立新义，故以'夫'字特为指明。是则'夫'字仍为指示代字，而非徒为发语之虚字也。"（277 页）这表明，"夫"字作为提起连字，是由指示代字虚化而来。例如：

《孟·离上》："夫国君好仁，天下无敌。""夫"字顶承上文，重推一义，而以"夫"字特为揭明耳。（277 页）

《左·隐四》："夫州吁，阻兵而安忍，阻兵无众，安忍无亲，众叛亲离，难以济矣。夫兵，犹火也，弗戢，将自焚也。夫州吁，弑其君而虐用其民，于是乎不务令德而欲以乱成，必不免矣。"连用三"夫"字，皆顶承上文，特指其人其事以为推论耳。故"夫"字必用于论事之文者，此也。（同上）

以上论析表明，"夫"字作为提起连字，其特点是用于论说的开头，表示另提一事。因此，过去的训诂家称之为语首助字。

（二）“今”字

《文通》云：“今，状字也。文中往往先叙他事，而后说到本题，则用‘今’字。是‘今’字非以别时也，乃以指见论之事耳。”（278 页）这表明，“今”字本是时间名词，往往用作状语，当用于句首而不再表示时间时，便虚化为提起连字。例如：

> 《孟·梁下》：“今燕虐其民，王往而征之。”上言汤征葛，今说到本题齐伐燕，故以“今”字冠之。（278 页）
>
> 《齐策》：“古之五帝三王五伯之伐也，伐不道者。今秦之伐天下不然。必欲反之，主必死辱，民必死虏。今韩梁之目未尝干，而齐民独不也。非齐亲而韩梁疏也，齐远秦而韩梁近，今齐将近矣。”诸引“今”字，皆承上文而拍到本题也。更有如所引《齐策》之连用“今”字以取势者。（同上）

上引二例之“今”字，其实兼有表时和连接的作用。如《齐策》之第一个“今”字，与上文之“古”字相对，其义比较实在；第二个“今”字多起连接作用，其义比较虚灵；第三个“今”字表时兼议论，亦实亦虚。可见不能一视同观。

（三）“且”字

《文通》云：“‘且’字冠于句首者，紧顶上文，再进一层也。‘且’字在句读中者，不一其义，而非连字也。”（278 页）这表明，“且”字有多种用法，作为用于句首的提起连字，是其虚化的结果，应当注意辨别。例如：

> 《孟·公上》：“且以文王之德，百年而后崩，犹未洽于天下。”顶上文以齐易王之可惑，即文王有德之久而论，犹尚如此云云，故“且”字更进一层，以明所惑之是。（278~279 页）
>
> 《论·季氏》：“且尔言过矣。”上责二子当谏，下将责二子居

位不去，不得辞其责，故以“且”字进说也。（279 页）

以上说的是“且”字置于句首的作用，即表进一层的连接。以下是说“且”字用于句中，“为义不一，而皆状字”（279 页）。例如：

《后汉·冯鲂传》：“褒等闻帝至，皆自剔负釜质，将其众请罪，帝且赦之。”曰“且赦”，是“聊且”“姑且”之辞。（同上）

又《孔融传》：“虽无老成人，且有典刑。”“且犹”之解。（同上）

《史·秦本纪》：“有能出奇计强亲者，吾且尊官与之分立。”犹云“将且”也。（同上）

《齐策》：“举韩氏取其地，且天下之半。”“且”字，“将且”“几且”也。（同上）

以上四例，“且”字皆用于语词或表词之前，是状字（副词），而不是连字。《文通》转引《左传》、《国策》中所用“且如”、“且使”、“且苟”等，对《经传释词》谓之“假设之辞”提出了批评，认为“‘如’‘使’‘苟’三字，各有假设之辞，不必以‘且’字为解”。马氏的批评虽然不无道理，但并不周全，也有些拘泥，缺乏历时的观点。“且”字或音近通假，或逐渐虚化，而为假设之辞，并与其他假设之辞构成复合的假设连词，这在古籍里已是常见的事实。

（四）“盖”字

《文通》云：“‘盖’字，略陈如此，未能究竟也。然则‘盖’字用为状字者多，而用若提起连字冠于句首者，实罕见也。”（280 页）这是说，“盖”大多用作副词，有时置于句首而虚化为提起连字。例如：

《汉·高帝纪》：“盖闻王者莫高于周文，伯者莫高于齐桓，皆待贤人而成名。”此以“盖”字提起者。然细玩此诏全文，乃知高帝胸中，先有治天下必与贤人共之之意，故以古为证，而以“盖”字起之。是“盖”字仍有“大辜”“辜较”之义，而非徒以

发语也明矣。（280 页）

《史·老庄列传》“盖老子百有六十余岁，或言二百余岁，以其修道而养寿也。”此盖上文所言不可根究，故云“盖”以疑之。此即辜较之意也。（同上）

又《周本纪》：“西伯盖即位五十年。”“盖”字虽在句中，义与前同，仍不外辜较梗概之意。（同上）

上引三例，前两例之“盖”字用于句首，提起的作用较强，后一例之“盖”字用于句中，自然不再具有提起的作用了。

总之，上述四个提起连字，大都不是纯粹的连字，“夫”是指示代字，“今”是时间状字，“盖”是推测状字，当它们置于句首时，由于承上文之故，起了一定的关联作用，因而具有提起连字的性质；“且”字倒是一个假借来的纯粹连字，有“而且、并且、况且”之义，用于句首，表示承上文而来又转进一层的意思。

第二节　承接连字

《文通》云：“承接连字者，所以承接上下之文，而概施于句读之中也。”（281 页）又云：“承接连字，惟‘而’‘则’两字经籍中最习见。”（282 页）与“提起连字”相比，“提起连字”比较简单，马氏于“八之一”作为一节处理；而“承接连字”比较复杂，篇幅很大，故于“八之二”“八之三”作为两节处理。

（一）“而”字

《文通》云：“‘而’字之为连字，不惟用以承接，而用为推转者亦习见焉。然此皆上下文义为之，不知‘而’字不变之例，惟用以为动静诸字之过递耳，是犹‘与’‘及’等字用以联名代诸字也。”（282 页）可以说，这是对“而”字的性质和功能的最准确的描述，可惜至今仍然没有引起学者足够的重视。这里有两点值得注意：其一，“而”字是个纯粹的连字，它只起一种“过递”作用；其二，“而”字只用来连接“动静诸字”，而

"与""及"只用来连接"名代诸字"，其分工相当明确。

(1) 用以过递动字或静字。例如：

《庄·逍遥游》："怒而飞"，"怒""飞"两动字，中间"而"字，以明"怒""飞"两事先后过递之情。（282页）

《楚策》："骥于是俯而喷，仰而鸣，声达于天。""而"字参两动字间。（同上）

《礼·中庸》："君子之道，淡而不厌，简而文，温而理。""淡""厌""简""文""温""理"六静字，三耦，各为对待，以肖君子之道，故参以"而"字，以明其相关之义。（285页）

《公羊·隐元》："桓幼而贵，隐长而卑。""而"字参上下两静字以为过递者。（同上）

针对以上句法现象，马氏指出："可知动静两类字，古人于迁词造句，视同一律，并无偏重也。"（286页）这正道出了汉语静字与动字一样，亦可为"语词（谓语）"的特点。不仅如此，马氏还注意到了"而"字前后两项的字数与韵律的关系。为省篇幅，这里不再涉及（可参282~284页）。当今新兴的韵律句法学即受此启发。

(2) 用以过递词组。例如：

《论·颜渊》："夫达也者，质直而好义，察言而观色，虑以下人。""质直"者，名字与其表词也。而"好义""察言""观色"三者，皆动字偕其止词也。（283页）

《庄·祛箧》："夫川竭而谷虚，丘夷而渊实。""川竭"者，起词与其坐动也。"谷虚""丘夷""渊实"同。中参"而"字，句法有蝉联之势。（同上）

韩《盘谷序》："宅幽而势阻。"又："泉甘而土肥。""清声而便体，秀外而惠中。"四句，首两句静字后于名，后两句则静先焉。中以"而"字联之者，凡以为静字也。（285页）

又《与于襄阳书》："侧闻阁下，抱不世之才，特立而独行。"

（同上）

以上共四例。其中“质直”“川竭”“谷虚”“丘夷”“渊实”“宅幽”“势阻”“泉甘”“土肥”皆主谓词组（起词与其语词或表词），“好义”“察言”“观色”皆述宾词组（动字与其止词），“清声”“便体”“秀外”“惠中”“特立”“独行”皆偏正词组（静字与名字或动字）。

（3）用为状字与动静字之过递。例如：

《孟·万上》“少则洋洋焉，攸然而逝。”“攸然”，状字，所以肖将逝之容。下接“而”字，以连“逝”字。（286页）

《礼·中庸》：“故君子之道，黯然而日章；小人之道，的然而日亡。”（同上）

《左·隐元》“既而太叔命西鄙北鄙贰于己。”“既”言时状字也，今为上截，后以“而”字承之。（同上）

又《桓二》：“至乎地之与人则不然，俄而可以为其有矣。”（287页）

《鲁语》：“士朝受业，昼而讲贯，夕而习复，夜而计过无憾。”“朝”“昼”“夕”“夜”，皆名字之记时者，今用如状字。（同上）

《论·为政》：“吾十有五而志于学，三十而立，四十而不惑，五十而知天命。”句内“十有五”“三十”“四十”“五十”，皆滋静也。（286页）

《燕策》：“寡人岂敢一日而忘将军之功哉？”曰“一日”，曰“岁余”曰“三年”，皆滋静附名字而记时者也。故前引“吾十有五而志于学”等句，惟言数而不言年岁，其实皆此例也。（287页）

以上引例表明，《文通》所谓“状字”，其内涵相当复杂，如“攸然”“的然”“既”“俄”等是副词，“昼”“夕”“夜”等是名词，而“十有五”“三十”等是数词，因而实际上是一个句法概念，相当于今之所谓状语。另外，《文通》指出：“所谓‘既’‘已’‘乍’‘俄’者，皆言时状字也，今皆自为上截，而以‘而’承之。”马氏考察至细，其中“而”字本为连词。由于“既、已、乍、俄”等义虚，又常与“而”字连用，读时受音律影响，久而久之，“既而”“已而”“俄而”即成为双音节副词了。

（4）用为介字与动静字之过递。例如：

《周语》：“以蜀之家而主犹绩，惧干季孙之怨也。”“蜀之家”，“以”字之司词也。下连“而”字，则意进一层。（288页）

《庄·庚桑楚》：“今以畏垒之细民，而窃窃欲俎豆予于贤人之间，我其勺之人耶？”（同上）

《魏策》：“此三字者，皆布衣之士也。怀怒未发，休浸降于天，与臣而将四矣。”“与臣”两字，介字与其司词也。（同上）

《庄·祛箧》：“将为祛箧探囊发匮之盗而为守备，则必摄缄藤，固扃谲。”“为”介字也，后“盗”字其司词也。后皆连以“而”字。（同上）

以上四例，分别是介字“以”“与”“为”及其司词，通过“而”字，与句中语词相连。以今日句法观之，即介宾词组与谓语之间用“而”字过度。

在列举并分析以上诸例之前，有一段论述值得注意：“介字除‘之’字外，其本义皆可用如动字，‘与’‘以’等字是也。”（287页）所举例如下：

《论·阳货》云：“鄙夫可与事君也与哉！”

《易·系辞》云：“是故可与酬酢，可与佑神矣。”所引“与”字，可作受动观。故“与”字用为动字，与本义无异。（287页）

这使读者不能不感到奇怪。卷七“介字”一章论及“‘与’字于助动后，无司词者常也”时，也曾举过上面所引的两个例句，并说：“诸‘与’字作‘以’字解……《释词》所拟之解，颇可释疑，然不敢据为定论也。”（271页）看来马氏是以助动后之“与”字为省略司词，当为介字。但在上引一段论述里却又把同样例句里的“与”字“可作受动观”。前后所出现的这种矛盾，是《文通》行文不周密的表现。

（5）“而”字前后所连是名字，则其名字必假为动静字。例如：

《史·酷吏列传》：“其爪牙吏虎而冠。”“虎”“冠”本皆名字，今“虎”用如静字，而“冠”用如动字，故以“而”字参焉。（288页）

《庄·列御寇》：“古之人，天而不人。”“天”“人”两字，皆假为静字。（289页）

《左·成九》：“南冠而絷者谁也？”“南冠”者，冠南方之冠也，用如动字。（289页）

又《昭二十六》：“后世若少惰，陈氏而不亡，则国其国也已。”“而”字当作“若”字解，上文“后世若少惰”，接云“陈氏而不亡”，是“而”“若”两字互用之明证。夫“而”字解如“若”字之义亦通，然将上截重读，接以“而”字，其虚神仍在。……“而”字仍不失为动静诸字之过递也。（同上）

先看前三例，其“而”字前后之名字，或用作动字，或用作静字。这种现象，后来一般称为“活用”。再看后一例，马氏对“而”字的分析可谓入木三分，我们不能不佩服他语法眼光之敏锐和小学底蕴之深厚！

《文通》云：“‘而’字之位，不变者也。而上下截之辞意，则又善变者也。惟其善变，遂使不变者亦若有变焉。”（291页）所谓“不变”，是就其句法结构与功能而言；所谓“善变”，是就其前后具体语义而言。正因为“而”字前后之语义“善变”，所以使人感到原本“不变”的“而”字也在变化。就语义来说，“其变有四”：一是“上下截两事并举”，“而”有“又”字之意（291页），即表示并列关系；二是“上下截两相背戾”，“而”有“然”字之意（292页），即表示转折关系；三是“上下截一意相因”，“而”有“则”字之意（295页），即表示因果关系；四是“上下截有言时者”，“而”连两时之较（296页），即表示顺承关系。

以上所述，是“而”字所能表示的各种语法关系。所谓语法关系，是具有概括性的抽象意义的关系，连字“而”的语法作用就表现为这些关系，即在语法结构中所显现出来的关系意义。显然，《文通》对“而”

字语义关系的描述已经具有概括的作用，只不过还不十分全面罢了。

（二）“则”字

《文通》云：“‘则’字乃直承顺接之辞，与上文影响相随，口吻甚紧。而为用有三，一以上下文为别。”（297 页）这是说，“则”是个顺承连词，大致能表示三种语法关系。

（1）“事有相感者”，“为言效之词”。（297 页）即表示条件关系。例如：

> 《礼·大学》：“是故财聚则民散，财散则民聚。”“财”之“聚”“散”与“民”之“散”“聚”，两相感也，“则”字承之，以言其效。（297 页）
>
> 《孟·公上》：“信能行此五者，则邻国之民仰之若父母矣。”此亦感应之事，“则”字指其效而复助以“矣”字者，所以必其效也。（同上）
>
> 《左·襄二十四》：“夫诸侯之贿，聚于公室，则诸侯贰；若吾子赖之，则晋国贰。”（同上）
>
> 《史·大宛列传》：“且诚得而以义属之，则广地万里，重九泽，致殊俗，威德遍于四海。”（298 页）

以上四例，分属四种情况。第一例，两个“则”字前后皆两字“读”（主谓词组），因字数少而未断开。第二例，“则”字前后各为一“读”，因字数多而于“则”前断开。第三例是两个句子，前一句单用“则”字承接，后一句“则”字与前面的“若”字相呼应。第四例，前用状字“诚”，后用“则”字与之配合。

（2）“事有相因者”，“为继事之词”。（298 页）即表示继事关系。例如：

> 《论·学而》：“弟子入则孝，出则弟。行有余力，则以学文。”“入孝”“出弟”与“以余力学文”，皆相因之事，“则”字承之，所以明其后之继乎先也。（298 页）
>
> 又《雍也》：“如有复我者，则吾必在汶上矣。”（同上）

《史·信陵君列传》:“如姬必许诺，则得虎符，夺晋鄙军，北救赵而西却秦。”其上下文无相感之效，而有相因之序，“则”字承之，所以明先后事之有以相继也。(299 页)

《孟·滕下》:“他日归，则有馈其兄生鹅者。”仲子之“归”与其“馈生鹅者”，两不相涉也。而仲子归时，适与“馈鹅”之事相值，故“则”字承之，所以记其相遭之时也。(同上)

《左·僖三十三》:“郑穆公使视客馆，则束载厉兵秣马矣。”(同上)

以上阐述及例析存在两个问题：首先，所谓“继事之词”与前此所云“言效之词”，其界限并不怎么清晰；其次，所谓“继事”也不十分明确。先说前者。譬如第一例，“行有余力”即“学文”之条件，二者之间是“相感”还是“相因”？第二例，前句有“如”，后句有“则”，分明是假设关系，认定为“明先后事之相继”，未必恰当。第三例，“如姬许诺”显然是“得虎符”的必然条件，又怎能说是“无相感之效”？再看后者。如果说第四例“则”字比较符合“继事之词”的话，第五例“则”字就有些不同，因为事实上“束载厉兵秣马”发生在前，“使视客馆”紧随其后，“则”字似有“却原来”之意。类似的例子如：

《论·微子》:“至则行矣。”(299 页)

《左·僖三十三》:“及诸河，则在舟中矣。”(同上)

可见，“则”字的这种用法，应当另立一类才是。

(3)“事有异同者”，“为直决之词”。(300 页)即表示对一定的对象所作的认定和判断关系。对此，《文通》又分为三种情况。

其一是“决其为是为非，故‘则’字之后，即为表词”。例如：

《孟·尽下》:“道则高矣美矣，宜若登天然。”“道”之为高为美，固不待人言而已然，今以“则”字承之，此公孙丑之所为赞叹也。(300 页)

又《滕上》:“滕君则诚贤君也。”(同上)

《左·成二》："其自为谋也则过矣，其为吾先君谋也则忠。"（同上）

《齐语》："若必治国家者，则其管夷吾乎！"（同上）

从上引前二例来看，"则"字后或为静字，或为名字，"则"字用在单句中的主谓之间，似乎起着断词的作用。但是，从所引后两句来看，三个"则"字是用在两个分句之间，前后似乎有某种条件关系，尤其最后一例"若"与"则"呼应，其假设关系十分明显。

其二是"决其为异为同"。（301 页）例如：

《孟·告上》："指不若人，则知恶之：心不若人，则不知恶。""心"不若人，其为恶更甚于"指"，乃一恶一不恶，而见为同异焉，承以"则"字，所以决其非也。（301 页）

《庄·骈拇》："小人则以身殉利，士则以身殉名，大夫则以身殉家，圣人则以身殉天下。"凡此所引，皆互相比拟而有对待之情，承以"则"字，所以决其有异也。（302 页）

《孟·公上》："昔者窃闻之，子夏子游子张，皆有圣人之一体，冉牛闵子颜渊，则具体而微。""子夏""冉牛"两等，皆圣人之徒者同也，而一则得其一体，一则具体而微，此不同也。然句法不对，故于第二句始用"则"字，以决其不同而已。（同上）

又《滕上》："若夫润泽之，则在君与子矣。"（同上）

以上四例，分为两种情况。前一种是上下两句语义相比，句式相对，两句各用一"则"字。后一种是"上下文有对待之意而无相比之式"（302 页），只在后一句用"则"字。推究其实，排除两相对待，单就一句来看，"则"字所表示的关系，依然视上下文而定。如第一例，"指不若人，则知恶之"，前后是顺接，"则"表"相因"；"心不若人，则不知恶"，前后是逆接，"则"即表"转折"。最后一例，前有"若夫"（至于），也含有与上文对待之意。

其三是"事理以推论而见异同"。（303 页）例如：

《孟·梁下》："则是方四十里为阱于国中，民以为大，不亦宜乎！"此孟子先以文王之囿与齐国之囿并论，而后推言齐民以王囿为大之宜，而不可与文王之囿比而同之也。故此"则"字所以决推论之理也。凡推论之理，必根上文并论，见为同则决其同，见为异则决其异，此辩才之学也。（303 页）

《史·虞卿列传》："则是王失之于齐而取偿于秦也。"凡言"则是"，皆决言所推之理，与上文之或同或不同也。"则"字后加"是"字者，所以确指其理也。（同上）

《庄·天地》："夫得者困，可以为得乎？则鸠枭之在于笼也，亦可以为得矣。"（同上）

《孟·梁上》："然则小固不可以敌大，寡固不可以敌众。""则"字亦推论之词。"然"字重指上文一顿，"则"字承之。经生家习见经史中"然则"二字连用，即以两字囫囵断为推理之词，盖不思之甚也。（304 页）

《荀·宥坐》："百仞之山，任负车登焉。何则？陵迟故也。"经籍中习以"何则"两字连用。不知"何"字接上文而设为问者，表词也。"则"字承之，所以申言其故，以答"何"字之问。（同上）

以上五例，"则"字皆用来承接推理之辞，不过句法有所不同。前二例"则"字后加"是"字，"以确指其理"。中间一例单用"则"字，亦"决言所推之理"。后二例，一用"然则"，一用"何则"，马氏以为不应囫囵解释，"然"字"重指上文"，"何"字"接上文而设问"，而"则"字承之，为"推论"或"申故"之词。此种分析的确符合古文实际，颇有眼力。

以上三项，如果认真推敲的话，前两项侧重于句法，"则"为连字；后一项侧重于语义，"则"似为状字。当然，状字也有关联作用。

此外，"则"字还有"不可以常解解者"。（304 页）例如：

《书·洪范》："女则有大疑。"（304 页）

《燕策》："则不可，因而刺杀之。"（同上）

《史 · 高祖本纪》："今则来，沛公恐不得有此言。"经生家解三"则"字，谓"若"也，假设之辞，文义较顺。今三"则"字皆附于读则非常解，明矣。（同上）

所谓"附于读"，即用于复句的偏句（前一分句）。这种用法的"则"字不再表示承接，而是表示假设，因为"古文以'则''即'两字音同互用，而'即'字有解作'若'字，故'则'字从同。"（304 页）

（三）其他承接连字

（1）"斯"和"即"。《文通》云："两字用如'则'字"。（304 页）例如：

《孟 · 尽下》："庶民兴，斯无邪慝矣。""斯"字皆可作"则"字解。（同上）

《史 · 项羽本纪》："公徐行即免死，疾行则及祸。"案《论语》之以"斯"字解作"则"字者，犹《史记》之用"即"字也。此可以瞻世代之别。（同上）

《汉 · 高祖纪》："择可立立之，以应诸侯，即室家完。"（305 页）

以上前一例用"斯"，后一例用"即"，中间一例"即""则"互用，三连字皆表示承接。

（2）"或"字。用于"事理可分举者"。（305 页）例如：

《易 · 系辞》："君子之道，或出，或处，或默，或语。"此"或"字分承者，皆单字也。（305 页）

《汉 · 贾谊传》："故世主欲民之善同，而所以使民善者或异，或道之以德教，或驱之以法令。"此"或"字分承读也。（同上）

《文通》云："故必事理分举，而后'或'字承之，方为连字。否则以状动静字者，则为状字矣。”（305 页）譬如后一例之“或异”之“或”，即为状字，当解作“或许”。应当指出，“或”原本是个代字，只是在并列的句子结构中，具有分项列举的语法作用，因而虚化为连字，大多表示并列或重叠。

（3）“既”和“又”。用于“事有蝉联而至者”。（305 页）例如：

《汉·儒林传》：“仲尼既没，七十子之徒散游诸侯。”（306 页）

《史·管晏列传》：“既见其著书，欲观其行事，故次其传。”凡言“既”字，皆先提一事，后及他事也。“既”字所附者，辞气未完，皆读也，故列入连字。（同上）

《汉·赵广汉传》：“设欲知马贾，则先问狗，已问羊，又问牛，然后及马。”“又”字，皆继事之词。（同上）

《左·僖三十》：“既东封郑，又欲肆其西封。”“既”“又”两字互为呼应有如此者。（307 页）

又《文七》：“既不受矣，而复缓师，秦将生心。”此“既”字后应以“而又”两字，则上下文不惟蝉联而下，而又有扭转之辞气也。“而复”与“而又”同。（同上）

以上所引诸例，或单用“既”字，或单用“又”字，或“既”“又”两字并用。其实“既”即“已”，“又”即“复”，多单用为状字（副词），不过在句中具有关联作用。“既”与“又”配合使用，则连字的性质更强些，表示重叠和递进关系；单用“既”字，表示与下句有此种关系；单用“又”字，表示与上句有此种关系。

（4）“至”“若”“及”“如”。用为“更端之辞”。（305 页）例如：

《论·为政》：“至于犬马，皆能有养。”“至于”者，因上文而类及之辞。盖上文辞气已毕，而下文又与前文相类，故“至”字后加以“于”字者，犹云“论及此”云尔。（307 页）

《史·萧相国世家》：“今诸君徒能得走兽耳，功狗也。至如萧何，发纵指示，功人也。”不曰“至于”而曰“至如”者，则

有与上文比而同之之意。（同上）

《左·隐五》："若夫山林川泽之实，器用之资，皂隶之事，官司之守，非君所及也。""若夫"者，相及而殊上之辞也。有单用"若"字者。（308 页）

《孟·滕上》："及其闻一善言，见一善行。"曰"及其"，曰"及至"者，皆因前事而殊后之文也。（同上）

《论·先进》："如其礼乐。"曰"如其"者，亦此志也。（同上）

以上例句中的"至于（至）""至如""若夫（若）""及其（及至）""如其（如）"，大多置于句首之句与句或段与段关联处，表示另提一相承相关之事。马氏所谓"犹云'论及此'云尔"（307 页），即"至、及、若、如"等皆由动字虚化而来，带有"至于那些"、"像另外那些"的意思。若单用，宜视为状字，在句中起关联作用。

（5）以"非""不"等"各两字相为起承者"。例如：

《庄·秋水》："吾非至于子之门，则殆矣。""非""则"二字相为起承，文势最紧。（308 页）

《论·卫灵》："不庄以莅之，则民不敬。""不""则"与"非""则"同，所以互为起应。（同上）

《汉·贾谊传》："曰安且治者，非愚则谀。""臣以为不缺则折。"（同上）

《庄·秋水》："夫宛雏，发于南海而飞于北海，非梧桐不止，非练实不食非醴泉不饮。"（同上）

《论·乡党》："非祭肉不拜。"（同上）

《史·商君列传》："利不百不变法，功不十不易器。""非""不"或"不""不"之在句读也，本皆状字，而引列于连字者，以其相为呼应，而句读则由是而连。（同上）

以上六例，从句式来说有两种：一是"非（不）……则"式，二是"非（不）……不"式。从语义关系来说有三种：前二例"非（不）……

则”表示条件关系（如果不是……那就……）；中间一例“非（不）……则”表示选择关系（不是……就是……）；后三例“非（不）……不……”表示双重否定的条件关系。而“非”“则”“不”皆为状字。

(6)“故”“以”“为”。《文通》云：“其承上而申下之辞，则惟‘故’字。又‘以’‘为’两字，介字也，而亦假为言故之词，惟与‘故’字用法各异。”（308~309页）例如：

《孟·告下》：“故天将降大任于是人也，必先苦其心志，劳起筋骨，饿其体肤，空乏其身。”“故”者，承上文诸人皆起自劳贱，而申言下文天之劳苦是人也。故“故”字必跟上文。（309页）

《史·淮阴侯列传》：“故臣以为足下必汉王之不危己，亦误矣。”所引“故”字，皆承上文而申言之也。（同上）

《吴语》：“夫固知君王之盖威以好胜也，故婉约其辞以从逸王志。”（同上）

《公羊·僖十七》：“桓公尝有继绝存亡之功，故君子为之讳也。”（同上）

《礼·大学》：“是故君子先慎乎德。”经书“故”字前习加“是”字曰“是故”，一若指明前事以为下文之故者然。（同上）

《易·系辞》：“是故夫象，圣人有以见天下之赜，而拟诸其形容，象其物宜，是故谓之象。”下“是故”是缘上之辞，上“是故”则发语之辞。（同上）

上引六例，包括三种句式：前二例是一种，“故”字独踞句首，是所谓“承上申下”的“故”，表示一种比较含混而松散的因果关系；中二例是一种，“故”字位居句间，即用于表结果的正句的开头，表示一种比较明确而紧密的因果关系；后二例是一种，“是故”或用于句首，或用于句中，即“这样因此”，与单用“故”字无异。必须指出，最后一例用于句首的“是故”，马氏认为，“盖此句文义与上不属，故以为发语辞”。（309页）此说不妥，这个“是故”依然是“缘上之辞”，只不过不是直承上文，而是表示段与段之间的因果关系。

《文通》云："'故'之言固然者，则为句，殿于后者常也，而'以'、'为'之言所以然者，则为读，置于先者其常，而置于后者则转为句矣。"（309页）例如：

《孟·告上》："以其郊于大国也，斧斤伐之，可以为美乎？""郊于大国"，乃受"伐"之所以然，故冠"以"字而先焉。（309页）

《史·信陵君列传》："当是时，诸侯以公子贤多客，不敢加兵谋魏十余年。"所引"以"字，皆记下文所以然之故，或先置，或参置，辞气未完，故为读。（309~310页）

《孟·万下》："为其多闻也，则天子不召师，而况诸侯乎？"（310页）

《汉·东方朔传》："天不为人之恶寒而辍其冬，君子不为小人之匈匈而易其行。""为"字冒读，以言下文之所以然也，与"以"字同。（同上）

《孟·告上》："我故曰告子未尝知义，以其外之也。"（同上）

《史·张陈列传》："将军嗔目张胆，出万死不顾一生之计，为天下除残也。"所引"以""为"两字之句，皆后置，而以言上文之所以然，与先置者无异。然一则先引，叙述之口气也，一则殿后，则决断之辞态也。（同上）

以上六例包括三种句式：前二例是用"以"字，一在句首，一在句中；中二例是用"为"字，也是一在句首，一在句中；后二例是"以""为"皆用于后一分句。"以""为"本是介词，如果后面带的是个表示原因的分句（读），则虚化为连词，是"由于、因为"的意思，用于前一分句为"叙述之口气"，用于后一分句为"决断之辞态"。

（7）其他。

《文通》云："至如'方''当''甫''自''比''及''会'等字，记时之连字也，而皆假于动字。其为义务别，而用以接夫上下文者则同。"（310页）例如：

《史·外戚世家》:“是时项羽方与汉王相距荥阳。”(310页)

《易·系辞》:“《易》之兴也,其当殷之末世,周之盛德耶?”“方”“当”两字,皆正值之辞。谓为无主动字也可,谓为介字亦可。(同上)

《蜀志·秦宓传》:“甫欲凿石索玉,剖蚌求珠。”“甫欲”者,方欲如何而尚未如何也。(同上)

《史·屈原列传》:“自屈原沉汨罗后百有余年,汉有贾生。”“自”字,叙时之辞。(311页)

又《大宛列传》:“比至郁成,士至者不过数千。”“比”,及也,用以领读,则为连字。(同上)

《礼·中庸》“及其至也,察乎天地。”(同上)

《史·项羽本纪》:“会其怒,不敢献,公为我献之。”“及”“会”两字,皆记两事之相值也。(同上)

以上例句中的“方、当、甫”等字,其词性的确定,或者摸棱两可,或者归类失当。如“方”用于介字之前,当为时间状字;“当”之后是名字,应是同动字;“甫”用于助动字之前,亦为时间状字;“自”“比”用来记时,可用“于”替换,应列入介字;“及”“会”比较棘手,但基本上是个介字。

第三节 转戾连字

《文通》云:“转戾连字者,所以反上文而转申一义也。”(311页)即今之转折连词。

(一)“然”字

《文通》云:“连字之‘然’,用以起句,口虽然而势已转也。”这是指“然”字单用。例如:

《孟·万下》:“然终于此而已矣。”“然”字一顿,以应上文

平公之待亥唐如是也。下乃挺转，决其终于如此而已矣。（312 页）

《史·匈奴列传》：“匈奴人众，不能当汉之一郡。然所以强者，以衣食异，无仰于汉也。”所引“然”字，皆冠句首，可作一顿，下文则挺转矣。（同上）

以上二例皆单用“然”字。“然”字本是假借为代字，其所以成为转折连词，正如马氏所说，“‘然’字非转也，未转而姑然之，则掉转之势已成。”（311 页）《文通》又云：“‘然’字借为转说，有单用者，有衬以他字者”（同上）其有衬者，例如：

《礼·三年问》：“将由夫患邪淫之人与？则彼朝死而夕忘之。然而从之，则是曾鸟兽之不若也。”（同上）

韩《燕喜亭记》：“吾州之山水名天下，然而无与燕喜者比。”所引“然而”皆折读。今人用“然而”二字则异是，（同上）

《孟·公下》：“然则子之失伍也亦多矣。”“然”者，然其所云失伍之士之当去也，“则”者，由士之失伍推及其人之失伍也。故“然则”两字，亦可折读。（同上）

又《梁上》：“权，然后知轻重。度，然后知长短。”“然后”者，明继事之词也。（313 页）

《孟·公下》：“识其不可，然且至，则是干泽也。”“然且”者，知其不可而聊且至也。（同上）

《礼·少仪》：“凡乞假于人，为人从事者亦然。然故上无怨而下远罪也。”此则既然上文，而申言其故也。“然故”两字，最见于诸子之书，今人用者盖寡。（同上）

《史·淮阴侯列传》：“其母死，贫无以葬，然乃营高敞地，令其旁可置万家。”“然乃”者，犹云“既已贫无以葬，而反觅善地”也。（同上）

以上七例分别用“然而”“然则”“然后”“然且”“然故”“然乃”。表面看来，似乎作用不同，其实“然”字与单用并无二致，其不同作用

“则以续加之字为定”（313 页）。也就是说，“而”表“反转作势”，“则”表“另推事理”，“后”表“继以他事”，“且”表“聊且、尚且”，“故”表“申言其故”等。

（二）“乃”字

《文通》云：“‘乃’字用作‘然后’‘而后’之解者，则为继事之辞。用作‘于是’之解者，则为言故之辞。而皆位于句首。”（314 页）例如：

> 《史·信陵君列传》：“侯生视公子色终不变，乃谢客就车。”所引“乃”字，皆位句首，而可以“然后”“而后”代之。此连字之记时者。（314 页）
>
> 《汉·刘歆传》：“孝成皇帝悯学残文缺，稍离起真，乃陈发秘臧，校理旧文，得此三事，以考学官所传。”（同上）
>
> 又《司马迁传》：“今已亏形为扫除之隶，在塌茸之中，乃欲昂首伸眉，论列是非，不亦轻朝廷、羞当世之士邪？”所引“乃”字，皆位句首，而皆有“于是”之解。此连字之言故者。（同上）

以上三例之“乃”字，马氏以为前一例用如“然后”，后一例用如“于是”。此处有两个问题：一是前二例之“乃”既解作“然后”“于是”，就不当列入“转戾连字”，而应归入“承接连字”：二是后一例之“乃”并不当“言故”之“于是”讲，从其前后文来看，倒是“反上文而转申一义”，即为“转戾连字”。

《文通》又云：“乃”字“在句首而不可以前解解者，则惟用若更端之词”。（314 页）例如：

> 《孟·公孙丑上》“乃所愿，则学孔子也。”“乃所愿”者，犹言“至若所愿”也。然作此解者，概衬“若”字。（314 页）
>
> 又《告子上》：“乃若其情，则可以为善矣。”（同上）
>
> 《墨·兼爱》：“乃若夫少食恶衣，杀身而为名，此天下百姓之所皆难也。”“乃若”者，前言方毕而又类及下文也，与“至

若”“及其”诸词同解。（同上）

以上三例中的“乃”“乃若”，其实是提起连字，而不是转戾连字。

（三）其他诸字

《文通》云：“又有‘第’‘但’‘独’‘特’‘惟’五字，皆转语辞。五字意虽各别，而前文不论，惟举一事一理轻轻掉转者则皆同。”（314页）又云：“‘顾’字于转语词中最轻婉，用之有回环往复之态。位必句首，否则成为状字。”（315页）例如：

《史·郦食其传》：“食其曰：‘第言之。’骑士从容言食其所戒者。”（315页）

又《陈涉世家》：“藉第令毋斩，而戍死者固十六七。”“第”字师古皆训“但”字，似皆由上文转至下文也。（同上）

《汉·霍光传》：“百官以下，但事冯子都王子方等，视丞相亡如也。”“但”字用如“第”字。（同上）

《史·荆燕世家》：“今营陵侯泽，诸刘为大将军，独此尚觖望。”（同上）

又《王翦列传》：“将军虽病，独忍弃寡人乎？”所引“独”字同前。（同上）

《汉·司马迁传》：“特以为智穷罪极，不能自免，卒就死耳。”“特”字与“但”“第”等字无异。（同上）

《史·魏其列传》：“唯灌将军独不失故。”统观五字，皆承上文，不相批驳，只从言下单抽一端轻轻掉转，犹云别无可说，只有一件如此云云。而所引五字，皆冒句首，此所以为连字也。非然，其不为状字者鲜矣。（同上）

《燕策》：“吾每念常痛于骨髓，顾计不知所出耳。”所引“顾”字，皆由上文轻轻掉转而位于句首。（315~316页）

《史·李斯列传》：“不能督责，而顾以其身劳于天下之民若尧禹然。”“而顾”者，“而反”也。“顾”用如状字。（316页）

又《萧相国世家》："今萧何未尝有汗马之劳，徒持文墨议论不战，顾反居臣等上。""顾反"两字虽同义，而"反"为状字，诸"顾"字为连字，应以"乃"字解之。（同上）

以上共十例，按马氏原意当分为两类，前七例为一类，后三例为一类。前七例中，第一、第三、第四、第六、第七诸例之"第、但、独、特、唯"，实际上是用作状字，表示限止范围，尚未转化为连字。第二例之"第"，马氏转引师古训为"但"，失之。例中"藉第令"三字是复合连词，相当于今之"即使"，为让步连词。第五例之"独"，马氏以为与"第、但"用法相同，亦失之。此"独"字置于动字前，后有"乎"字与其配合，当为表示反问的语气副词。后三例之"顾"，马氏把一、三两个视为连字，把中间一个当作状字。仔细揣摩，前两个（"顾计"、"而顾"）应为状字（副词），后一个（"顾反"）才真正是转戾连字。

第四节 推拓连字

《文通》云："推拓连字者，所以推开上文而展拓他意也。"（316 页）如果说前述"提起""承接""转捩"三类连字还比较单纯的话，那么这一类就比较复杂一些，今按其所述列表如下：

推拓连字
- 拓开跌入之辞：虽、纵、而、则……（316~317 页）
- 假设之辞：若、苟、使、如、设……（318~319页）
- 用以较量者：犹、尚、况、宁……（320~321 页）
- 用以递进者
  - 询商之辞：抑、将、宁……（321 页）
  - 撇转之辞：不惟、亦、复……（321~322 页）

以下按"字（词）"分类叙述：

（一）"虽"和"纵"

《文通》云："其拓开跌入之辞，则有'虽''纵'两字。"（316 页）例如：

> 《史·汲郑列传》："且已在其位，纵爱身，奈辱朝廷何？""纵爱身"一读，"纵"字连之。先将文势推开一宕，旋复跌入本意。（316页）
>
> 《礼·中庸》："果能此道矣，虽愚必明，虽柔必强。""虽"字领一字以为推宕者。然所领者虽仅一字，而与读无别。（317页）
>
> 《孟·梁上》："虽有台池鸟兽，岂能独乐哉？"（同上）
>
> 《左·襄三十一》："虽君之有鲁丧，亦敝邑之忧也。"（同上）
>
> 《汉·司马相如传》："虽万全而无患，然本非天子之所宜近也。"（同上）
>
> 又《食货志》："夫腹饥不得食，体寒不得衣，虽慈母不能保其子，君安能以有其民哉？"诸此"虽"字，皆以领读，后各有"犹""岂""亦""然""安"诸字，以为呼应，因以收转煞句，最为得用。（同上）

以上所举，用"纵"字一例，用"虽"字五例，即今之所谓"让步复句"（虚拟的让步）与"转折复句"（事实的让步）。前三例属让步句，次二例属转折句。至于后一例，马氏以为句中"虽"与"安"呼应，其实是误解。"虽慈母不能保其子"一句即为让步句，"不"字前若加"亦"字就更明显。"君安能以有其民哉"一句是对前面三句来说的，如果删去"慈母"一句，说成"夫腹饥不得食，体寒不得衣，君安能以有其民哉？"就更可以看出，"安"字并非与"虽"字相呼应。

《文通》云："惟史籍中有时'唯'字与'即'字同解，而经生家以'唯''虽'两字同韵，往往以'虽'字解'唯'字，拘矣。"（317页）例如：

> 《史·汲黯列传》："弘汤深心疾黯，唯天子亦不说也。"犹云"即天子亦不说也"。（317页）
>
> 《淮阴侯列传》："惟信亦以为大王不如也。"犹云"即信亦以

为大王不如也”。（同上）

就以上两例而言，“唯（惟）”即“虽”，与“即（即使）”所表达的，同样是“推开上文而展拓他意”之句法关系。因此，经生家的解释并没错，倒是马氏自己有些拘泥。

（二）“若（如）”“苟（果、假）”“使（设）”“令”“即”“诚”诸字

《文通》云：以上诸字“皆事之未然而假设之辞，亦为推拓连字，惟以连读而已。而诸字单用，先后乎起词者不常”。（318页）例如：

《孟·梁上》：“王如知此，则无望民之多于邻国也。”“如”字后乎“王”字，“王”乃读之起词也。（318页）

又《梁上》：“苟能充之，足以保四海。苟不充之，不足以事父母。”“苟”字冠读者，无起词也。（同上）

《左·隐十一》：“若寡人得没于地，天其以礼悔祸于许，毋宁兹许公复奉其社稷。”“若”字连读而先起词。（同上）

《史·张释之列传》：“令他马，固不败伤我乎？”（同上）

《荀·非十二子》：“假今之世，饰邪说，文奸言，以枭乱天下，……有人矣。”“令”与“假”两字，皆先起词。（同上）

《史·田蚡列传》：“此时帝在即碌碌，设百岁后，是属宁复有可信者乎？”（同上）

又《赵世家》：“是以圣人果可以利其国，不一其用；果可以便其事，不同其礼。”（同上）

又《吕后本纪》：“王诚以一郡上太后，为太后汤沐邑，太后必喜。”“果”“诚”两字则后起词。（同上）

《庄·知北游》：“使我欣欣然而乐与，乐未毕也，哀又继之。”“使”字皆在起词之先。盖“使”字虽设辞，而有使令之意，故皆先起词。然则“令”“假”两字当从同与。（319页）

从以上所引例句以及马氏的分析可以看出，此组所谓“推拓连字”，实际上就是由动字或状字虚化而来的假设连词。

《文通》又云：“连用两字者，则先起词，而无有后焉者。”（319 页）譬如其下所举例句中就有：“乡使”“向使”“假设”“假令”“浸假”“有如”“诚使”等。马氏指出：“统观诸引设辞，皆推宕之读。读则辞意未毕，故必有收句以为应者。而收应之句，有承以‘则’字‘必’字‘亦’字者，有煞以‘矣’字‘也’字‘而已’者，有无承无煞，而句意相应者。”（同上）这说明，单字的假设之辞还有动字或状字的印记，而两字的假设之辞则已演化为纯粹的假设连词了。

《文通》继之云：“设辞之后，复有以‘虽’字宕跌者，亦习见也。”（319 页）例如：

> 《礼·大学》：“心诚求之，虽不中不远矣。”“心诚求之”者，设辞之读也。“虽不中”者，跌进一步也。“不远矣”句，则折收矣。（同上）
>
> 《史·释之列传》：“使其中无可欲者，虽无石椁，又何戚焉？”（320 页）
>
> 《汉·贾谊传》：“乡令樊郦绛灌据数十城而王，今虽以残亡可也。”（同上）
>
> 韩《上张仆射书》：“苟如是，虽日受千金之赐，一岁九迁其官，感恩则有之矣，将以称于天下曰知己知己，则未也。”诸所引节，始则以设辞一推，继以“虽”字一跌，而后折收本意。（同上）

以上论析，涉及两个主要问题。其一是按马氏分类，“虽、纵”与“若、苟”等同属一类，因而自然放在一块来说。但是，根据今日之分类，“虽、纵”是让步连词，而“若、苟”等是假设连词，并不混在一起。其二是马氏实际上已经作了多层复句的分析，这在当时是难能可贵的。譬如上引第一例，说“心诚求之”是“设辞之读”，这等于指出是第一层次；再说“虽不中”是“跌进一步”，“不远矣”是“折收”，等于指出其间是第二层次。以今日言之，即假设复句中，再包含一个让步句。再譬如第四例，按照马氏所说，“苟如是”是“以设辞一推”，这是第一层次；“日受”“一岁”两句是“继以‘虽’字一跌”，这是第二层次；其后几句为“折收本意”。当然，对第四例的分析显得有些粗疏。如果细加分析，当如下：

（1）苟如是，（2）虽日受千金之赐，（3）一岁九迁其官，（4）感恩（5）则有之矣，（6）将以称于天下曰知己知己，（7）则未也。

句（1）和其余几句之间为第一层次，是假设关系；句（2）（3）和以下四句之间为第二层次，是让步关系；句（2）与句（3）之间为第三层次，是并列关系；句（4）（5）和句（6）（7）之间亦为第三层次，也是并列关系；句（4）与句（5）之间，句（6）与句（7）之间，皆为第四层次，都是条件关系。

（三）“犹”“尚”与“况”“矧”

《文通》云：“其余连字用以较量者，则以‘犹’‘尚’与‘况’‘矧’等字”。（320页）例如：

> 《左·宣十二》：“困兽犹斗，况国相乎？”“犹”字低一层比，“况”字跌入有势。“况”字后但有“国相”一名字，并无动字相续，似不成句。不知“况”字后凡为所比者，概皆不言而喻。（320页）
>
> 《孟·尽上》：“王子宫室车马衣服，多与人同，而王子若彼者，其居使之然也，况居天下之广居者乎？”无“犹”“尚”等字以为呼起，但皆从低一层说，则与书明者无异矣。（同上）
>
> 《史·货殖传》：“夫千乘之王，万家之族，百室之君，尚犹患贫，而况匹夫编户之民乎？”（同上）
>
> 韩《送董邵南序》：“矧燕赵之士出乎其性者哉？”其用法同“况”字。（321页）

以上所引诸例，或者“犹”与“况”相呼应，或者“况”“矧”两字单用，或者前后皆用复合的“尚犹”与“而况”。马氏以为“用以较量”，当今语法学界一般把它们称为进逼连词，“况”“矧”后面为反问句，大多由名词或名词性词组充当。其中，有个例句的分析值得讨论：

> 《左·昭七》：“匹夫匹妇强死，其魂魄犹能凭依于人，以为淫厉，况良霄，我先君穆公之胄，子良之孙，子耳之子，敝邑之卿，从政三世矣。郑虽无腆，抑谚曰‘蕞尔国’，而三世执其政柄。其用物也弘矣，其取精也多矣，其族又大，所凭厚矣，而强死，能为鬼，不亦宜乎！”此节“况”字后四用“矣”字，一用“虽”字，皆读也，直至“能为鬼不亦宜乎”，方上接“况”字之句。如此长句，如不将“能为鬼”提明，则辞气不贯矣。（321页）

上引一节，商务标点本分作三句；据《文通》分析，所谓“四用‘矣’字，一用‘虽’字，皆读也”，所谓“直至‘……不亦宜乎’，方上接‘况’字之句”，显然是视为一句；而杨伯峻《春秋左传注》标成两句，即把“执其政柄”后之句号改为逗号。我们认为，标成两句更符合原文的结构和语意。细加揣摩，“匹夫匹妇强死……以为淫厉”这一偏句，与“况良霄……从政三世矣”这一正句，构成的是一个进逼复句，其间有连词“况”字为标志，句末“矣”字后应标问号。《文通》以为，“能为鬼不亦宜乎”上接“况”字之句，并说“‘况’字后句长者，有将为所比者说明以足辞气者”，所举惟上引一例。其实这是误解。除此例以外，其余16例（320~321页）均未出现“为所比者”。正如上面所分析的，“况”字只贯到“从政三世矣”为止。《文通》在解说《左宣十二》“困兽犹斗，况国相乎”一例时即云：“‘况’字后但有‘国相’一名字，并无动字相续，似不成句。不知‘况’字后凡为所比者，概皆不言而喻。”（320页）此一规律，完全符合汉语之实际。再看所析之例句，如果简化成：“匹夫匹妇强死……犹能凭依于人，况良霄乎”，岂不跟“困兽犹斗，况国相乎”完全一样？对这个文字较长的进逼复句，也可以用上《文通》的解说：“‘犹’字低一层比，‘况’字跌入有势。”（同上页）所不同者，是这个例句的层次更为复杂。如果要补出“所比者”，则是：“况良霄，其魂魄更

能凭依于人。”至于后一句，为省篇幅，就不再往下分析了。（详参《文法学及其散论》）

（四）“与”“宁”“岂”“孰”和“抑”“将”“意”

《文通》云：“连字用以较量者，……又以‘与’‘岂’‘宁’‘孰’等字呼应。”（320 页）又云：“用以递进者，则以‘抑’‘将’‘宁’等字以为询商之辞，又或以‘非惟’‘不惟’与‘亦’‘抑’‘复’等字为撇转之辞。”（321 页）例如：

《论·八佾》：“与其奢也宁俭。”（321 页）

《孟·万上》：“与我处畎亩之中，由是以乐尧舜之道，吾岂若使是君为尧舜之君哉？”（同上）

韩《送李愿序》：“与其有誉于前，孰若无毁于其后？”（同上）

《论·学而》：“求之与，抑与之与？”“抑”字以领起进商之句者，暗寓转意。（322 页）

《秦策》：“诚病乎，意亦思乎？”“意”同“抑”字。（同上）

《庄·秋水》：“此龟者，宁其死为留骨而贵乎，宁其生而弋尾于途中乎？”（同上）

《史·孟尝君列传》：“人生受命于天乎，将受命于户邪？”（同上）

又《魏世家》：“富贵者骄人乎，且贫贱者骄人乎？”又以“且”字再商者。（同上）

如果从马氏所举例句（320~322 页）中选择以上八例归为一类，那就比较合理，即今之所谓选择复句。其中又分为两种情况：前三例为比较式选择，“与”“与其”等表示舍弃，“宁”“岂”“孰若”等以反问形式表示采纳；后五例是疑问式选择，“抑（意）”“宁其”“将（且）”等表示二者任选其一。

此段有三处值得考虑。其一，前三例使我们联想到卷七“介字”一章，马氏论述“‘与’字之用”时说：“句法有两者相较，则以所与者为比。”所举例有：

《吕氏春秋·贵直篇》：“与吾得革车千乘也，不如闻行人烛过之一言。”此以“与”字为比者。（270页）

《论·微子》云：“且尔与其从辟人之士也，岂若从辟世之士哉！”（同上）

《礼·大学》云：“与其有聚敛之臣，宁有盗臣。”（同上）

《孟·万章上》云：“与我处畎亩之中……吾岂若于吾身亲见之哉！”（同上）

前后呼应之虚词一样，甚至例句一样（如《孟子》一例），前面说是介字，后面说是连字，显然自相矛盾。

其二，是把“非惟”“不惟”“亦”“复”等与“将”“宁”“抑”等两种不同用法的连字混在一起。只要结合例句（参322页）稍加分析即可看出，后者是表示选择，马氏称“用以较量”亦未尝不可，而前者却是表示递进，当与“况”“矧’’归为一类。

其三，有几个例句也不应混入其中。例如：

《左·昭元》：“子皙信美矣，抑子南夫也。”三引“抑”字，皆转折之辞。（322页）

又《昭十》：“孤斩焉在衰绖之中，其以嘉服见，则丧礼未毕。其以凶服见，是重受吊也。”（同上）

韩《答吕医山人书》：“其已成熟乎，将以为友也；其未成熟乎，将以讲去其非而趋是耳。”（同上）

以上三例，情况有所不同。前一例（《文通》共举三例），马氏已明确指出是“转折之辞”，就应当列入“转戾连字”，而不该归入“推拓连字”。后两例，句中两个“其”字不相呼应，并非“用以较量”，两个“其”字是分别与“则”“将”配合，显然表示假设，当与“若”“假”“即”归为一类。正如马氏所云：“要之，此种连字，皆从假借而来，本无定式。”（321页）“学者披阅往籍，当自得之。”（322页）

第九章　助　字

第一节　助字的界说与类别

（一）助字的界说与功能

《文通》云："凡虚字用以结煞实字与句读者，曰助字。"（322页）可见，马氏所谓助字，主要是指处于句读末尾的"语已辞"。

马氏以前的经生家所说的"助字"，几乎包括古籍中所有的虚字。只有柳宗元是把"助字"的范围限定于句末所谓"疑词"和"决词"内，但柳氏仅为举例，未立界说。《文通》首次明确规定了"助字"的定义和范围。

对汉语助字之功能，《文通》有一段很好的表述："泰西文字，原于切音，故因声以见意，凡一切动字之尾音，则随语气而为之变。……惟其动字之有变，故无助字一门。助字者，华文所独，所以济夫动字不变之穷。"马氏从中西语言相比较的角度，大体道出了汉语助字的语法作用。当然，古代典籍里的助字，对不加标点的读者来说，也有一个识别句读的功能。

（二）助字的类别

《文通》云："助字所传之语气有二：曰信，曰疑。故助字有传信者，有传疑者。二者固不足以概助字之用，而大较则然矣。传信助字，为'也''矣''耳''已'等字，决辞也。传疑助字，为'乎''哉''耶''欤'等字，诘辞也。"（323页）

这就更为明确，所谓助字，即今之句末语气词。马氏把语气词分为两大类别。他与此前的经生家之不同在于，后者只能个别地解释助字所表达的语气，而马氏却发明助字所表示的语气的普遍性，并确定其语气与句类的内在关系。

第二节　传信助字

（一）“也”字

《文通》云：“‘也’字所助有三：曰助句，曰助读，曰助实字。”（325页）

（1）助句。

《文通》云：“‘也’字助句，大抵助论断之辞气耳。而句之有待于论断者，以表词之句为最。”（同上）例如：

> 《孟·滕上》：“陈良，楚产也。”所引名字为表词，煞以“也”字，而无断词参焉者也。（325~326页）
>
> 《礼·中庸》：“天地之道，博也，厚也。”静字为表词，煞“也”字以决其是者，比比皆是。（326页）
>
> 《孟·告下》：“五霸者，三王之罪人也。”以顿为表词，煞以“也”字，以决其是者。（327页）
>
> 又《离上》：“君不行仁政而富之，皆弃于孔子者也。”“者”乃接读代字。凡读为表词，类有接读代字者，其常也。（同上）
>
> 《离上》：“视天下悦而归己，犹草芥也。”“犹草芥”者，比拟之字，煞“也”字以决其所比之不谬。（328页）
>
> 《论·公冶》：“虽在缧绁之中，非其罪也。”断为非者，煞以“也”字，而必以“非”字先焉。（329页）

以上所引六例，前四例用作表词的，分别为名字、静字、顿（偏正词组）、读（“者”字词组）；第五例以“犹”为断词，表示比喻；后一例以“非”为断词，表示否定判断。

《文通》云:“他如言事理之句，有结‘也’字者，要皆以论断其然耳。”(330页)并指出:“有断其诚然者”(330页),“有断其不然者”(331页),“有断其所以然者”(332页),“有断其将然者”以及“谕之使然与禁其不然者”(333页)。分别举例如下：

《孟·万上》:“孔子主我，卫卿可得也。”“可”“足”“能”，助动字也。夫曰“可得”，煞以“也”字，所以断其“卿”之诚“可得”也。(330页)

《左·襄二十三》:“奉君以走固宫，必无害也。”以“有”“无”字为助动，结以“也”字，所以论断其所有所无之诚然也。(331页)

《韩策》:“以韩卒之勇，被坚甲，带利剑，一人当百，不足言也。”以助动字为坐动，而先之以“莫”“不”“弗”“未”之辞者，皆煞“也”字，所以决其不然也。(332页)

《庄·知北游》:“彼其真是也，以其不知也；此其似之也，以其忘之也。”所引言故之句，有“为”“以”“故”各字弁于其首者，有无连字者，要以句意为主。此等句法，以“也”字为助者为常。(333页)

《庄·庚桑楚》:“千世之后，其必有人与人相食者也。”所引句煞“也”字者，皆以断其将然也。(同上)

《左·昭三》:“君其往也，苟有寡君，在楚犹在晋也。”谕令之句，皆煞“也”字者，以其所谕皆将来之事也。(334页)

《史·曹相国世家》:“然无言吾告若也。”禁令之句，亦煞“也”字，盖所禁者亦未来之事也。(同上)

从以上所引有代表性的七个例句来看，所谓“诚然”“不然”“所以然”“将然”“谕之使然”“禁其不然”云云，皆以各句分别有助动字(“可”、“无”)、否定状字(“不”、“无”)、情态状字(“其”、“必”)、因果连字(“以”)之缘故，而并非由“也”字决定的。助句的“也”字，主要是“助论断之辞气”，马氏的这个提法无疑是正确的。论断辞气，是最强的直陈语气。当然，助句的“也”字也有主要不是表示论断辞气的，譬如用在“谕之使然与禁其不然”的句子里，即具有某种感情色彩的祈使语气。这是该“也”字在特定条件下的特殊现象。

（2）助读。

《文通》云：“助句以结上文，而助读则以起下文。其起下文也，所为顿宕取势也。”“夫读之为式，至不一矣，而其可衬‘也’字者，约计有四。”（334~335 页）

其一，“读之为起词”。例如：

《孟·滕上》：“且天之生物也，使之一本，而夷子二本故也。”“天之生物”一读，而为下文之起词，“也”字助之，而辞气一宕。“使之一本”者，句也。（335 页）

《左·哀十一》：“二子之不欲战也宜。”（同上）

《论·述而》：“甚矣吾衰也。”“吾衰也”者，读之为起词也，“甚矣”者，其表词也。今则起词倒置于表词之后，此叹辞之常例也。（同上）

《孟·梁上》：“如之何其使斯民饥而死也？”犹云“其使斯民饥而死也如之何”也。（336 页）

上引四例，都是“也”字助读，但句法不同。第一例，“读”为句中分句；第二例，“读”为句中起词；后二例，分别为感叹句和询问句，其“读”为起词而后置。

其二，“读之记时记处”。例如：

《孟·公下》：“及其更也，民皆仰之。”“及其更也”者，记时之读也。（336 页）

又《公下》：“当在宋也，予将有远行。”“当在宋也”者，记处之读也。（同上）

《左·僖三十》：“臣之壮也，犹不如人。”（337 页）

以上三例，亦为“也”字助读，不过从“读”之语义来说，是“记时记处”而已。前二例“读”前有介字，后一例“读”为句中表时间之分句。

其三，“读之为悬设”。例如：

《孟·滕下》：“丈夫之冠也，父命之；女子之嫁也，母命之。”设为“男冠”“女嫁”以申其礼也。（337 页）

《左·桓五》：“苟自救也，社稷无陨，多矣。”有假设之读先置，而助以“也”字。（同上）

《齐语》：“与其为善于乡也，不如为善于早里。”“与其”云云者，设譬之读也，故亦先置。（同上）

《左·闵元》：“犹有令名，与其及也。”“与其及也”，同为设譬之读也，而后置焉。（同上）

《荀·劝学》：“假舆马者，非利足也，而致千里。”“也”字后接以“而”字，无非为顿挫文势耳。（338 页）

所谓“悬设”，当指虚拟的假设条件。泛泛而论，以上五例皆可谓之“悬设”。但是，严格地从语法逻辑关系来说，只有前两例才真正是假设复句，“也”字用于表假设的分句之后。中间两例当属选择复句，“也”字用于表舍弃的分句之后，其中一在前，一在后。后一例当属转折复句，“也”字用于偏句。

其四，“读之承动字”。例如：

《孟·公下》：“丑见王之敬子也，未见所以敬王也。”“王之敬子”者，“见”字之承读也。助以“也”字者，决言所见之诚然也。（338 页）

《汉·张陈传》：“已闻此两人魏之名士也。”（339 页）

以上二例，其“读”分别为动字“见”和“闻”之止词，“也”字用于其后。应当指出，助读的“也”字大抵是用来表示停顿。

（3）助实字。

《文通》云："凡实字之注意者，借助'也'字，则辞气不直下，而其字有若特为之揭出矣。"（339页）例如：

《孟·公下》："夫士也亦无王命而私受之于子，则可乎？""士"公名，而助以"也"字一顿，以指注意之所在。（同上）

又《离下》："中也养不中，才也养不才。""中""才"两静字，而助以"也"字者，是犹云"子弟之德本中也，而以不中养之"也。是则"也"字仍有论断其为"中"为"才"之口气。（340页）

《庄·人间世》："使予也而有用，且得有此大也邪？""予"，指名代字，助以"也"字，所以顿住而起下也。（同上）

《论·卫灵》："耕也馁在其中矣。"所引内动字，助以"也"字，皆可视同名字。（同上）

《庄·山木》："向也不怒而今也怒。"（同上）

上引五例，"也"字分别用于名字、静字、代字、动字及状字之后。既然动字加"也"字为起词而"视同名字"，那么第二例之静字"中""才"各加"也"字为起词，亦当"视同名字"，马氏对此例之解说可谓多余。这里有必要补充一点，助实字的"也"字主要也是表示停顿，但也兼有强调的色彩。

（二）"矣"字

《文通》云："'矣'字者，所以决事理已然之口气也。已然之口气，俗间所谓'了'字也。"（341页）

（1）助静字。例如：

《孟·公下》："齐卿之位，不为小矣；齐滕之路，不为近矣。"此所谓已然之口气也。"小""近"两静字，皆助"矣"字。（341页）

《论·学而》："鲜矣仁！"犹云"仁鲜矣"也。以其为感叹之

句，故倒之。（342 页）

又《季氏》：“禄之去公室，五世矣；政逮于大夫，四世矣。”“五世”“四世”者，记历时之数也，煞以“矣”字者，决已然之口气也。（同上）

《史·平原君列传》：“今先生处胜之门下，三年于此矣。”（343 页）

以上四例，前两例是象静字为表词，后两例是滋静字为表词，“矣”字实际上是助表词。

（2）助“述往事者”。例如：

《孟·公上》：“夏后殷周之盛，地未有过千里者也，而齐有其地矣。”“矣”字之助，已寓“已”字矣。（343 页）

又《万上》：“舜往于田，则吾既得闻命矣。”（同上）

《赵策》：“虞卿未反，秦之使者已在赵矣。”诸引皆述往事也。其绝句助“矣”字外，复蒙“已”“既”“姑”“尝”各字，而辞气益复阐缓矣。（344 页）

《左·僖三十》：“且君尝为晋君赐矣，许君焦瑕，朝济而夕设版焉。”所引读也，有状字先之耳。（同上）

《论语》：“苟志于仁矣，无恶也。”“矣”字间助设事之读者。（同上）

以上五例，前三例“矣”字用于后一分句，后二例“矣”字用于前一分句。其中第一、三、四例为转折复句，第二例为承接复句，第五例为假设复句。各例中，有的未加状字，有的加了状字，正如马氏所说，“诸状字之加否，于句义无增损也”。（344 页）

《文通》另有所谓“言效之句，率以‘矣’字助之”。（345 页）例如：

《孟·梁上》：“如有不嗜杀人者，则天下之民皆引领而望之矣。”“民”之“引领望之”者，“不嗜杀人”之效也，故煞以

"矣"字而蒙以"则"字。（同上）

《论·述而》："我欲仁，斯仁至矣。"（同上）

《孟·离下》："既竭心思焉，继之以不忍人之政，而仁覆天下矣。"（同上）

《左·僖三十三》："公使阳处父追之，及诸河，则在舟中矣。"（同上）

由以上引例来看，所谓"言效之句"，其涵义在句法上相当含糊。马氏曰："言效之句，概有连字先之。其连字则'则''斯''而'诸字不定。"（345 页）其实，这些连字所表达的句法逻辑关系，是多种多样的。譬如第一例，"则"与"如"呼应，是表示假设关系。第二例"斯"，是表示承接关系。第三例，"而"与"既"配合，是表示推理关系。而第四例，"则"却表示出乎意外的转折关系。如果说前三例之后句与前句还有"效之感应"的话，那么第四例之后句与前句绝无所谓"效之感应"，就是说，"在舟中"并非"及诸河"的必然结果。

至于非"述往事"者，譬如句中用助动字"可""能""得"表示能愿之事，用状字"将""必""复""更""其"等表示将来之事，其句读之末亦用"矣"字为助，原因在于"其事则属将来，而其理势已可决其如是而必无他变矣"。（346 页）

马氏还论及"也"与"矣"之区别，举以下《论语》二例：

《先进》："从我于陈蔡者，皆不及门也。"（347 页）

《里仁》："其为仁矣。"（同上）

马氏云："经生家谓经籍内有'也''矣'两字互相代用者。""蒙谓'皆不及门也'者，决言同时之事，'也'字为宜。至'其为仁矣'之读，夫子自叹未见好仁者之真恶不仁者，故追忆真恶不仁者之曾已为仁之时，直使不仁者不得加乎其身云。此似追记已事，助'矣'字为宜。夫'矣''也'两字皆决辞，有时所别甚微。若非细玩上下文义，徒以一时读之顺口，即据为定论，此经生家未曾梦见《文通》者，亦何怪其尔也。"

（347页）这里不仅体会出马氏作为语法学家的苦心孤诣，而且看出他作为一位新派学者的自诩心理。

（三）“已”“耳”“尔”及“者”字

《文通》云：“‘已’，语终辞，与‘矣’同义。”又云：“‘耳’与‘矣’同义，有止此之解。”（347页）又云：“‘尔’本状字，解‘如是’也。今为传信助字，可殿句，可殿读焉，而亦有‘而已’‘如是’之意。”（348页）例如：

《礼·檀弓》：“生事毕而鬼事始已。”（347页）

《左·襄二十九》：“虽有他乐，吾不敢请已。”“已”字绝句，皆同“矣”字，决已然之口气，而皆有已了之意也。（同上）

《论·阳货》：“前言戏之耳。”此“耳”字，助句也，解同“而已”，而有止此之意。（同上）

《孟·梁上》：“直不百步耳，是亦走也。”“耳”先置，提起下文，故谓之读。（348页）

《魏志·崔琰传注》：“授曰：‘父子如此，何其快耳。’”“耳”字，后世用之，有非“而已”之解者。“何其快耳”之“耳”有咏叹之意。（同上）

《论·乡党》：“便便言，唯谨尔。”“唯谨尔”者，犹云“唯有谨而已”也，言外有决其如是也。（349页）

《公羊·庄四》：“其国亡矣，徒葬于齐尔。”（同上）

又《僖二》：“君若用臣之谋，则今日取郭而明取虞尔。”（同上）

《孟·滕下》：“不行王政云尔。”“尔”字合“云”字，重述前文也。（同上）

《论·述而》：“则可谓云尔已矣。”犹云“可谓所云如是而已”也。盖此句以“已矣”为决辞矣。是犹“尔”字施于句读之中，则为状字而非助字矣。（同上）

《公羊·隐二》："前此，则曷为始乎此？托始焉尔。""托始焉尔"者，"托始于此而已"也。以"于此"解"焉"字，"而已"解"尔"字，于辞意正合。（同上）

以上共引十一例。前二例用"已"字，前者用于承接句，后者用于转折句。次三例用"耳"字，前二者表示限止，后者表示强调并带有咏叹语气。再次三例用"尔"字，前二者分别有状字"唯"和"徒"，其"而已"意十分明显；第三"尔"字用于假设复句，带有强调意味。最后三例分别用"云尔"或"焉尔"，"云"是"如此"，"焉"即"于是"，"尔"仍然是"而已"的语气。马氏对这几个助字的分析，不仅细致准确，而且具有历史眼光。

《文通》云："至助字助读而不助句者，则惟'者'字。"（360页）例如：

《礼·大学》："如切如磋者，道学也；如琢如磨者，自修也。"凡重引前文，助以"者"字，一若将前文并成名字，以便诠解也。（360~361页）

对此，马氏补充曰："'者'字有助本名者、公名与静动诸字者，观其所助各字，亦皆有指物、指事、指人之别焉。其助状字也，如'今者''昔者''不者''且者'等语，皆无所指，借以顿住起下而已。"其意是说，用于实字及顿读之后的"者"字，除起助字的功能之外，还带有代字的作用。因已散见各篇，即不再举例。

《文通》又云："前文有注意之字句，欲重引焉以申其义，则先助'也'字，复缀'者'字。"（361页）例如：

《礼·中庸》："中也者，天下之大本也；和也者，天下之达道也。"（同上）

《孟·万下》："金声之也者，始条理也；玉振之也者，终条理也。"诸句皆以"也者"两字叠助前文而为之申解也。（同上）

《左·隐五》："公将如棠观鱼者。"犹云"如棠以观渔人"也。

（同上）

以上三例，前二例用“也者”，以引起读者注意。至于后一例之“者”字，经生家谓为“语已辞”，按马氏解释依然“用以助字，非以助句”，“遍考古籍，‘者’字无助句者”。（361 页）但他又补充说：“惟至唐人疏状，凡引敕旨讫，则以‘者’足之。”例如：

韩《论变盐法事宜状》：“右奉敕，将变盐法，事贵精详，宜令臣等各陈利害可否闻奏者。”宋明因之。今则平行公事文尾，与民间券契，概以“者”字为煞者，此殆所谓“者”字助句也。（361 页）

（四）“焉”字

《文通》云：“‘焉’为助字，所以助陈述之口气也。”“‘焉’，代字也，及为助字，概寓代字本意。”（350 页）这表明，助字“焉”是从代字“焉”虚化而来。然而虚化以后，即为两个不同的词类，应当严格区分开来。

“‘焉’字所助有三：曰句，曰读，曰字。”（350 页）

（1）助句。

《文通》云：“凡述往事，其结句有助以‘焉’字者。”例如：

《论·尧曰》：“谨权量，审法度，修废官，四方之政行焉。”不曰“行矣”，盖其政之“行”非一过即了之事也。此“焉”字似无所指，并无代字本义，然有一助，其句自觉为之镇定矣。（350 页）

又《微子》：“长沮桀溺耦而耕，孔子过之，使子路问津焉。”“问津焉”者，“问津于是”也。“是”指长沮桀溺也。（351 页）

《左·隐元》：“虢叔死焉。”“死焉”者，“死于制”也。其“焉”字有“于是”之解。然仍不失为助字者，盖有此一助收句，辞气顿觉宽缓而不迫矣。（同上）

《孟·滕上》:“唯天为大,唯尧则之,荡荡乎民无能名焉。”“名焉”者,名之也。“之”指尧也。(352 页)

以上四例按照马氏分析,第一例“焉”字单纯用为助字;第二、三例“焉”字除助句外,兼有“于是”之意,其“是”字前者代人名,后者代地名;第四例“焉”字兼有“之”字之解,其“之”字代人名。严格说来,本节是论述“助字”,后三例应当排除而归入代字。

《文通》云:“焉”字也用于“陈当前之事理,与叠句以历叙事实”。(352 页)例如:

《礼·中庸》:“夫妇之愚,可以与知焉,及其至也,虽圣人亦有所不知焉。”不助“也”字而助“焉”字者,其辞气盖惟直陈其理而未为论断也。“焉”字惟助结句,自为停顿耳。(352 页)

《孟·告下》:“今有场师,舍其梧贾,养其贰棘,则为贱场师焉。”“焉”字助推论之句。(同上)

《礼·中庸》:“语大,天下莫能载焉。”“莫能载焉”者,莫之能载也。(同上)

《孟·尽上》:“君子所性,虽大行不加焉,虽穷居不损焉。”所引为结句,以陈当前之事理,而所助“焉”字,则兼有“于是”之解焉。(353 页)

《论·阳货》:“天何言哉?四时行焉,百物生焉,天何言哉!”有叠句间于中段,“焉”字助之,所以历叙事实也。(354 页)

从以上五例可以看出,“焉”字的基本用法与前一类并无区别,马氏强分为两类,完全是从文意着眼,不具有语法的意义。其中可贵的是,马氏把“焉”与“也”作了一番比较,认为“焉”字是“直陈”而非“论断”。这是相当准确的。

《文通》云:“句有以‘有’‘无’两字为坐动者,助‘焉’字者有之,助‘焉’字而以为提顿之句者亦有焉。至询问之句,亦有助以‘焉’字者。”(354 页)例如:

《礼·中庸》:“王天下有三重焉，其寡过矣乎!”首句以“有”字为坐动，“焉”字助之，辞气一顿。(同上)

《论·子罕》:“四十五十而无闻焉，斯亦不足畏也已。”(同上)

《孟·梁上》:“王若隐其无罪而就死地，则牛羊何择焉?”“牛羊何择焉”者，犹云“牛羊两者一无所择”也。此惟直陈其事理，既不论断其曲直，又不询王以何者当择也。(355页)

上引三例，“焉”字分别用于“有”字句、“无”字句及询问句，其直陈强调之语气依然未变。也正因为如此，所以后一例之“焉”字不能用“也”或“乎”来替换。于此，马氏以上引《孟子》一句为例批评云:“经学家见经史中询问之句，有助以‘也’字‘焉’字者，则谓‘也’‘焉’两字同乎‘乎’字。不知询问之句，助以‘也’字者，寓有论断口气。兹助‘焉’字者，藉问而陈义耳。此所以与‘乎’‘也’两字少有区别也。”(355页)这是说，“也”“焉”用于询问句末，仍然是其本用，句子的疑问是靠句调来表达。可谓很有见地。

《文通》又云:“差比之句，其‘焉’字本代字也，而既以殿句，亦可视同助字，用若‘然’字。”(355页)例如:

《孟·尽上》:“反身而诚，乐莫大焉。强恕而行，求仁莫近焉。”“焉”字所助者，差比之句也。“焉”字解如“于是”，代字也。今如云“乐莫大于是”，则语气不完，仍应加以“焉”字方可煞住。是“焉”字既为代字，又为助字，一字而两用明矣。(同上)

《左·桓二》:“郜鼎在庙，章孰甚焉?”(同上)

《孟·尽下》:“舜之饭糗茹草也，若将终身焉。”“焉”代“然”字，犹云“若将终身然”。(356页)

以上三例，若以马氏“论比”所说，前二例为差比，后一例为平比。单就“焉”字而言，前二例即“于是”，后一例仅表语气，亦无稍变。

(2)助读。

《文通》云:“‘焉’字助读，凡以为顿挫之辞耳。其为义也，与助句同。”（356 页）例如：

《礼 · 大学》：“心不在焉，视而不见，听而不闻，食而不知其味。”“心不在焉”者，犹云“心如不在”也，此所谓设事之读，即假设一境以观后效也。（356 页）

《孟 · 公下》：“欲有谋焉，则就之。”（同上）

《左 · 文公十二年》：“若使轻者肆焉，其可。”有“若”字冠焉，其为设事之读无疑矣。（同上）

从以上三例来看，所谓“助读”无非指“焉”字用于复句的前一分句。又所谓“设事之读”，那是前后分句之意义关系所显示出来的，与“焉”字用与不用并无关系。试比较上引三例即可明白：第一例，未用任何假设连词；第二例，后一句用了“则”字；第三例，前句用了“若”字，后句的“其”与之呼应。因此，应该严格限定所谓“设事之读”的范围。

《文通》又云：“记时之读，有助‘焉’字者。”（356 页）例如：

《孟 · 离上》：“圣人既竭目力焉，继之以规矩准绳，以为方圆平直，不可胜用也。”云“既竭焉”，而承以“继”字，所谓前事与后事相际也，故谓为记时之读。（同上）

《吕氏春秋 · 季春》：“乃告舟备具于天子，天子焉始乘舟。”（357 页）

《墨 · 鲁问》：“公输子自鲁南游楚，焉始为舟战之器。”（同上）

对于上引第一例，马氏进一步比较曰：“不助‘矣’字者，盖助‘矣’字，则必前事已终，而后事方来，与前事不并时而立者也。”（356 页）“盖‘也’字助并时之读，常也；惟助以‘焉’字，则前后两事之相际益明矣。”（357 页）此说确实道出了三个助字的某些特点。至于后二例，马氏引此云：“高邮王氏谓‘焉’字解‘于是’也，是矣。然王氏必以‘焉始’两字连读，误矣。而又推及诸他‘焉’字之助读者，谓‘焉’字皆‘犹于是也’，‘乃也’，‘则也’，与前引同解，而强割‘焉’字与下句连读，则犹误矣。”（同上）马氏的意思是，“天子焉”，“焉”助名字；最后一例，“焉”助语词“游楚”。“焉”字用法虽多，但就上引及其类似例句来看，马氏以敏锐的语法眼光予以考察，自然要比小学家的王氏父子高出一筹。

（3）助字。

《文通》云：“‘焉’字助字，与助读同。”（358 页）例如：

> 《庄·德充符》：“先生之门，固有执政焉如此哉！”“执政”，公名，助以“焉”字，宛若一顿，而语气以足。（同上）
>
> 《墨·非攻》：“天乃命汤于镳宫，用受夏之大命。汤焉敢奉其众以乡有夏之境。”“汤”本名也，“焉”字助之，文势一振。（同上）
>
> 《左·隐六》：“我周之东迁，晋郑焉依。”（359 页）
>
> 《吴语》：“今王播弃黎老，而孩童焉比谋。”（同上）

上引前二例，“焉”字皆用于名字之后，显然表示顿宕，不能作别的解释，尤其是第一例。至于后二例，马氏曰：“王氏皆解如‘是’字，而以《周语》作‘晋郑是依’为辞。愚以‘是’字代所引各句‘焉’字读之（共六引，参 359 页），舍‘晋郑是依’一句外，余皆不词。……盖止词置先于其动字，亦非创例，故顿以‘焉’字，使之读若两节，而语气较为遒劲，是则《左隐六年传》句‘焉’字，句法相似，谓之助字，似无不可。”（359 页）对于“晋郑焉依”一例，后来的语法学界几乎都是依据王念孙所说，以为“焉”用同“是”，表示宾语前置。马氏不同意王氏说法，依然认定“焉”为助字，用于名字之后表示顿宕，把前置的止词与动字截为两节，客观上具有提醒的作用。此说不无道理。“焉”字本有代词用法，与“之”“是”无异，由于读者“重新分析”的意识起作用，便把它看成宾语提前的标志。马氏具有历史眼光亦由此可见。又如：

> 韩《原性》：“上焉者，善焉而已矣。下焉者，恶焉而已矣。”“焉”字皆助静字，而无所指。（359 页）

《庄·秋水》："事焉不借人，不多食乎力。""焉"字助动字，间于句中而若有所指也。（360 页）

又《天道》："有数存焉于其间。"如"焉"非助字，而唯为代字，解作"于是"，则"于其间"三字缀于"焉"字之后，非叠床架屋而何？故所引"焉"字，谓之助字，而仍不失有代字之意者，此也。（同上）

总而言之，上述四个主要传信助字有所分工："也"字主要表示决断语气，其中包括事实的决断和推理的决断；"矣"字主要表示叙述的已然语气，其中包括事实的已然与意念的已然；"耳"字主要表示限止的直陈语气，后来也表示一种夸张意味；"焉"字主要表示带强调意味的提示语气，还兼有一种指代作用。

本节还附带论及"者"字，《文通》云："遍考古籍，'者'字无助句者。"（361 页）并以下例为据对经学家提出了批评：

《论·卫灵公》："事其大夫之贤者。"犹云"事其邦大夫中之贤者"。（361 页）

《左·隐五》："公将如棠观鱼者。"犹云"如棠以观渔人"也。（同上）

经学家以上引"者"字为"语已辞"。马氏云："'者'字用以助字，非以助句也。惟至唐人疏状，凡引敕旨讫，则以'者'足之。……宋明因之。"（361 页）令今人感兴趣的有两点：一是认定句中之"者"字紧贴"贤"字和"渔"字，因而是代字；二是助字"者"字在唐代公文里才用作句末助字，说明了"者"字的历史演变。

第三节　传疑助字

《文通》云："传疑助字六：'乎'、'哉'、'耶'、'与'、'夫'、'诸'是也。其为用有三：一则有疑而用以设问者；一则无疑而用以拟议者；一则不疑而用以咏叹者。"（361 页）这种分类，与后来有所不同。其中所谓

“拟议”者，即表示揣摩议论的语气；所谓“咏叹”者，当为表示“感叹”的助词，不再归入表示疑问的助字。

（一）“乎”字

《文通》云：“凡事理可直言而不必婉陈者则用之。”（362 页）

（1）助设问之句，即今之询问句。例如：

《论·八佾》：“或曰：‘管仲俭乎？’”（362 页）

《孟·梁下》：“齐宣王问曰：‘交邻国有道乎？”’诸引句所问之事，既无忌讳，“乎”字最宜。（同上）

《楚策》：“王独不见夫蜻蛉乎？”（同上）

《庄·人间世》：“汝不知夫螳螂乎？”所引诸句，皆非可疑之事，而假前设问，呼起下文以应之。以其句法同上，故附于此。（同上）

以上四例，前两例为有疑而问的询问句，是要求对方回答的；后两例为无疑而问的设问句或反问句，是不要求对方回答的。其中第三例动字前有状字“独”以表示反问的情势；第四例所谓“假前设问”即凭借前文而设问。这两例应当列入下一类。

（2）助拟议之句，包括今之委婉反问句、反问句以及选择问句。

《文通》云：“夫拟议之句，本无可疑之端，而行文亦无句句僵说之法，往往信者疑之，而后信者愈信矣。惟一切较量计度之神情，有仅恃‘乎’字传之者，亦有兼用疑难不定之状字者。”例如：

《论·学而》：“学而时习之，不亦说乎！人不知而不愠，不亦君子乎！”所引各节，上下相关之理，本无疑也。惟其无疑也，故助以“乎”字，而先加“不亦”状字，似与本意相反，其实状字与“乎”字互相呼应，而正意始托出焉。（363 页）

《汉·高祖纪》：“沛公不先破关中兵，公巨能入乎？”其意本为反说也，而所加状字止有“岂”“巨”两字，与“乎”字相呼

应。(同上)

《周语》:"其无乃废先王之训而王几顿乎!"(同上)

《孟·告上》:"至于心,独无所同然乎?"诸句内如"不亦""无乃""独无""得无"等弗辞状字,皆以呼起句中正意也。(同上)

以上四例,除用"乎"字表反问以外,句中语词前分别用状字"不亦""巨(岂)""无乃"和"独无",以加强反问语气。

《文通》又云:"凡事属量度两商,可直陈无隐者,其叠句或皆用'乎'字助之,或首句用'乎'字而后句用他字者。"(364 页)例如:

《孟·滕上》:"滕,小国也,间于齐楚,事齐乎?事楚乎?"无连字先之,而叠用"乎"字以两诘者。(364 页)

《史·魏世家》:"富贵者骄人乎?且贫贱者骄人乎?"(同上)

《庄·秋水》:"此龟者,宁其死为留骨而贵乎?宁其生而弋尾于途中乎?"(同上)

《赵策》:"秦之攻赵也,倦而归乎?亡其力尚能进,爱王而不攻乎?"(365 页)

《秦策》:"诚病乎?意亦思乎?"所引叠助"乎"字,而句首以"宁""亡""意"诸字,或呼应,或转折,皆以写其拟议未定之情。(同上)

以上五例皆为选择问句,以叠用"乎"字助之。除第一例未用连字外,其余四例分别用了"且""宁""亡""意"等。马氏或称之为"状字",或称之为"连字"(364 页),有些举棋不定。从它们在句中所起的主要作用来看,还是归入表示选择的连词为宜。

(3)助咏叹之句,即今之感叹句。例如:

《孟·滕下》:"孔子曰:'知我者其惟《春秋》乎!罪我者其惟《春秋》乎!'"孔子之一喜一惧之深虑,皆从"乎""其"两字摹出。(366 页)

《易·系辞》:“知变化之道者，其知神之所为乎！”(同上)

《左·僖五》“一之谓甚，其可再乎！”(同上)

《孟·尽下》:“而况于亲炙之者乎！”凡“况”字冠乎句首，往往助以“乎”字，盖句内皆有含蓄之语。此犹云“而况于亲炙之者，其奋起当何如乎”故有无限深情蕴于句内，列于咏叹之句，似无不可。(同上)

上引四例，前二例无疑是“乎”字“助咏叹之句”者，后两例若也列入“咏叹之句”就值得商榷。第三例，前句已云“一之谓甚”，后句自然是表明对“再”的否定态度。这与马氏于“助拟议之句”所引的“子常宣言代我相秦，岂有此乎？”一句语气完全一样，即“所谓反比例”也(363 页)。第四例，全句是:“奋乎百世之上，百世之下，闻者莫不兴起也。非圣人能若是乎？而况于亲炙之者乎？”“非圣人能若是乎”，其正意当然是“不能若是”。“而况”一句是就“闻者莫不兴起也”而言，其正意是“当然能兴起”。由此可见，后两例之反问语气明显重于“咏叹”。

此外，《文通》还指出一种情况:“‘乎’字助状字先置，而其后之读，谓为起词可也。”(367 页)例如:

《庄·养生主》:“恢恢乎其于游刃必有余地矣。”(367 页)

《庄·秋水》:“默默乎河伯，女恶知贵贱之门，小大之家！”(同上)

韩《送齐椁下第序》:“故上之人，行志择谊，坦乎其无忧于下也。”所引皆“乎”字助状、静各字，先置句首以为咏叹者也。(同上)

这就是后来所说的主谓倒装的感叹句。

(二)“哉”字

《文通》云:“盖‘哉’，经籍用以破疑而设问者盖寡，用以拟议量度者居多，而用以往复咏叹者则最称也。”(367 页)这实际上是说，“哉”字的基本用法是助感叹句，当它用于其他语气的句子时，就使得这些句子加上一层感情色彩。例如：

《论·颜渊》："何哉尔所谓达者？""何哉"有若设问之辞。然此无疑而反诘也。（367页）

《史·季布列传》："足下何以得此声于梁楚间哉？"似问其所不知，不知此句口气丨奇其有"此声"，此所以助以"哉"字也。（同上）

《孟·滕上》："尧舜之治天下，岂无所用心哉？"其与"哉"字呼应者，惟"岂"字耳，而拟议情状溢于口角。（368页）

《荀·荣辱》："是其为相县也，几直夫刍豢稻粱之县糟糠尔哉！""几"即"岂"也。（同上）

以上四例皆以"哉"字为助，前二例句中有询问代字，设问多于反诘；检之上下文，第一例并非"反诘"，而是询问句。后二例句中用状字"岂"与"几"，反问语气明显。

《文通》又云："有平叠数句，皆助'哉'字者，则有拟议情状，又兼有咏叹之意矣。"（369页）例如：

《孟·万上》："与我处畎亩之中，由是以乐尧舜之道，吾岂若使是君为尧舜之君哉！吾岂若使是民为尧舜之民哉！吾岂若于吾身亲见之哉！"叠用"哉"字，其一种较量往复之情溢于言表矣。（同上）

《孟·万上》："得其所哉，得其所哉！"（同上）

《汉·司马迁传》："如仆尚何言哉，尚何言哉！"此丨连叠两句，或同字，或同式，其为咏叹之句，自不待言矣。（同上）

上引三例皆叠用"哉"字表示感叹。前一例三句句式相同，后两例文句一样，其实这是文章作法问题，与"哉"字的语法作用无涉。

《文通》云："然'哉'字所以最称咏叹之句者，则惟在单助动静等字耳。""而如是句法，先置者居多，其起词则为名、为顿、为读皆有焉。"

（369~370 页）例如：

《论·八佾》："管仲之器小哉！"（370 页）

《孟·离上》："舍正路而不由，哀哉！"两引"哉"字，一助静字，一助动字，皆以殿句。（同上）

《礼·中庸》："大哉圣人之道！"（同上）

《论·颜渊》："富哉言乎！"（同上）

《左·襄二十九》："思深哉，其有陶唐氏之遗民乎！"（同上）

以上五例皆为感叹句，前两例起词在先，后三例起词在后。就后三例而言，其起词分别为顿（偏正词组），为名（名词），为读（主谓词组）。这里也是指明感叹句谓语前置的句法现象。

（三）"耶（邪）"字

《文通》云："'耶'字，古同'邪'。经籍用以助设问咏叹之句者，则不概见，而用以助拟议未定之辞气者，则习见也。"（370 页）这是说，"邪"字主要用于助拟议之句。例如：

《庄·天道》："问桓公曰：'敢问公之所读者何言邪？'公曰：'圣人之言也。'""邪"字助句，似设问之辞。不知所以问者，在"何"字也。（370 页）

《鲁语》："鲁其亡乎，使童子备官而未之闻耶？"有似设问，然言者意中已无疑矣，而未便质言，故出以拟议之辞气耳。（同上）

《汉·魏其传》："天下方有急，王孙宁可以让邪！"（371 页）

《史·张陈列传》："此亦各欲南面而王，岂欲为卿相终已邪？"（同上）

《庄·盗跖》："今者阙然数日不见，车马有行色，得微往见跖邪？"诸引"邪"字所助之句，各有"宁""岂""得微""庸讵"等字先之，与"乎"字所助拟议之句同，而正意反说、反意

正说亦同。（同上）

以上共五例，唯第二例用“耶”字，其余皆用“邪”字。前两例仅用助字表示设问或委婉的反问，后三例加用状字表达反问语气。马氏于《鲁语》一例之分析表明，辨别是“设问”（反问）还是“询问”，当以有疑无疑为准。

《文通》又云：“‘邪’字助咏叹之句，亦时带有拟议之意。”（372 页）例如：

《易·系辞》：“乾坤其易之门邪！”（372 页）

《庄·逍遥游》：“天之苍苍，其正色邪！其远而无所至极邪！”诸引皆有“其”字与“邪”字相应以为咏叹者。（同上）

又《知北游》：“庄子曰‘在蝼蚁。’曰‘何其下邪！’曰‘在瓦甓。’曰‘何其愈甚邪！’”（同上）叠用“邪”字，咏叹其意，拟议其貌耳。（同上）

上引三例，马氏皆归入咏叹而带有拟议之句。除后一例确实如此之外，其余二例似乎不确。第一例似为测度句，说是“拟议”未尝不可，但绝非“咏叹”。第二例似为选择问句，也绝非感叹句。

（四）“欤（与）”字

（1）置于句末。

《文通》云：“‘欤’字，古同‘与’。‘与’字以助设问，以助拟议者其常，而以助咏叹，则不若‘哉’字。”（372~373 页）马氏通过比较指明了助字“与”字的特点。例如：

《论·学而》：“求之与，抑与之与？”（373 页）

《孟·梁上》：“王之所大欲，可得闻与？”（同上）

《史·屈原列传》：“子非三闾大夫与？”以上所引“与”字助句，皆疑而设问者。（同上）

《论·子罕》：“语之而不惰者，其回也与？”（同上）

《孟·公上》："管仲晏子，犹不足为与？"（同上）

《左·僖二十三》："其人能靖者与有几？"犹云"有几人能靖者与"也。（同上）

上引六例，前三例只在句末用"与"字，第四、五例除句末用"与"字外，其前还用"其""犹"等状字。但情况又有所不同。第一例，前后各用一"与"字，两句之间又用连字"抑"，显然是选择问句。此类句子，马氏又称为"两商之句"（374 页），并列举了大量的例句。二、三两例，"与"字分别用在语词或表词之后，以助设问。第四例，表词前有"其"字，推测多于疑问。第五例，"与"和"犹"呼应，疑问语气较强。最后一例，马氏似乎认为是谓语前置的句法，其实不然，"其人能靖者"是起词，"与"字置于句中，应当列入下一类才是。

（2）置于句中。

《文通》云："一切'与'字在句中者，并皆顿挫之辞，故于咏叹为近。"（374 页）例如：

《左·僖二十三》："其人能靖者与有几？"犹云"有几人能靖者与"也。（373 页）

《越语》："如寡人者，安与知耻？"犹云"安知耻与"也。（同上）

《礼·檀弓》："微与，其嗟也可去，其谢也可食。"犹云"其嗟也可去，其谢也可食与"也。"微"，"无"也。"无""亡"通。（同上）

《论·公冶长》："于予与何诛！""于予与改是！"犹云"于予何诛与""于予改是与"也。盖深责而叹之之辞也。（374 页）

以上四例，马氏皆用替换法把"与"字移至句末，仍视为语末助字。就前二例来看，未尝不可。但后二例不宜如此。第三例，"微"通"亡"，是个表选择的虚字，把其后的"与"仍当作表疑问的助字，而且与"微"连在一起还加上标点，似乎不伦不类。"微与"即"无其"、"亡亦"，都是表示选择的连词，当与“其嗟也”连读，“与”字后的逗号应当删去。第四例，“与”字置于专名之后，不妨看作表停顿的语气词。

(五)“诸”“夫”

《文通》云：“‘诸’字长于设问，‘夫’字工于咏叹。若拟议，则两字皆兼焉。”(375页)例如：

《论·先进》：“子路问：‘闻斯行诸？”犹云“闻斯行之乎”也。“之”，指所闻也。(375页)

《孟·梁下》：“人皆谓我毁明堂，毁诸已乎？”犹云“毁之乎，抑不毁之乎”也。以上皆“诸”字之助设问句也。(同上)

又《滕下》：“有楚大夫于此，欲其子之齐语也，则使齐人傅诸，使楚人傅诸？”此两商之辞也。(同上)

《庄·应帝王》：“人孰敢不听而化诸！”此拟度之辞也。(同上)

《孟·公下》：“王如改诸，则必反予。”此冀幸之辞也。(376页)

《诗·日月》：“日居月诸。”“月诸”者，《毛传》解为“乎”字。(同上)

以上六例，前四例之“诸”等于“之乎”，按马氏所说，“之”字皆有所指。其实，用于句末的“诸”字，是一个空头宾语“之”和传疑助字“乎”的复合体。第二例“毁诸已乎”，“诸”“乎”并用，可见“诸”实际上就是“乎”。而“乎”字可用于询问（第一例），可用于选择（第二、三例），也可用于反问（第四例）。第五例之“诸”，可解作代字“之”，是“改”字的止词。即使解“诸”为“之乎”，那“乎”字也仅表停顿，并非“冀幸之辞”。最后一例“诸”即“乎”，其作用与“日居”之“居”一样，表示停顿兼咏叹。

至于“夫”字，《文通》引赵岐注曰：“夫，叹词也。”并加评论云：“赵岐以‘夫’字在句末，专解叹词，不知‘夫’‘诸’两字之为助字，仍不失有代字之意。”（375页）例如：

《左·隐三》：“立穆公，其子飨之，命以义夫！”（376页）

《庄·齐物论》：“汝闻人籁而未闻地籁，汝闻地籁而未闻天籁夫！”“夫”字殿句，皆有量度口气。且“夫”字一顿，有反指本句之事之意。（同上）

《论·子罕》：“逝者如斯夫，不舍昼夜。”（同上）

《礼·檀弓》：“仁夫公子重耳！”（同上）

上引四例，前两例“夫”字用于句末，表示测度兼感叹；后两例用于句中，主要表示感叹语气。可见，赵岐对“夫”字的解释并不错。“夫”字用于句首，说它“仍不失有代字之意”，还比较符合事实；而用于句末，则非如此，马氏未免拘泥。

有关传疑助字阐述，有两点值得我们注意。

其一，以上所说各个助字大都可以表达“设问”“拟议”“咏叹”三类语气，但马氏同时指出其中有一个“其常”与“非其常”的辩证关系（参见362页、366页）。所谓“其常”指其基本职能，“非其常”指其非基本职能。

其二，马氏在分析助字运用时，十分注意经籍使用助字的特点。例如：

《公》《谷》两传，皆设为问答以解经。《谷梁》则问答两句，概殿“也”字，而《公羊》则殿于答句者为常，其问句煞以“也”者未之见也。此亦其笔法使然耳。（333页）

《公羊传》又以“尔”字助询问之句，而带有若是之义。……又《公羊传》所独也。（349页）

《论》《孟》问句，其助概用“乎”字有如此者。诸引句所问之事，既无忌讳，“乎”字最宜。而凡问句助以“乎”字者最多，他字不若也。（362页）

“邪”字在《四书》《左传》不多见，自《语》《策》诸子始

用之。"邪"系楚音，此战国时南学渐北之证。（370 页）

以上是有关经书典籍使用助字方面的风格、地域之差异的探讨，相当有参考价值。

第四节 合助助字

《文通》云："合助助字者，或两字叠助一句，则谓之双合字。或叠三字，则谓之参合字。——故凡句之有合助者，大抵皆由咏叹而发。又凡助字之叠助一句也，各以本意相加，非以二三字之合助而更幻一新意者也。"（377 页）这里有两点值得注意：一是从语用层面来说，助字叠用大抵是为"咏叹"；一是从语义层面来说，助字合用仍是各助字之"本意相加"。

（一）传信助字合助

《文通》云："惟以传信助字双合以助句者，如是则'矣''已'两字为殿者其常，'耳''尔'两字亦间用焉"（377 页）例如：

《论·学而》："赐也始可与言诗已矣。""已矣"者，双合助字，皆以状句中"可"字也。（377 页）

又《子张》："就有道而正焉，可谓好学也已。""也已"者，"也"字断词，所以助"好学"也。"已"字助"可"字，所以决其已然也。（378 页）

《孟·离上》："人之易其言也，无责耳矣。""耳矣"者，犹言"止此矣"也，或言"而已矣"也。（同上）

《礼·檀弓》："唯祭祀之礼，主人自尽焉尔。""焉尔"者，"焉"乃句中顿挫之辞，"尔"仍解若"如此"，又解若"而已"也。（同上）

《文通》又云："以传信助字参合以助句者，则惟以'矣'字为殿。凡以传信助字为殿者，从未见有参以传疑助字者也。"（378 页）例如：

《论·泰伯》:“泰伯其可谓至德也已矣。”“也已矣”者,参合助字也。其实“也”贴“至德”,而“已矣”两字重言以决其事之已定而无可少疑也。(378 页)

《礼·祭统》:“夫铭者,壹称而上下皆得焉耳矣。”“焉耳矣”者,亦参合助字也。“焉”,辞之顿挫也。“耳矣”者,犹“而已矣”也。(379 页)

(二)传疑助字合助

《文通》云:“惟以传疑助字双合为助者,则惟以‘乎哉’两字为殿。”(380 页)例如:

《论·颜渊》:“为仁由己,而由人乎哉!”以“乎”字煞句,续以“哉”字咏叹也。(380 页)

《庄·齐物论》:“民湿寝则腰疾,偏死,鳅然乎哉!”(同上)

《礼·檀弓》:“吾纵生无益于人,吾可以死害于人乎哉!”(同上)

(三)传信助字与传疑助字合助

《文通》云:“其以传信助字与传疑助字双合为助者,则惟传疑者殿句,殿以‘乎’‘哉’两字者其常,殿以‘与’‘夫’两字者有焉,而殿以‘邪’字者仅矣。”(379 页)例如:

《论·子路》:“子曰:‘庶矣哉!’”“矣哉”者,双合助字也。“矣”,助字之传信者。“哉”,传疑者。殿以“哉”字者,叹辞也。(379 页)

《齐策》:“若乃得去不肖者而为贤者狗,岂特攫其腓而噬之耳哉!”“耳哉”者,犹“而已乎”也。(同上)

《诗·终南》:“其君也哉!”“也哉”者,“也”字助句,加“哉”字以为量度咏叹也。(同上)

《礼·中庸》:"父母其顺矣乎!""矣乎"者，双合助字也。"顺矣"者，言效也，"乎"，叹辞也。(同上)

《论·阳货》:"女为《周南》《召南》矣乎?""矣"者，已经也。"乎"者，设问而拟议之辞也。(同上)

《左·成二》:"无为，吾望尔也乎?""也"以煞句，"乎"以设问。(同上)

《礼·中庸》:"舜其大孝也与!""也"煞句，加"与"字以咏叹也。(同上)

《论·雍也》:"君子博学于文，约之以礼，亦可以弗畔矣夫!""矣"煞句，"夫"咏叹而回指前文也。(同上)

《庄·大宗师》:"然而至此极者，命也夫!""也"煞句，"夫"叹辞。(同上)

又《人间世》:"且得有此大也邪!""也"助句，"邪"拟议之辞也。(同上)

《文通》又云:"其以两种助字参合为助者，亦惟以'哉''乎'两字为殿。"(380页)例如:

《左·襄二十五》:"其人曰:'死乎?'曰:'独吾君也乎哉!'曰:'行乎?'曰:'吾罪也乎哉!'"'也"以煞句也，"乎"以自问也，'哉'以感叹也。(381页)

《礼·檀弓》:"我吊也与哉!""也"以助句也，"与"以拟议也，"哉"以慨叹也。(同上)

《论·雍也》:"女得人焉耳乎?""焉"在句中，所以顿挫也，而亦有于此之意。"耳(尔)"字仍解"止此"与"如此"也。"乎"以疑问也。(同上)

《文通》最后强调说:"总之，合助之字，各抱本意，藉以毕达句中所孕之辞气耳。助字之秒，惟古人能用之，周秦以下无继之者。"(381页)这里说的有两层意思。其一，强调合助之助字各司其职，并非"更幻一新义也”。其二，如果撇开对古人的过分赞赏这一层，马氏似乎意识到汉语的语气词在周秦以后发生了很大的变化，我们不能完全否认他对语法演变的敏锐的感觉。

（四）关于合助助字的再考察

本节引用了有关助字合用的大量例句，几乎涵盖了所有合用助字的组合类型。其目的有二：一方面，《文通》也是传统助字合用研究的集大成者，它不仅继承了前人的研究成果，而且还有所发展。从以上转引的例句及其分析即可看出，该书系统地描写了合用助字的排列顺序，并运用转换分析的方法把各个助字的负载功能落到实处。另一方面，《文通》对助字合用的研究，今天看来也有某些不足之处。通过上引各种助字组合类型的例句，我们可以作进一步的考察，以便得出新的结论。

首先，《文通》划分助字为“传信”和“传疑”两类，未免有些粗疏。从以上转引的例句及其分析来看，应当分为“传信”“传疑”“传叹”三类比较合适。譬如“乎”“哉”二字，“乎”兼表“询问”与“咏叹”，“哉”则主要表示“咏叹”。分为三类，不仅能够准确地表述各类助字的性质与作用，而且更能说明其组合方式的合理性。

其次，不仅三类助字所载信息的易难程度有差异，譬如“传叹（反问）”难于“传疑”，“传疑”难于“传信”；而且某类各助字之间也有差别，譬如就传信助字之传信度而言，“矣”大于“耳、已”，“耳（已）”大于“也、焉”。就传疑助字的组合功能而言，“乎”大于“与、邪”，“与、邪”大于“哉”，因为“哉”字主要表示感叹。

最后，根据我们的考察，文言助字合用的顺序是固定的，因为它严格遵守下列三条原则：第一，由弱至强的排列原则。这条原则仅适用于传信助字，即传信助字合用必须依据助字表信度由内而外的弱强次序来排列组合。譬如上引例句中的“也已”、“已矣”、“也已矣”。第二，由易至难的排列原则。这条原则适用于异类助字，即“传信”易于“传疑”，“传疑”易于“传叹”。譬如上引例句中的“矣乎”、“乎哉”、“也夫”、“也哉”、“也乎哉”。第三，同一层面之助字不能合用的原则。这条原则适用于传疑助字，因为它们在逻辑上属于反对关系，所以不能同现。譬如“乎”、“与”、“邪”，其传疑度是相同的，区别只在于组合能力有别，因此该三字不能合用。这里应当强调一点，即无论哪一种组合，其语气之重点是落在末尾一个助字上。

本章小结

首先，依据汉语本身的特点，在词类中设立“助字”一类，这是马氏的创见卓识。在此以前，所谓“助字”是泛指虚词。

其次，《文通》有关助字的分类，为古代汉语语气助词的分类奠定了基础，尤其是区分助字用法之常与非常，给后来的语法研究者以深刻的启示。

再次，马氏以语气为标准来划分句类，是汉语句型学的最早尝试。这是《文通》明显创新的一面。

附：叹　字

《文通》云：“凡虚字以鸣心中不平者，曰叹字。”（381 页）

（一）常用叹字

《文通》云：“叹字终于单音，而极于三音，至矣。其发而叹美、为伤痛者，或音同而字异，或字同而情变，所谓随事见情，因声拟字，不可拘也。至应答呵责之字，有声无义，亦附识焉。”（382 页）这里不仅说明了“叹字”的性质与特点，而且给“叹字”大体划分了类别。例如：

“於”，叹辞。加一言则曰“於乎”，或作“於戏”，又作“呜呼”，其义一也。“噫”，叹声。《释文》“噫”作“意”。是则“噫”“意”“抑”“懿”并皆字异而同音，而情则随事而有变也。（382 页）

“嘻”，叹声。“诶”“唉”“熙”等字，并字异而同意。（同上）

“吁”，叹声，与“呼”通。（同上）

“谘”，“兹嗟”，或作“嗟兹”“嗟子”者。《诗》作“嗟嗟”“于嗟”，亦叹辞。（382~383 页）

以上显然是按音系归类。又如：

"已"，《孔传》"发端叹辞"。"吓"，恐之之声也。"咄"，戏弄之声也，又怒斥之辞也。"夥颐"，惊叹之声。"都""俞""唯""然""诺"，并是应答之声。"叱嗟"，怒斥之声也。"意乌"，又作"暗恶"，"猝嗟"，犹"咄嗟"也，皆怒声也。"訾"，呵责也。（383 页）

以上主要是表示惊恐、应答及怒斥的叹字。

（二）叹字的位置

《文通》云："叹字既感情而发，故无定位之可拘。"所谓"无定位之可拘"，即独立于句法结构之外。（383 页）例如：

《礼·大学》："於戏，前王不忘。"（同上）

《赵策》："嘻，亦太甚矣先生之言也。"（同上）

《庄·庚桑楚》："已，我安逃此而可！"以上诸引叹辞，皆在句首者。（383~384 页）

《礼·檀弓》："天不遗耆老，莫相予位焉，呜呼哀哉！尼父！"（384 页）

《庄·徐无鬼》："戒之哉，嗟乎，无以汝色骄人哉！"以上所引叹辞，皆在句中者。（同上）

《诗·节南山》："民言无嘉，憯莫惩嗟。""嗟"在句末，叹辞也。（同上）

《庄·大宗师》："而已反其真，而我犹为人，猗！""猗"者，亦句末之叹声也。（同上）

叹字这个字类，其内容极为简单，因而篇幅也十分简短。但在马氏的有关阐述中，除了涉及叹字的性质与作用、类别与位置以外，还有两点值得重视。其一是"有声无义"。叹字只是透过声音表达某种情绪或应对，所谓"无义"不仅指没有词汇意义，就是语法意义也最为空灵。其二是"因声拟字"。既是模拟音声，对表意体系的汉字来说，自然是运用"假借字"，这就必然字形不定，因人而异。

第十章　句　读

《文通》于卷十开头一段再次交代“句”和“读”的界说之后，简要地阐明了三项内容：一是前九卷各卷内容的安排；二是写作本卷的目的，即“论夫起、语两词之成为句、成为读者”；三是本卷与前数卷内容之联系与分工，以及本卷之结构安排。马氏云：“此卷所论者，有已散见于前者，有未见者。今则散见者总之，未见者补之。支分节解，先纲后目。”（385 页）这是强调，句读问题，应当将以前数卷中之内容相关者与本卷之内容参合来看，以见其完整之系统。

第一节　句成分的省略和变化

（一）起词的省略和变化

《文通》云：“凡句读各有起词。为起词者，名、代、顿、读四者皆习见焉。”（385 页）马氏认定，在句读中充当主语的，除各种词组以外，一定是名词或代词。这和现在流行的观点显然不同。

（1）泛论事理或对话性的句子省略起词。例如：

《论·学而》：“子曰：‘道千乘之国，敬事而信，节用而爱人，使民以时。’”四单句，皆无起词。盖泛论治国，起词即治国之人也。此则华文所独也。（387 页）

《史·淮阴侯列传》：“盖闻天与弗取，反受其咎。时至不行，反受其殃。”四句，“弗取”“不行”者谁，“受咎”“受殃”者又谁，皆未指明，盖公论也。（同上）

《论·公冶长》：“子曰：‘忠矣。’曰：‘仁矣乎？’曰：‘未知，焉得人！’”皆对语答问之句，起词在上，故本句可删。（同上）

（2）祈使句（“命戒之句”）省略起词。例如：

《论·雍也》：“子曰：‘毋，以与尔邻里乡党乎！’”此禁止之辞，“与”者何人，不明言，其实犹对语者然。（388 页）

《左·襄十四》：“来，姜戎氏！”即命之辞。（同上）

《孟·告下》：“初命曰：‘诛不孝，无易树子，无以妾为妻。’”

《史·商君列传》：“不告奸者腰斩，告奸者与斩敌首同赏。”两引一盟一诫，诸句皆无起词。（同上）

（3）起词承上文而省略。这里包括两种情况：其一，“读如先句，句之起词已蒙读矣”（388 页），其二，“句读起词既见于先，而文势直贯”（389 页）。其实在今日看来，这两种情况并无本质区别。例如：

《孟·梁上》：“寡人之于国也，尽心焉耳矣。”“寡人之于国也”一读，冒下句。“寡人”起词，已蒙读矣。下句“尽心焉耳矣”之起词，可不重提。（388 页）

《论·子罕》：“吾少也贱。”“吾”既为“少也”一读之起词，又为“贱”字一句之起词。（同上）

《论·子张》：“士见危致命，见得思义，祭思敬，丧思哀，其可已矣。”凡五句，皆以“士”为起词。而既见于首句，以其文势直贯至终，故“士”字不复再见矣。（389 页）

《荀·荣辱》：“彼臭之而慊于鼻，尝之而甘于口，食之而安于体，则莫不弃此而取彼矣。”共计读三，句四，除收句外，皆以“彼”代字为起词也。（同上）

《左·僖二十五》：“晋侯朝王，……请隧，弗许。……与之阳樊温原攒茅之田。”共四句，“晋侯朝王”句，“晋侯”起词，“王”止词也。“请隧”之起词，“晋侯”也；“弗许”之起词，“王”也；“与之”之起词，亦“王”也。以“晋侯”与“王”，一为起词，一为止词，既已先见矣，故以后诸句之起词，皆未再见者此也。（同上）

以上五例，前四例均为后句之起词，承前句之起词已见而省；后一例稍微不同，即后句之起词只要在前文已见，无论是起词或止词，均可省去。

（4）“无属动字”句及“有无句”没有起词。（390 页）

所谓“无属动字”句，是指由“无属动字”构成的非主谓句。这类句子本无起词。例如：

《史 · 汲郑列传》：“河南失火。”“失火”者，非“河南失”也，“于河南失”也。故“失火”无主，亦记变也。（189 页）

所谓“有无句”，是指由“有”和“无”两动字作语词的句子。此类句子间或亦无起词。例如：

《孟 · 梁下》：“今有璞玉于此。”于此见有璞玉也，至何人有此璞玉，则不言也。（179 页）

《礼 · 大学》：“未有上好仁而下不好义者也。”（180 页）

上述内容已分别见于卷四“无属动字”（参 189 页）与“同动助动”（参 179~180 页）两节，因而此处不再举例。

（5）公名代人为起词。（390 页）

从《文通》所列例句来看，有“以地代人”，有“以‘布衣’代衣之者”，有“以‘道路’代行之者”等等。这实际上是修辞上的“借代”，而不属于语法范围。

（6）多个句读共用一个冠于句首的起词。（同上）

《文通》云：“句读内有同指一名以为主次、为宾次或为偏次者，往往冠其名于句读之上，一若起词者然，避重名也。”（390 页）例如：

《论 · 季氏》：“夫颛臾，昔者先王以为东蒙主，且在邦域之中矣，是社稷之臣也，何以伐为！”“夫颛臾”三字冒起，一若起词者然。第一读犹云“先王以颛臾为东蒙主”也。是“颛臾”乃“以”字后之止词，则为宾次。第二读犹云“且颛臾在邦域之

中矣”也，则“颛臾”在主次。今“颛臾”冒之于先，故以后句读内所当位之者，皆隐指焉。（390 页）

《史·老庄列传》：“鸟吾知其能飞，鱼吾知其能游，兽吾知其能走。”三读“其”字各指其前置之名。（391 页）

韩文《释言》云：“若夫狂惑丧心之人，蹈河而入火，妄言而骂詈者，则有之矣，而愈人知其无是疾也。”文家谓此句以“而愈”一转，先提“愈”字醒目。实则与“鸟吾知其能飞”句同法。此例为华文所独，故不惮繁引如是。（392 页）

马氏列举大量此类例句并进行了较为详尽的分析，最后还说“此例为华文所独”。对于这一类句子中冠于句首的“起词”，早先的语法学家分析为句子形式作谓语，近时之语法学者或称为“话题主语”。马氏所说与后者比较相近，是符合汉语的语法特点的。

（二）语词的省略与变化

《文通》云：“凡句读必有语词。言语词，则内动、外动、受动，与凡为表词者皆赅焉。”（392 页）

（1）排句中语词相同者可以省略。（393 页）例如：

《左·僖十五》：“晋侯许赂中大夫，既而皆背之，赂秦伯以河外列城五，——既而不与。”“晋侯许”三字，“晋侯”起词也，“许”坐动也。所“许”者，“赂中大夫”与“赂秦伯”也，而“赂秦伯”之坐动字为“许”字，同乎首句，故删之。（393~394 页）

《孟·万上》：“吾闻其以尧舜之道要汤，未闻以割烹也。”“吾闻”后两排读，坐动字即“要汤”也，故第而读内删去。（同上）

（2）含比较的进逼句中，用以作比的语词必不出现。（394 页）例如：

《史·货殖列传》：“夫千乘之王，万家之侯，百室之君，尚犹患贫，而况匹夫编户之民乎？”其与“王”“侯”“君”比者，“匹夫编户之民”也，其语词省而不书，是犹云“而况匹夫编户

之民，能不患贫乎。”（394 页）

《孟·公上》：“以齐王，由反手也。”犹云“以齐王之易，犹反手之易也”。“易”静字，而为表词，即两比句之语词也，此平比也。（395 页）

《论·先进》：“季氏富于周公。”犹云“季氏之富，更富于周公之富”也。两人之“富”，即所以比也，皆省而不书。此差比也。（同上）

以上三例，马氏统归于所谓“比拟句读”。单纯从语义的角度来说，未尝不可；若从句法着眼，三句的性质并不相同。第一例应当是进逼复句，其后一分句的谓语（语词）并非“可省”，而根本就不出现。第二例当为比喻句，是修辞问题，比喻的属性可出现，也可不出现。第三例才是真正的比较句，表示比较属性的形容词一般只出现一次即可。把这三例都看成“语词省略”，显然是不够严密的。

（3）语词先置。

《文通》云：“咏叹语词，率先起词。”又云：“‘何’字询问，有先起词者，惟为表词则然。”（393 页）例如：

《左·成二》：“异哉，夫子有三军之惧，而又有桑中之喜。”（同上）

《论·子路》：“何哉尔所谓达者？”（同上）

上引前一例是感叹句，语词“异”字前置；后一例是询问句，表词“何”字前置。

（4）起词表词之间一般不用断辞。（395 页）例如：

《左·隐元》：“制，岩邑也。”“岩邑”，本名而为表词也，“制”其起词也。中无断辞如“为”“是”“即”之类，唯“非”字不省。（395 页）

《孟·公下》：“持其志，无暴其气者，何也？”“何”为表词，起词一读，无断辞间焉。（同上）

《论·先进》:“德行，颜渊、闵子骞、冉伯牛、仲弓；言语，宰我、子贡。”诸引表词，无助无断。(395~396 页)

以上所说皆判断句，前一例是名字为表词，次一例是询问代字为表词。王力明确指出，上古汉语判断句一般不用系词，并非“省略”问题。后一例是几个人名并列为表词，可是，此前在论及“凡先提一事而后分陈者，亦曰加词”时，也举此例。这是由于马氏未能明确“加词”的范围而引起的纠葛。

(三)止词先置的类型

(1)止词置于句首

《文通》云:“外动字之止词而为意之所重者，率先弁诸句首。”(396 页)例如:

《论·公冶长》:“巧言，令色，足恭，左丘明耻之，丘亦耻之。”“耻”外动字，其止词为“巧言令色足恭”，以其为意之所重，弁诸句首。“耻”上既无弗辞，故其后加代字为止词以重指焉。(396 页)

《魏策》:“夫挟强秦之势以内劫其主，罪无过此者。”以“此”字代“之”字以指前顿。(397 页)

《左·僖二十三》:“晋郑同侪，其过子弟，固将礼焉。”“焉”指子弟。(398 页)

《论·先进》:“弑父与君，亦不从也。”所“不从”者，“弑父与君”也，“不”字状焉，故不重指。(同上)

《左·僖二十八》:“楚君之惠，未之敢忘。”“未”字为状，故以重指代字，先乎其外动字也。(同上)

以上数例，马氏皆分析为“止词”“弁诸句首”。这是纯从语义着眼。若从句法着眼，以上五例当分别对待。第一例“巧言令色足恭”应视为话题主语，其后是主谓词组作谓语。第二例应看作承接复句。第三、四例亦当作复句来分析。第五例与第一例同。

（2）否定句，代词宾语前置。

《文通》云："凡外动字状以弗辞，或起词为'莫''无'等字，其止词如为代字者，概位乎外动之先。"（399页）例如：

《左·襄十五》："余恐乱命，以不女违。""违"字外动，其止词"女"代字，故先焉。（399~400页）

《齐语》："故天下小国诸侯既许桓公，莫之敢背。""莫之敢背"者，"莫敢背之"也。"莫"为起词，"之"乃先焉。（400页）

（3）疑问句，疑问代词宾语前置。

《文通》云："询问代字为止词，则先其动字；为司词，则先其介字。"（400页）例如：

《论·子路》："子将奚先？""奚"止词，今先"先"字，询问代字也。（401页）

《公羊·宣六》："夫畚曷为出乎闺？""曷为"者，"为何"也。"曷"先介字，亦询问代字也。（同上）

（4）非代词宾语前置。

《文通》云："止词非代字而有先焉者。"（400页）又云："止词先乎动字者，倒文也。动字如有弗辞或有疑辞者，率参'之'字。辞气确切者，或参'是'字。"（401页）例如：

《左·昭二十四》："老夫其国家不能恤，敢及王室？""国家"名字，而亦先焉矣。（400页）

《史·项羽本纪》："臣死且不避，卮酒安足辞？"犹云"臣且不避死，安辞卮酒"也。（同上）

《左·僖十五》："君亡之不恤，而群臣是忧，惠之至也。"犹云"君不惜其亡而惟忧群臣"也，皆倒文也。一有弗辞，则参"之"字，一有专辞，则参"是"字。（401页）

上引三例，前两例为强调宾语而提前；后一例宾语提前而分别加“之”“是”字。

（四）转词的位置及介字的应用

《文通》云：“凡转词系于动字者，其先后之位，与所用介字，一以所系动字之类为别。”（401 页）这是说，转词的或先或后及介字的用与不用，与动字的义类有关。其中，举了如下一个例句：

《左·隐元》：“公语之故，且告之悔。”“语”“告”两动字后，所有“故”“悔”两字皆转词，并无介字为介。（401 页）

然而此前，阐述“外动字”一节时曾云：“‘教’、‘告’、‘言’、‘示’诸动字后有两止词，一记所语之人，一记所语之事。”（152 页）而所举例句中，也有上引一例，并加分析：“‘语’‘告’两字后‘之’，指告语之人，曰‘故’曰‘悔’，乃告语之事。”显然，前后说法不一。自黎锦熙《新著国语文法》问世以来，语法学界一般都把这一类句子当作“双宾语”结构。

转词以其所记分为以下几类：

（1）处所转词。《文通》云：“记处转词，有有介、无介之别。”（401 页）例如：

> 《左·庄二十八》：“楚公子元归自伐郑，而处王宫。”“自伐郑”者，言从来之处也。（402 页）
>
> 《史·五帝赞》：“吾尝西至空峒，北过涿鹿，东渐于海，南浮江淮矣。”“过涿鹿”，“浮江淮”，记所经之处也，无介字。（同上）
>
> 《左·隐元》：“大隧之中，其乐也融融。”“大隧之外，其乐也泄泄。”（同上）

上引三例。前二例之转词，有用介字者，如“自伐郑”、“渐于海”，有不用介字者，如“至空峒”、“浮江淮”。后一例，马氏是把“大隧之中”与“大隧之外”当作“转词”。可是，《文通》在论及“状语有为顿者”

时又云："凡以'后''先''中''外'等字记时与处者，皆类此。"（407页）显然不够严密。

（2）记时转词。《文通》云："记时转词，概无介词为介。"（402页）例如：

> 《左·僖二十四》："蒲城之役，君命一宿，女即至。""一宿"，记时之间也。（402页）
>
> 《孟·尽下》："由孔子而来，至于今百有余岁。"记既往至今之时也。（同上）

《文通》还补充说："凡记此四时，类无介字为介，然终不失有介字之义，故以列于转词。"（403页）在马氏看来，记时之转词，其前总隐含一介字，这是他把记时词语列入转词的原因。

（3）其他转词。《文通》云："凡记价值、度量、里数、距度之文，皆无介字为介，而记事之所以、所为者，则介介字。"（403页）例如：

> 《庄·逍遥游》："客闻之，请买其方百金。""百金"，记价也。（同上）
>
> 《左·哀元》："楚子围蔡，报柏举也。里而栽，广丈，高倍。""里而栽"者，言距蔡城一里而版筑也；"广丈高倍"，言度也。（同上）
>
> 《孟·离下》："子产听郑国之政，以其乘舆济人于溱洧。"记所以"济"也。（同上）
>
> 《史·游侠列传》："解布衣，为任侠行权，以睚眦杀人。"皆言故，以"以""为"两字介焉。（同上）

以上四例，前两例无介字，后两例用介字。

通过以上内容的阐述和分析即可看出，马氏已经充分注意到汉语自身的特点，这就是句法组合的灵活性和随意行文的流动性。

第二节 “顿”和“读”

（一）“顿”的性质和作用

《文通》云：“凡句读中，字面少长，而辞气应少住者，曰顿。顿者，所以便诵读，于句读之义无涉也。”（404页）这里说得很清楚，“顿”是传统“句读”中的一个名称，不是一个语法术语，几乎完全是从诵读上着眼的，因而其界说也不是一个语法学上的定义。但仔细体味，再联系其“顿之为式”，所谓“顿”又似乎指句法层面中字与字相结合而成的非主谓结构的词组。

（1）“顿”为起词。（404页）例如：

《秦策》：“当此之时，天下之大，万民之众，王侯之威，谋臣之权，皆欲决苏秦之策。”起词排顿四，每顿皆以名为偏次焉。（404页）

《左·昭三十一》：“若艰难其身，以险危大人，而有名章彻，攻难之士将奔走之。”“攻难之士”者，起词也，一顿。“攻难”者，外动偕止词而为偏次也。（同上）

《庄·齐物论》：“百骸，九窍，六藏，赅而存焉。”起词三物名，亦各为顿，排行故也。（同上）

又：“喜怒，哀乐，虑叹，变热，姚佚，启态，乐出虚，蒸成菌。日夜相代乎前，而莫知其所萌。”“相代”之起词，即前“喜怒”等十二字。每顿二字，共六排。（同上）

《左·宣十二》：“伐叛，刑也；柔服，德也。”“伐叛”“柔服”两顿，各为起词，每顿皆以外动偕其止词为之。（404~405页）

《易·系辞》：“是故夫象，圣人有以见天下之赜，而拟诸其形容，象其物宜，是故谓之象。”此节首“是故夫象”一顿，有若起词，然以为下文所指也。（405页）

以上共六例。前五例所提及之“顿”，以今日观之，有偏正词组，如“天下之大”、“谋臣之权”、“攻难之士”、“百骸”、“六藏”等；有并列词组，如“喜怒”、“哀乐”、“启态”等；还有动词性词组，如“伐叛”、“柔服”等。而第六例之“是故夫象”，却仅仅是诵读意义上的停顿，丝毫没有句法上的意义。若从句法来看，“是故”是连字，联系本节与上节；“夫”是指名代字；而“象”是名字为起词。

（2）“顿”为语词。

《文通》云：“既曰语词，即句读矣，何以顿为？盖单行语词之为句读也，固矣。有时语词短而多至三四排者，诵时必少住焉，此其所以为顿也。”（405页）例如：

> 《汉·儒林传》：“今陛下昭至德，开大明，配天地，本人伦，劝学兴礼，崇化厉贤，以风四方，太平之原也。”“陛下”后，三字者四,四字者二，要皆为语词，谓之为顿也可，谓之为句也亦可。（405页）
>
> 《左·桓六》：“不以国，不以官，不以山川，不以隐疾，不以畜牲，不以器币。周人以讳事神，名终将讳之。故以国则废名，以官则废职，以山川则废主，以畜牲则废祀，以器币则废礼。——是以大物不可以命”共计前六顿，后五顿，皆有外动止词等字。是顿分二排，每排即可视作一句，而每顿谓之为句亦可。（406页）
>
> 《庄·齐物论》：“激者，号者，叱者，吸者，叫者，譹者，笑者，咬者。”共八顿（记其声），皆内动字衬以“者”字，以为表词也。（同上）

以上三例皆为语词之排行者。以今日观之，第一例之“昭至德”等三顿，是动宾词组；“劝学兴礼”等两顿，是两个并列的动词词组。第二例之“不以国”等六顿，是带“不”字的介宾词组；“以国则废名”等五顿，其实是谓词性的紧缩结构。第三例之“激者”“号者”等，是所谓“者字结构”。马氏所谓“顿”，其内涵之复杂由此可见。这里还有个问题，同样是“语词”（即动词性谓语），单行为句读，排行则为顿。这实际上是说，独立的述宾词组作谓语不是“顿”，而非独立的几个并列的述宾词组则为“顿”。设立两个标准，自然对析句不利。应当同样看作“句读”，而把句读排行的作为复句来对待。

（3）“顿”为止词、转词。例如：

> 《左·昭十二》：“楚子……使荡侯、潘子、司马督、嚣尹午、陵尹喜帅师围徐以惧吴。”“使”后止词五本名，排作五顿。（406页）
>
> 又“昔我先王熊绎，与吕汲、王孙牟、燮父、禽父，并事康王。”“与”介字，后四本名，四顿。此转词之顿也。（同上）

上引二例所言之“五顿”、“四顿”，实际上是由名词构成的并列词组。

（4）“顿”为状语。

《文通》云：“凡状字或名字，集至两字或三四字，以记时记处者，往往自成一顿，无所名也，名之状语。”（407页）这里所谓“状语”，与《文通》字类里所说的“状字”，其内涵显然不一样，倒是与今之所谓“状语”有些近似。例如：

> 《史·曹相国世家》：“乃者我使谏君也。”“乃者”，状字记时之顿。（407页）
>
> 又《匈奴列传》：“自是之后，汉使欲辨论者，中行说辄曰。”“自是之后”一顿，记时。凡以“后”“先”“中”“外”“间”“侧”等字记时与处者，皆类此。（同上）
>
> 《左·隐元年》：“五月，辛丑，太叔出奔共。”所记年月时日，皆各为一顿。（同上）
>
> 又《昭二十》：“聊摄以东，姑尤以西，其为人也多矣。”地名后介以“东“西”方向诸字，自成一顿，所以记处也。（407~408页）

上引四例中置于句首的所谓“顿”，有副词“乃”，“者”是表顿宕的语气助词；有偏正词组“五月”；有名词“辛丑”；有方位词组“自是之后”、“聊摄以东”等。这些“顿”在句子里充当状语。

(5)“顿”为同次。(408 页)例如:

《庄·达生》:“臣工人,何术之有?”“臣”者,梓庆自称,一顿;“工人”,自称所执之事,与“臣”同指梓庆一人,故为同次,一顿。此同次之为顿也。(408 页)

《左·隐十一》:“郑伯使许大夫百里,奉许叔以居许东偏。”“百里”一顿,与“许大夫”同为宾次。(同上)

以上所谓“同次”,即今之“同位语”。马氏把“臣”与“工人”各析为一顿,又看出其所谓顿,是诵读之顿,并非句法之顿。若为句法之顿,当视“臣工人”和“许大夫百里”各为一顿才是。

(6)“顿”为言容诸语。

《文通》云:“句读中往往有连两字三字或四字五字,以肖面貌、体态、服制、情性、材质等事,类若状语,而颂时应少住者,故谓之言容之顿。”(409 页)例如:

《孟·滕上》:“孔子曰:‘君薨,听于冢宰,啜粥,面深墨,即位而哭。”“啜粥”两字,“面深墨”三字,间于句中,非起词,非语词,惟言谅阴之容。又“啜粥”者,外动与止词也,而“面深墨”者,则名字与其表词也,似读非读,与上下文无涉也。无可强名,故谓之顿,视同状辞耳。(409 页)

《左·文元》:“且是人也,蜂目而豺声,忍人也,不可立也。”“蜂目而豺声”一顿,言其“目”如“蜂”而“声”如“豺”也。(同上)

此节论析,存在两个问题。首先,“言容之顿”的提法不伦不类。前面所说的五项,即“顿”为“起词”、“语词”、“止词”、“转词”、“状语”及“同次”,都是句法层面的单位;而这一项所谓“言容之顿”,却是就语义而言。二者不属于同一范畴。其次,对例句的具体分析有失偏颇。试看上引前一例。《文通》云:“凡有起、语两词而辞意未全者曰读。”据此界说，“面深墨”当为“读”。又据其对《史记·孔子世家赞》的分析，把其中“适鲁”析为“言地之读”，“当时”析为“言时之读”，那么“啜粥”亦当为“读”。再从文意来看，“听于冢宰”、“啜粥”、“面深墨”、“即位而哭”四读，都是陈述“君薨”之后，嗣君“谅阴”（守孝凶庐）期间节制自己言行仪容的事项。如此，怎么能说“啜粥”和“面深墨”是“似读非读，与上下文无涉”而“视同状辞”呢？“听于冢宰”以下，都是语词，其起词“君”承前省略。（详参《文法学及其散论》）

总之，以上是按照《文通》的框架把有关“顿”的内容加以条理化，其中的分析包含着不少矛盾。这是因为马氏自己并没有把“顿”提升到语法学的层面，其目的是“便诵读”，因而“于句读之义无涉也”。在这一点上，我们只有采取实事求是的态度，才能真正地读懂《文通》。

（二）“读”的性质与形式

《文通》云：“凡有起词、语词而辞气未全者，曰读。读有读之式，有读之用。读之式有二，曰记，曰位。”（410 页）所谓“记”，指“读”的形式标志；所谓“位”，指“读”的位置先后。

据《文通》所云，其形式有三：“接读代字”，“起语两词之间参以‘之’字”，“弁读之连字”。（410 页，412 页）例如：

> 《公羊·庄十二》：“天下诸侯，宜为君者，唯鲁侯尔。”“宜为君者”，一读，而为起词也。“者”字，接读代字也。凡有接读代字者，斯为读。（410 页）
>
> 《左·成二》：“不可，则听客之所为。”“客之所为”者，止词也，一读，“所”字，接读代字也。（411 页）
>
> 《庄·人间世》：“回闻卫君，其年壮，其行独，轻用其国而不见其过。”“其年壮”“其行独”，两“其”字指“卫君”而居偏次，所以领读也。（同上）

以上三例之读，分别以接读代字“者”、“所”、“其”为其标记。又如：

《孟·公上》："北宫黝之养勇也，不肤挠，不目逃。"（412 页）

《左·襄二十九》："夫子之在此也，犹燕之巢于幕上。"历引诸读，或为起词，或为止词。其起词坐动之间，皆有"之"字参焉。（同上）

以上两例之读，皆于起、语之间加"之"字为标记。又如：

《左·隐十一》："寡人若朝于薛，不敢与诸任齿。"（412 页）

《汉·梅福传》："故诚能勿失其柄，天下虽有不顺，莫敢触其锋。"诸引内，有"若""虽"诸连字，皆所以为读之记，故所弁者皆读也。（同上）

《史·汲郑列传》："夫以大将军有揖客，反不重邪！""以"字，以其先乎句也，辞气未完，故所弁者为读。（413 页）

以上三例之读，皆有连字为其标记。其实，"若""虽"及"如""纵"等连字，一般都用于偏句，其说尚能成立。而"以""为""故"等用于正句时，就不再是读之标记了。例如：

《史·食货志》："圣王在上而民不冻饥者，——为开其资财之道也。故尧禹有九年之水，汤有七年之旱，而国亡捐瘠者，以畜积多而备先具也。"（413 页）

上引一例两句中，"为""以"两连字所在者，即马氏所谓句也。

（三）"读"的位置与作用

（1）"读"的位置。

《文通》云，读之"位亦有三"："读先乎句而有助字为殿"（413 页）；"读先乎句而有起词为联"（414 页）；"读先乎句而无起词为联"（415 页）。例如：

《左·文三》："君子是以知秦穆公之为君也，举人之周也，与人之壹也。""也"字煞读，先乎句。（413 页）

《楚策》："今妾自知有身矣，而人莫知。"（同上）

《荀·荣辱》："将以为智邪，则愚莫大焉。"以上所引"矣""邪"诸助字所煞之读，皆位先乎句。（413~414 页）

上引三例属于"有助字为殿"者。由此可以看出，所谓"读先乎句"，指的是复句中偏句与正句的先后位置。如第一例是承接复句，第二例是转折复句，第三例是假设复句。又如：

《左·隐三》："宋穆公疾，召大司马孔父而属殇公焉。"曰"疾"者，言"召"之故也，故为读。有其故而后有其事，故先读于句。"疾"也，"召"也，皆宋穆公也，故曰"宋穆公"为起词，所以联句读也。（414 页）

《史·吕后纪》："太尉尚恐不胜诸吕，未敢讼言诛之。"（同上）

上引二例属于"有起词为联"者。所谓"有起词为联"，即句与读共一起词（主语相同）。《文通》指出："总之，华文动字无变，故惟以动字之位之先后，以为读句之别。若泰西古今文字，其动字有变，故遇此种句法，率以动字之变同乎静字者为读，而句读判然矣。"（416 页）这一段论述说明，所谓"读"即相当于西方语言里的"副句"或"从属句"。在汉语里，"副句"或"从属句"一般位置在前，而"主句"或"正句"位置在后。又如：

《论·卫灵公》："立则见其参于前也，在舆，则见其倚于衡也，夫然后行。""立""在"之前，皆无起词，而"立""在"二字，先乎句而各自为读。（415 页）

《汉·西域传赞》："民力屈，财用竭，因之以凶年，寇盗并起，道路不通，直指之使始出。"自"民力屈"挺起，至"道路不通"，皆以记"直指"未"出"之情，斯谓之读。句读皆有起词，而又各不相共。（同上）

《礼·大学》："《诗》云：'宜兄宜弟。'宜兄宜弟，而后可以教国人。"叠接"宜兄宜弟"者，即有"若是"之解。故叠接者

自成为读矣。（416 页）

上引三例属于“无起词为联”者。这有两种情况：第一例“读”和“句”皆无起词；第二例“读”和“句”皆有起词，而不共有。第三例无非说明，“叠接”句之本句是“句”，而“叠接”者往往是“读”。

通过以上“助字为殿”、“有起词为联”、“无起词为联”三种情况的分析，我们只有一个印象，即上述区分并没有实在的意义。在汉语的复句里，偏句（副句、从属句）的位置在前在后，并非区分偏句和正句的依据，几乎完全是凭靠上下句的语义关系来辨别的。

（2）“读”的作用。

《文通》云：“读之用有三焉”：

其一，“用如名字”。（417 页）例如：

《论·公冶长》：“其行己也恭，其事上也敬，其养民也惠，其使民也义。”四起词之读煞以“也”字。（417 页）

《公羊·隐元》：“隐于是焉而辞立，则未知桓之将必得立也。”（418 页）

《庄·秋水》：“无形者，数之所不能分也。”（同上）

《左·宣十二》：“赵旃求卿未得，且怒于失楚之致师者，请挑战，弗许。”引内“于”字后，其所司者即读也，而为动字转词。（419 页）

以上四例，皆有读用如名字：第一例四读用为起词，第二例一读用为止词，第三例用为表词，第四例用为转词（“于”之司词）。

其二，“用如静字”。（420 页）例如：

《左·隐元》：“颍考叔，纯孝也，爱其母，施及庄公。”“纯孝”而煞以“也”字，所以表颍考叔之为人也。（420 页）

《孟·万上》：“天之所废，必若桀纣者。”犹云“天所废之人必如桀纣之人”也，故两读皆用如静字。（同上）

此节问题较大。且不说“用如静字”的提法与“读”的界说有矛盾，就是上引两句之分析也明显讲不通。先看第一例，其“纯孝”就不是读，因为没有起词；若说其起词为“颍考叔”，则“颍考叔纯孝也”才是一读，那么此读又是哪个起词的表词呢？（详参何容说）再看第二例，“若桀纣者”是表词，固然是“用如静字”；“天之所废”乃句之起词，怎么能说是“用如静字”呢？

其三，“用如状字”。（421 页）例如：

《论·卫灵公》：“居是邦也，事其大夫之贤者，友其士之仁者。”“居是邦也”一读，记所在之处。（421 页）

《左·僖二十七》：“楚子将围宋，使子文治兵于睽，终朝而毕，不戮一人。”“终朝而毕”，记时之读也。（422 页）

《庄·列御寇》：“凡人心，险于山川，难于知天。”所引各有比较之读，以状其所比之容也。（423 页）

《孟·离上》：“不以舜之所以事尧事君，不敬其君者也。”此设一“事君”不如舜，以观其合理与否也，故决之以为“不敬君者”也。而所以可为状读者，盖不如“舜之事君”，即以状“敬君”之何若也。（424 页）

以上四例，马氏皆视为“读”“用如状字者”。考察该节所有之例句，此说不能成立。第一例，“居是邦也”确是“读”“记所在之处”，但并非“用如状字”。“居是邦”是陈述起词，而不是用来“状”下文之动字的，应当看作复句的从属分句。第二例，“终朝而毕”是读，其中“终朝”对动字“毕”而言是记时，“终朝而毕”承接“子文治兵”而来，也是从属分句。第三例，“险于山川”、“难于知天”确是“比较之读”，但不是“用如状字”。其中“山川”是两名字，“知天”是动字带止词，但皆为“于”字的司词，也不是“用如状字”。“险”“难”是静字，在句子里用作表词；“于山川”、“于知天”分别为其转词。第四例，“舜之所以事尧”为一读，但该读乃介字“以”之司词，应当是用如名字，而不是“状读者”。

说“不以舜之所以事尧事君”是“假设之读”（424页），才正确地表达了该“读”与下文“句”的关系。

以上分析表明，《文通》不仅论述了“读”的形式，而且说明了“读”的功能。这种由形式标志到内在功能的探讨，应当说是一个突出的贡献。不过马氏有关所谓“读”的论述，给人一个突出的印象，就是“读”的范围过于宽泛，因而使人感到有些难以把握。解决的办法主要有两条：一是把含有所谓接读代字“者”与“所”的结构，从“读”中排除出去，使“读”的界说与例证基本一致；二是为“读”的下位概念再设立一些名称，以便分出小类别，作出更加细致的分析。

第三节　句　子

如果仔细阅读《文通》而又能撇开其中一些细小矛盾之处，我们就能发现，马氏也是从意义和形式两方面来论述“句”与“读”的区别的。《文通》云：

> 夫句者，乃以达所况之正义也。欲明正义，应将前后左右之情境先述焉，而正义乃明。故凡读之先乎句者，皆所以述正义之情境也。（414页）
>
> 华文动字无变，故惟以动字之位之先后，以为读、句之别。若泰西古今文字，其动字有变，故遇此种句法，率以动字之变同乎静字者为读，而句读判然矣。（415页）

显然，以上两段前者是从意义上，后者是从形式上，试图讲明句和读的区别。不过由于汉语自身的特点，马氏在实际操作中却不得不按照意义的标准去分析读和句，即“述正义”是句，“述情境”是读。

《文通》云：“句之为句，似可分为两类：一则与读相联者，一则舍读独立者。至不需读而惟需顿与转词者，则所别甚细，不更为类焉。”（425页）这里，有两点值得注意。

其一，谈到句与读相联，《文通》常说“读先乎句”（413~415页），“读后乎句”（424 页），那么，那个“句与读相联”的单位该称作什么呢？马氏没有明说。不过从《论句读》一卷行文之前后照应来看，依然称为“句”。这个“句”显然比“不需读”的“句”要大。再联系前面对“读”的分析，《文通》之“读”有两种：一是完全被包含在句子里作为句子一个成分的读，一是在一定程度上与句平起平坐的读。

其二，从“句”“可分为两类”来看，马氏实际上已经作了单句和复句的区分。其中“不需读而惟需顿与转词者”，即相当于今之单句；前述“二则”即相当于今之复句，“与读相联者”大致是有从属关系的复句，“舍读独立者”大致是没有从属关系的复句。《文通》不仅指出“句”是“述正义”，“读”是“述情境”，而且还提出“排句”（429 页）、“叠句”（431 页）的名称。据此，“读”即偏句，“句”即正句。当然，马氏当时尚未完全具备这方面的明确的观念，因而在以《史记·货殖列传》和韩愈《送高闲上人序》为例，具体分析“与读相联之句”时，不能没有偏颇。

《文通》云：“夫与读相联之句，已具见于论读节矣。”（425 页）如果再联系第八卷“连字”之“承接、转捩、推拓”三节内容来看，“与读相联”之从属关系复句的分析虽然显得粗糙而凌乱，但说是粗具轮廓亦无不可。

至于“舍读独立之句”，《文通》“别其式为四”：

（一）“排句而意无轩轾者”

《文通》云：“凡有数句，其字数略同，而句意又相类，或排两句，或叠数句。”（429 页）例如：

《论·学而》：“子曰：‘君子食无求饱，……’”则叠排四句。（429 页）

又《里仁》：“君子喻于义，小人喻于利。”（429 页）

又《先进》：“浴乎沂，风乎舞雩，咏而归。”（同上）

《左·隐九》：“戎轻而不整，贪而无亲，胜不相让，败不相救；先者见获必务进，进而遇覆必速奔；后者不救，则无继矣，

乃可以逞。”（430 页）

上引四例大体表明，所谓“排句”即今之并列复句。不过，第一例在谈到“读先乎句，而有起词为联者”时，也曾经举过：“君子食无求饱，居无求安。”（414 页），同是“君子食无求饱”，前面说是“读”，这里说是“句”，其读与句之界限似乎不够明确。实际上，“食无求饱”和“居无求安”从两个方面叙述“君子”的秉性，在语义和结构上都处于同一层面。第三例更宜归入承接复句。《文通》继而曰：“叠句有以状字连字为呼应者”。例如：

《谷梁·僖二》：“且夫玩好在耳目之前，而患在一国之后。”两排句，连以“而”字。（431 页）

《史·季布列传》：“汉购将军急，迹且至臣家。”（同上）“且”，连字。（同上）

上引二例，说是“排句”未尝不可。但仔细体味，第一例当有转折关系，第二例似有递进关系。

（二）“叠句而意有浅深者”

《文通》：“叠句有似排句，其格式相似，其字数略等。所谓意别浅深者，先后句意，或判轻重，或相比较之谓也。”（431~432 页）例如：

《汉·贾谊传》：“非徒病瘇也，又苦炙䟣。”（432 页）

又《贾谊传》：“欲诸王之皆忠附，则莫若令如长沙王。”（同上）

《左·昭三》：“若惠顾敝邑，抚有晋国，赐之内主，岂惟寡君，举群臣实受其贶，其自唐叔以下实宠嘉之。”“岂惟”以下三句之意，皆递进也。（同上）

又《隐元》：“蔓草犹不可除，况君之宠弟乎！”“犹”“况”两字相比。（同上）

《汉·刘向传》；“陛下为人子孙，守持宗庙，而令国祚移于

外亲，降为皂隶，纵不为身，乃宗庙何？”所引诸句之式，或不相类，而各有连字呼应，故皆有浅深之别。（同上）

由上引五例即可看出，“意别浅深”之说十分含混，几乎包罗万象。第一例，前有“非徒”，后用“又”字，显然是递进复句。第二例，“则”字表明为承接复句。第三例，“岂惟”以下三句，马氏已明确指出是“递进”；如果从开头“若”字论起，则为假设复句。第四例，“犹”“况”两字呼应，明显是进逼复句。第五例，单看“纵”字领起两句，则是让步复句；如果联系“而”字前后四句，则为假设复句。

（三）“两商之句”

《公羊·隐三》：“以吾爱与夷，则不若爱女；以为社稷宗庙主，则与夷不若女。”此两商之句也。（433 页）

《公羊·襄二十九》：“先君之所以不与子国而与弟者，凡为季子故也。将从先君之命与，则国宜之季子者也。如不从先君之命与，则我宜立者也。”（同上）

《史·淮阴侯列传》：“今足下戴震主之威，挟不赏之功，归楚，楚人不信；归汉，汉人震恐。”（同上）

所谓“两商之句”，也是一个相当含糊的句法概念。就以上三例而言，这“两商之句”的“句”，可以是个单层复句，也可以是个多层复句，甚至是个句群。如第一例，就两个“以”字句相比，似乎是“两商”。但这两个“以”字后，分别都有一“则”字与之呼应，那就不是什么“两商”了。最后还有“盍终为君矣”一句，整个来看，那就更不是什么“两商之句”了。这显然是个多层复句。再如第二例，无论从句中关联词语，还是从上引标点来看，都应当视为句群。其中第一句，前有“所以”，后有“为”，自然是因果句；第二、三两句，分别有“将”、“如”与“则”呼应，当然都是假设句。第三例也宜看作多层复句，“归楚”与“归汉”两句为并列关系；而两句内部，又构成假设关系；再联系“今足下”两句来看，显然又是因果关系。

（四）“反正之句”

《文通》云：“反正之句者，即前后句意义相背，中假连字以戾转也。”（434 页）例如：

《史·游侠列传》：“吾视郭解，状貌不及中人，言语不足采者，然天下无贤与不肖，知与不知，皆慕其声。”上下句义相反，参“然”字以转焉。（434 页）

《汉·司马迁传》：“而世又不与能死节者比，特以为智穷罪极，不能自免，卒就死耳。”诸引上下句，则以“乃”“顾”“但”“独”“特”为掉转者。（同上）

《孟·告上》：“乡为身死而不受，今为宫室之美为之。乡为身死而不受，今为妻妾之奉为之。”二引“今”字，用以指时，而亦藉以为转也。（435 页）

以今日观之，这一类是概括得最单一的，所引例句几乎都是转折复句。以上前二例分别用连字“然”与“特”，后一例用时间名字“今”。

（五）“相因之句”

《文通》云：“泰西方言之论句法也，四式之外，加以相因之句，即谓上下之句有相因之理，或言固然，或言所以然也。”（436 页）例如：

《汉·赵充国传》：“战而百胜，非善之善者也，故先为不可胜以待敌之可胜。”（436 页）

《秦策》：“子待伤完而刺之，则是一举而兼两虎也。”上下句中，有间“故”与“则是”者，有不间者。（同上）

《文通》虽然没有单独设立“相因之句”，但毕竟已经提出来了。当然，这里所谓“相因”是指逻辑上的因果关系，还不完全是句法上的。譬如第二例就含有假设关系。

在本章结束之前，还有两点需要补充。

首先，《文通》没有专节阐述单句的句类，但是，这部分内容在卷九论“助字”时已经有所涉及。这里，将有关内容稍加整理如下：

（1）“助论断之辞气”，“也”字助句。（325 页）

（2）“助叙说之辞气”，“矣”字结之。（323 页）

> “助陈述之口气”，“焉”为助字。（350 页）

（3）“谕之使然与禁其不然”，“其”“毋”“勿”诸字先之。（333 页）

（4）“设问之句”，“乎”字最宜。（362 页）

（5）“拟议之句”，“乎”字传之，“与”字其常。（362 页，373 页）

（6）“咏叹之句”，“哉”字最称。（366~367 页）

前两项合起来，即今之陈述句；第三项即今之祈使句；四、五两项合起来，即今之疑问句；第六项即今之感叹句。可见，其句类之框架已具大体。

这里，以“咏叹之句”为例，如果把前面的有关内容联系起来，更能看出马氏有关句类的比较系统的思考。

《文通》云：“咏叹语词，率先起词。”（393 页）例如：

> 《论·泰伯》：“大哉尧之为君也！”“大哉”，语词，“尧之为君也”，起词而反后焉。（393 页）
>
> 《孟·梁下》：“善哉问也！”（370 页）
>
> 《礼·檀弓》：“张老曰：‘美哉轮焉！美哉奂焉！’”诸引本表词也，而先置者，所以勃发其感喟之情也。（同上）
>
> 《论·学而》：“鲜矣仁。”犹云“仁鲜矣”也。以其为感叹之句，故倒之。（342 页）

表词后乎起词者，常也；先之者，惟咏叹之句为然。（129 页）

以上分析与表述说明，马氏不仅概括了咏叹句语词先置的一般规律，而且还运用转换的方法指出语气表达是引起句式变化的因素。无疑，这对句类的研究有着积极的意义。

其次，《文通》还涉及“句群”问题。如说：“段落之长者，概有起句。”（436 页）这里所说的“起句”，大致是句群的首句，是该句群语义中心之所在。虽然极为简单，但毕竟有所分析。例如：

《论·季氏》：“且尔言过矣。”一提，下文申说。（436 页）

《孟·梁上〉：“今夫天下之人牧，未有不嗜杀人者也。”一句决事，下文翻说。（同上）

《文通》还进一步指出：“诸此所引，皆于段落之始，先树一义，以为下文展拓地步。至段落之结句，所以结束一段之意，概皆助以助字，其句式则加详于助字篇。”（437 页）这里所说的“结句”，大致是句群的末句，也是该句群语义中心之所在。例如：

《礼·大学》：“此谓唯仁人为能爱人，能恶人。”又云：“此谓国不以利为利，以义为利也。”两引皆所以结上文者也。（437 页）

《赵策》：“是使三晋之大臣，不如邹鲁之仆妾也。”诸此引，皆以结束段落，而句法之变，止于是矣。（437~438 页）

毋庸讳言，《文通》论及句群，还带有传统文章学的痕迹，并非全从语法学角度加以论析。但是，从其阐述语义中心可以看出，马氏已经朝着句法学范畴的句群研究迈出了比较坚实的第一步。这是应当予以肯定的。

余　论

全书完稿之后，还有些想法要申说。各种有关资料表明，马建忠可谓学贯中西，其撰《文通》可谓呕心沥血。然而在阐述其语法体系和剖析其例句时，都曾出现过不少大大小小的矛盾。那么，如何看待这种现象呢?

首先想到的，是作为一位学者的马建忠。他既旧学根底深厚，又系统接受西学，因而不能不在旧学和西学之间有所权衡。旧学传统是实际，西方科学是理想，他既要追求理想的科学，又要照顾传统的实际，因而不能不在其间有所抉择。这是《文通》所暴露的某些矛盾的思想根源。

其次想到的，是作为学术著作的《文通》。马氏撰写此书，既要遵循拉丁语法之框架，又要依据古代文献之事实，因而不能不在因循和务实之间有所权衡。遵循拉丁语法自然是模仿，依据汉语文献必然要突破，因而不能不在模仿和创新之间有所抉择。这是《文通》所流露的某些矛盾的学术根源。

再次想到的，是马氏写作《文通》的过程。马氏从事此书写作之时，除了拉丁语法著作以外，面对的只是古代文献的大量语料以及有关文言虚字的几本著作。其在外交工作之余，钻研拉丁语法及相关著作，搜集、耙疏、整理文献语料，思考、归纳、总结汉语规律，其筚路蓝缕之艰苦可想而知。书成六卷，“友人见者，……怂恿就梓”，“一时草创，未暇审定”（自记，245 页）。撰写时殚精竭虑，付梓前未及审定，这是《文通》所呈现的某些矛盾的写作原因。

最后还想到一点，《文通》比较多地吸收了传统文章学的成果，不少地方把语法分析与表达解说融合于一体。譬如：对“主次”中呼语和题名的提醒，对“同次”中附丽于句子的提示成分的揭示，对作用与此相同的“重指”句式（用“之”为“意之所重”，用“其”为“避重名”）的考察，对偏次与正次之间是否用“之”字的辨析，对静字用于平比而“所比之情必隐寓于两端”的说明，对各类助字与所谓“口气”之关系的阐述，对叹字之语音和所表情态的关系的描述，对感叹句语词先置的强调，等等，都是近年来所注重的“语用研究”的内容，可以说相当丰富而颇具特色。

当今学者研读《文通》这部汉语语法史的经典著作，如果能够时时辨明上述三类性质不同的矛盾，以及与今日研究相关之内容，用历史唯物主义的观点去观照与分析，我们就会更加实事求是地去体悟，能够从中受到更多更多的教益，以便进一步发展并完善汉语语法体系及其相关理论，为世界语言学作出更大的贡献。

下编 《文通》专论

一、语法体系论

从理论上全面而深刻地理解语法体系和汉语类型这两个基本问题，应当是研究《马氏文通》的前提。这里先说语法体系问题。在上编《研读》之导论里，对“语法体系”这个概念的内涵已经作了大致的解说，但由于上编体例的限制，不可能展开论述。就下编《专论》来说，不仅不受此局限，而且还应当把与此有关的问题大致说清楚，因为只有这样才能真正深入地讨论与研究《文通》。与语法体系有关的问题有三：

其一，语法体系的客观性与主观性。

前面说过，一种语言的所有结构规则有条理、有层次地组成一个整体，即成为这种语言的语法体系。世界上有各种类型的语言，因而也就有各种各样的语法体系。就某种语言来说，在客观上本只有一种语法体系，是不以使用者个人意志为转移的。语法体系的客观性，就是指语言所有的构造规则的客观存在。这种客观存在的语法即客观语法，是使用者只能意会而实际上看不见也摸不着的自然形态的语法。

语法体系的主观性，是指客观存在的语法在使用者，尤其是专家学者个人头脑里的主观反映。由于专家学者个人的学识、角度、眼光不同，因而产生各种不同的语法体系，这就是反映在其论著中的科学形态的语法。这种科学形态的语法，虽然大体上是符合客观语法的，但毕竟带有个人主观认识的性质。从这个意义上来说，《马氏文通》只是客观存在的汉语语法在马建忠个人头脑里的反映，他虽然在撰写时以普世语法论为指导思想，但也毕竟不能不接受客观存在的汉语语法体系的耳濡目染的影响。

《文通》不仅详尽地分析了“字类”（“词法”），也不仅全面地阐述了“句读”（即“句法”），而且还借助“位次”说把以上二者联贯起来，真正构成了一个整体。就字类而言，《文通》逐个地且有层次地介绍了“名字、代字”、“动字、静字及状字”、“介字、连字、助字”以及“叹字”。各“字类”之下又分析其细目。就“句读”而言，《文通》于“界说”中，解说“句”之后即说明“起词、语词”，解说“内动字、外动字”之后即说明“止词、表词”。再就卷十而言，于[象一]解说“起词”之后，自[系一]至[系七]均为介绍与“起词”有关的句法；于[象二]解说“语词”之后，自[系一]至[系五]均为叙述与“语词”有关的句法；于[象三]解说“止词”之后，自[系一]至[系四]即介绍与“止词”有关的句法；于[象四]解说“转词”之后，自[系一]至[系三]即叙述与“转词”有关的句法。上编《研读》已就这些内容作了相当充分的说明，显示出《文通》所描述的古代汉语语法，确实是一个既有条理、又有层次的完整的科学体系。

其二，语法体系和语法格局。

语法体系有两种：一种是客观存在的体系，一种是主观反映的体系。无论是哪一种，它们都是各种语法规则有条理、有层次地组织起来的整体，具有“牵一发而动全身”的特点。

这里且以《文通》里曾经着意分析的“之”字为例。《文通》所说的介字“之”，后来的语法学家在他们的论著里，或列入“助词”，或列入“连词”。“之”这个词表面看来简单，似乎很像现代汉语里的“的”字，其实性质很不相同。“的”可以用于句子末尾，而“之”不可用于句末；“的”可以附加于每个形容词之后，而“之”则不可以。看来“的”字的附着性很强，而“之”字的独立性较强。“之”字的词性判断，便涉及其归类问题。

又如“也、矣、焉、耳、乎、哉”等，《文通》专设“助字”一类。后来的语法学家有的把它们归入“语气词”，因而自然也就取消了“助词”这一类。

以上举例说明，某个词列入某一词类，或者某个词类是否设立，不只是对个别词或某类词的认识不同，也反映专家学者对汉语语法体系的认识不同。

所谓语法格局，则是由语法体系中最具类型特征的语法规则构成的一种特定的模式，这种模式往往左右着某种语法体系的发展趋势与方向，决定着语法体系中某个规则的存在或消失。譬如马建忠，他看到了“中国文字无变”即汉语词类没有形态变化这一最大特点，因而在词类上为“华文所独”的“助字”单列一类，还进行了许多详细的描写。这一点应该说是“妥帖”的。正如何容在其《中国文法论》里所说，“在别种语言里有些由词的‘音变’或‘附加成分’等方法来表示的意思，在中国语言里常是用一个独立的‘词’来表示”。

这里不妨举个与上述“助字”问题相关的“的、地、得”的例子。在现代汉语里，“的”和“地”经常放在形容词或副词的后面，过去不少人看作“词尾”。但是人们逐渐发现，“的”和“地”并非仅仅用于形容词或副词之后，也用在词组甚至句子的末尾，因而长期以来已不再有人把它们看成“词尾”，而把它们归入“助词”（结构助词）。至于“得”字，前辈语法学家王力原先在《汉语史稿》里是这样描述的：“真正的词尾‘得’字是在唐代产生的，这个时代，词尾‘得’字已经有了两种性质。……这时……又获得了第三种性质。”随着人们认识的深入，无论上述哪一种性质的“得”字，如今都不再被看成词尾，也已经归入“结构助词”一类了。

语言是历史的产物，各民族语言的语法体系，都有一个主要由其语法特点构成的基本格局。在某个历史时期产生的某种语言现象，若是符合这个基本格局，就会作为一种能产形式而发展起来，固定下来，成为这种语言里的普遍形式；反之，某个新产生的语言现象如果与这个基本格局相抵触，就会受到制约而中止下来，甚至衰退下去，而成为这种语言里的个别残留形式。譬如《文通》里几处提到的“然、如、若、尔”等字，经常用在所谓静字或状字之后，如“沛然、油然、勃如、突若、率尔、莞尔”，等等，被指责为“模仿”西方语法的马氏却没有把它们称作“词缀”，而仍然放在“状字”或“助字”里。汉唐以后的语言发展事实表明，上述用法的几个字，由于其趋势不符合古代汉语语法的基本格局，因而没有什么生命力，除“然”字仍保留在近、现代汉语里，其余的很快就绝迹了。马氏或许凭着自身的语感和观察，宁愿保留某些处理上的矛盾让后人去设法解决，也没有去损害汉语语法体系的基本格局。看来《文通》的处理是稳妥的。

其三，语法体系和语言理解。

如前所说，语法体系自然是所有具体的语法规则的总和。研究语法规律及其所构成的体系，其终极目的是为了科学地理解语言。

而这里所谓“语言理解”，并非指对具体的语法规则的解释，而是指对语言结构的理解的要素。语法学家普遍认为，理解语言必须涉及词类、语序、层次、语法关系、语义关系这五种结构要素。

对以上所述五种结构要素，这里没有必要作全面的阐述，只须结合某些例句进行一些分析即可。例如：

(1) 使管子愚人也则可。(贾谊《陈政事疏》)

(2) 自智而愚人。(《吕氏春秋·知度》)

(3) 盆成括见杀。(《论语》)

(4) 布陈卓几见杀状。(《三国志·吕布传》)

先看前二例：“愚”可视为静字（形容词），例(1)“愚人”之“愚”则为修饰“人”字，“愚人”为偏正结构；“愚”也可视为动字（动词），例(2)“愚人”之“愚”则为支配“人”字，“愚人”为动宾结构。再看后二例：“见”若视为助动字，于例(3)则表示被动；“见”若视为状字（副词），于例(4)则表示动作行为之受事者是己身代字（第一人称），“见杀”即“杀我”。由此可见，字类不同，句读即不同。其科学表述即为，不同的词性，能构成不同的句法，因而也就表达不同的语义。《文通》先讲字类，后说句读，是完全合乎逻辑的。再如：

(5) [娇儿]畏我复却去。(杜甫诗句)

(6) 狂虏灰飞烟灭。(苏轼《念奴娇》)

(7) 虫已股落腹裂。(《聊斋·促织》)

例（5）可产生歧解：既可理解为“畏”“我却去”，亦可理解为“畏我”而“娇儿却去”。可见词语之间的组合不同，语义就不同。也就是说，层次关系着语义的理解。

再比较后二例：“灰飞烟灭”和“股落腹裂”，表面看去，都是“名字 + 动字 + 名字 + 动字”，两个并列结构内部的关系一样。其实不然，例（6）“灰”“烟”不是所谓“起词”（主语），而是所谓“状字”，即“如灰飞，如烟灭”；而例（7）之“股”“腹”确是“起词”，“落”和“裂”为“语词”（谓语），是两个主谓结构。这说明层次相同，结构不一定相同。再如：

（8）始皇起诸侯而一天下。（《史记·秦始皇本纪》）

（9）郑伯由是恶于王。（《左传·庄公二十二年》）

例（8）“起诸侯”，初看去很可能把“诸侯”当作所谓“止词”（宾语），则理解为“攻克诸侯”；其实“诸侯”是所谓“转词”（补语），则当理解为“起于诸侯”。例（9）“恶于王”，很可能把“恶”当作所谓“受动字”，即理解为“为王所憎恶”；而其实并非如此，“恶于王”即“恶王”，当理解为“对王怨恨”。这又说明，语法关系决定着语义的理解。

二、隐性语法论

人类的思维具有共同的规律，这就决定了与思维密切相关的各种语言的语法有其相通性，这是语法体系之共性的一面，即所谓普世语法的存在。

但是，语言毕竟是思维的物质外壳，而不是思维本身。各种类型的语言又有其自身的表现形式，因而各种语言的语法体系又必然含有其个性的一面，即所谓民族语法的存在。这就是说，各种语言都有自身的一套语法手段，各民族语言所采取的表达形式并不完全相同，甚至有很多地方不同。史存直先生在其《汉语语法史纲要》里曾经明确指出：就汉语与西方语言相比，在语法方面至少有三项差异：

一是分析与综合的差异。西方语言的实词，如名词、代词、动词、形容词等，除本身概念之外，还附带表示一些附随概念，即所谓“附加意义”。如名词、代词有“性、数、格”等，动词有“人称、数、时制、体、态”等，形容词有“性、数、格、比较”等。这些附随概念通常都是用所谓“屈折”或“词形变化”来表示的，所以就和词的本身概念纠缠在一起，不可分析。这样的语言被称为综合型语言；而汉语不存在这些情况，故被称为分析型语言。

二是词语结合上的差异。词与词在句中的结合，总起来说有三种办法：用词形变化来表示“支配”和“照应一致”；按词序排列表示关系；借助虚词表示语法意义。在印欧语中，“词形变化”不仅是表示附随概念的语法手段，同时也是表示词与词结合关系的语法手段。譬如：名词、代词的“格”表示名、代在句中所处的地位；动词有“人称、数”等的变形，是为了表示它和某一名词或代词之间有主谓关系。而汉语根本没有表示附随概念的词形变化，当然也就没有“支配”和“照应一致”等表示词结合的手段，因而就必然要更多地使用“词序”和“虚词”这两种办法。

三是句子构造上的差异。西方语法如英语，有一条极重要的规律：谓语必须是定式动词或包含一个定式动词。又如俄语，名词、形容词作谓语一般要用系词来联系，虽然有时可以不用，但并非普遍不用，所以只能当作“省略”。而汉语的名词、形容词不但可以作谓语，而且通常也无须用系词来联系。在汉语里，甚至词组和句子都可以作谓语，这在西方语法里是见不到的。

以上说明，语法包括内容和形式两个方面。所谓语法内容，是指包含“时、数、体、态”等语法范畴的语法意义；所谓语法形式，是指表达语法意义的“词形变化”即外在形态。

不同类型的语言，其语法意义虽然大体一致，但是其表达形式却不相同。就是说，语言的外在形态有的非常丰富，有的几乎没有；或者同一种语法范畴，有的借助这种方法，有的使用那种方法。从语言形态学来说，综合型语言，其外在形态比较丰富，是一种显性语法；而分析型语言，其形态就比较缺乏，是一种隐性语法。另外，语法学中常说的“表层结构”与“深层结构”，也是一种显性与隐性的对立。语法结构是显性的，而语义关系则是隐性的。

19世纪德国著名语言学家洪堡特在其《论语法形式的性质和汉语的特点》一文中即指出：

> “在汉语的句子里，每个词排在那儿，要你斟酌，要你从各种不同的关系去考虑，然后才能往下读。由于思想的联系是由这些关系产生的，因此这一纯粹的默想就代替了一部分语法。”

如前所说，汉语是一种缺乏外在形态的分析型语言。“默想代替语法”这句话，正是对汉语语法的隐含性特点的最好的表述。语法形式（语法手段）和语法意义二者相对，前者是语法中的显性现象，因为它直接呈现在使用者的面前；而后者却是语法中的隐性现象，因为它是隐藏在形式或手段的背后或底层的。从这个意义上来说，汉语语法是一种隐性语法。《文通》曾经引用过的《礼记·大同》一段颇能说明这一特点：

"大道之行也，天下为公。选贤与能，讲信修睦。故人不独亲其亲，不独子其子，使老有所终，壮有所用，幼有所长，鳏寡孤独残疾者皆有所养。男有分，女有归。货，恶其弃于地也，不必藏于己；力，恶其不出于身也，不必为己。"

以上引文，即使加上了标点，但至少在两个方面依然显示出"隐性"的特点。其一是字词由于没有外在形态，其"词汇义"、"语法义"与"功能义"不一致。如"与"字，处于"贤"和"能"之间，其显性意义（语法义）是连词，然而其隐性意义（功能义）却是动词"举"，与"选"字义近；又如"能"字，其词汇义（显性意义）是"能力""能够"，而其功能义（隐性意义）却是"能者"。读者须通过"默想"而断定其隐性意义，才能辨明"选贤与能"是两个动宾短语（即马氏所谓"读"）。其二是不少句子不是"主语——谓语"的句法框架，而是"话题——叙说"的流水形态。别的不说，即如"货""力"二词后面之所以要加逗号隔开，就因为这两个词并非句中主语，而是话题，其"隐性句法"是在句中充当两"恶"（厌恶）字的宾语。

马建忠在《文通》里就比较注意揭示古代汉语中这种隐含的语法意义。如所谓"字类假借"、"词语省略"、"句式比较"等内容，上编《研读》已经有过不少分析。为说明问题，这里不妨再举两例，并加上旧注可予以比较：

《诗·那》："先民有作。"——毛传："有作，有所作也。"

《左传·僖公二十八年》："吾师三日馆，谷。"——杜注："馆，舍也。食楚军谷三日。"

前一例，毛传增一"所"字，显示"作"用如名字（名词）。后一例，杜注以"舍"释"馆"，以"食谷"训"谷"，揭示二词所隐含的动词意义。

又如《文通》对"夺之权"一类结构的分析：

《史项羽本纪》："项王乃疑范增与汉有私，稍夺之权。"——犹云"夺其权"也。然此"之"字可作转词解。（48 页）

一方面说“夺之权”“犹云‘夺其权’”，另一方面又说“此‘之’字可作转词解”。表面上来看，这样分析有点模棱两可。其实，他把上引句式里的“之”字当作“转词”，是就其显性的句法结构而言；说“‘夺之权’犹云‘夺其权’”，这“犹云”是就其隐性的语义关系来说的。二说不同，正是显性与隐性的对立并存。

总之，要深入研究《文通》，除了全面理解语法体系之内涵以外，还必须明确汉语属于分析型语言，其语法是一种隐性语法。从这一点出发来考察《文通》这部巨著，或许能解开其中不少的矛盾所在，并密切注意著者的真知灼见。

三、模仿论

《马氏文通》问世百余年来，其遭遇大体经历三个不同的时期，前四十年大体是备受指责，后三十年是转为推崇，中间三十年大致是遭遇冷落。

马建忠于《文通·例言》坦诚地写道："此书在泰西名为葛郎玛。葛郎玛者，音原希腊，训曰字式，犹云学文之程式也。各国皆有本国之葛郎玛，大旨相似；所异者音韵与字形耳。……此书系仿葛郎玛而作，后先次序皆有定程。"这本来是向读者如实说明该书写作的渊源和根据，没料想却成了后来责难的由头。

1920年，刘复发表《中国文法通论》，首先发难《马氏文通》。接着，一片攻击声纷至沓来：

"自有《马氏文通》以来，研究国文法者，往往不能脱模仿之窠臼。"（陈承泽《国文法草创·研究法大纲》，1922）

"一脚踢开拉丁文法而欲另建中华文法者，是不迷其所同也；一手把住拉丁文法而遂挪作中华文法者，是又'失其所以异'也——《马氏文通》是已。"（黎锦熙《比较文法·序》，1933）

"直到光绪年间，马氏凭借洋学著了《文通》一书，组织地说明文法，而后中国语文才有九字类的区分。以我们看来，它的组织，并不是把中国语文上所呈现的一切措辞，搜集汇类而后组织起来的，只是彻头彻尾用了西洋文的组织做筛子，把中国语文筛了一道，单捡搁在筛子上的东西做材料组织起来的。""若将其所说记在脑中以临群籍，立刻就会觉得其说明极支离，其举例多遗漏，而且单为便于说明而举例，实在不配称为文法书。"（转引自《陈望道语文论集》第436~470页，上海教育出版社1980年）

可以看出在那个时期，责难的调门一个比一个高亢。其中，学术界批评得最多的是所谓“模仿”。对那些过甚其辞的种种说法且不去理会；至于说是“模仿”，我们应当有一个客观的认识。“模仿”不等于盲目照搬，也不等于全盘西化，它纯然是个中性概念，而并不是个贬义词。在我们看来，模仿只是一种手段，与“借鉴”、“引进”是近义词，是科学研究迈向创造的起点。此所谓“他山之石，可以攻玉”是也。从这个意义上来说，马建忠的《文通》的确是模仿了西洋语法而写成的。对此，马氏自己并不回避，其态度十分坦诚。倒是朱自清说得十分中肯，他在《中国现代语法·序》（1943 年）中指出：

> “马建忠借镜拉丁文的间架筑起我国的语法，……两种文化接触之初，这种曲为比附的地方大概是免不了的；人文科学更其如此，往往必须经过一个比附的时期，新的正确的系统才能成立。英国语法出于拉丁语法，到现在还没有完全脱离它的窝臼呢。”

由此可见，模仿并非坏事，不可随意否定。当年那些过甚之辞，不是言说者年轻气盛，就是批评者简单偏激。

有些当时说过一些过甚之辞的学者，过了几十年之后，对待《文通》的态度便有了根本性的转变。这是十分自然而又十分可喜的现象。譬如一直受人尊敬的王力先生，在 1936 年发表的《中国文法学初探》一文中，曾经这样评价《文通》：“马建忠从拉丁文法的比较上研究中国文法，就不算一个最好的方法；因为拉丁语属于印欧语系，中国语属于支那语系，二者的关系算是极浅的了。”（《龙虫并雕斋文集》第 198 页）措辞不算激烈，而否定之意明显。过了近半个世纪之后，王先生对《文通》就给予相当客观的评价：“本来，在语法学的初期，以西洋语法作为模特儿来研究语法，是不可避免的事。我们所要注意的是：在当时的历史条件下，马建忠的著作算是杰出的。”又说，“马氏在著作中有许多独到之处，《马氏文通》可以说是富于创造性的一部语法书。”（《中国语法学史》第 174~175 页）这种态度的转变，完全是实事求是的，是符合历史唯物主义的精神的。

此后，郭绍虞先生也说：“在那个时候，中国本无所谓语法（文法）之学，马建忠创造了文法之学，黎锦熙又把它开拓到国语方面，事属创举，不能不有所借鉴。模仿与借鉴，本来就很难区别。说得好听些，则是借鉴。”（参《照隅室语言文字论集》）

学术界为什么会有这样的转变呢？这毫不奇怪。世界上有些事物，尤其是科学研究的新事物，不是当时就能看清楚的，而要等到过了相当一段时间之后，方能显示出它的真正价值来。我们且拿汉语词类的划分来说，《文通》把词分为九类，大体符合古代汉语的实际情况。后来陆续出的语法著作对词的分类，或增或减，基本上还是吸收或采取了《文通》的分类。下面将《文通》与另六种有代表性的语法著作（陈承泽《国文法草创》、黎锦熙《国语文法》、王力《中国现代语法》、吕叔湘《语法修辞讲话》、中学《汉语》课本、张志公《语法学习讲话》）所分的词类列表加以对照：

著者	年代	词类										
马氏	1898	名字	代字	动字	静字	状字	介字	连字	助字	叹字		
陈氏	1922	名字	代名字	动字	象字	副字	介字	连字	助字	感字		
黎氏	1924	名词	代名词	动词	形容词	副词	介词	连词	助词	叹词		
王氏	1943	名词	代词	动词	单位名词	副词	助动词	联词	系词	语气词	数词	
吕氏	1952	名词	代词	动词	形容词	副词	副动词	连接词	语气词	象声词	数词	副名词
汉语	1955	名词	代词	动词	形容词	副词	介词	连词	助词	叹词	数词	量词
张氏	1980	名词	代词	动词	形容词	副词	介词	连词	助词	叹词	数量词	

从《文通》到另六种语法著作，其时间跨度几近九十年，《文通》以下的六种大多数除了增加数词、量词以外，其余都与《文通》所设定的词类格局大体一致。在此期间，金兆梓（1938）、陈望道（1978）等学者，也曾想完全撇开《文通》的词类体系，提出自己设计的一套全新方案，但都未被学界所接受，终究没能流传开来。这足以说明，马氏虽然仿照西洋语法，但毕竟结合了汉语的实际，把握了词的语法特点，进行了科学的分类，因而奠定了汉语词类区分的基础，其影响之深远可想而知。

其实真正说来，马建忠的“模仿”好比农艺上的精心“嫁接”，他是在切切实实地作出努力，“探夫自有文字以来至今未宣之秘奥，启其缄滕，导后人以先路”。因此，“爰积十余年之勤求探讨”，《文通》在西洋语法的主干上已经萌发出不少的新枝来：

首次提出“中国文字无变”，即汉语词类没有形态变化这一最大的特点；

首次把汉语的词区分为“实字”和“虚字”两类，这“是中国的语法学者绝大的贡献”（郭绍虞语）；

首次创造“字类假借”（包括实词的活用与虚化）说，以反映古代汉语词类在句中使用时的灵活转换；

首次发现“济中国文字无变之穷”的“介字”和“华文所独”的“助字”；

首次指出“动静两类字，古人于遣词造句，视同一律，并无偏重”的特点；

首次提出“前词”的概念与术语，这与后来话语语言学的重要概念“先行词”基本吻合（刘坚语）；

首次归纳“凡起词必先乎语词；语词而为外动字也，则止词后焉”；“大抵论议句读泛指，故无起词。此则华文所独也”等一系列句法规律；

首次观察到汉语词序“可以先后倒置以达其意度波澜……”。

以上所列举的那么多的“首次”充分说明马建忠是：说模仿而又“不惟模仿”，借旧瓶而以“注入新酒”，经嫁接而来“催生新枝”。说到这里，我们不能不特别引用马氏在其《序》中的一段言论：

> “学问之事，可授受者规矩方圆，其不可授受者心营意造。然即其可授受者以深求夫不可授受者，而刘氏所论之文心，苏辙氏所论之文气，要不难一蹴贯通也。”（11 页）

联系《文通》全书即可看出，马建忠在以“可授受者规矩方圆”，来深求“不可授受者心营意造”之时，引进了中国古代文论中常用的“气”的概念，由此创造了一系列的术语，诸如“语气、词气、口气、辞气、文气”等，并且运用于古籍文句的语法、语义和语用的分析之中。显然，这绝非单纯从事“模仿”者所欲为和所能为者。在这方面，马氏在模仿西学的同时，也有对传统语文学的继承；而在继承传统学术的同时，又有对西学葛郎玛的创新。

这里且以"华文所独"之"助字"为例稍加申述，即马氏不只是提出这个概念和术语并给以"界说"，而且是真正地进行了系统的探索与研究：

其一，他除了把"助字"定义为"用以结煞实字与句读者"（323 页）外，还具体说明"若语气之轻重，口吻之疑似，则惟有助字传之"（323 页）。

其二，他把"助字"分为"传信助字"和"传疑助字"两类，并且逐个地、详尽地讲明它们的作用，如"'也'字所以助论断之辞气"，"'矣'字惟以助叙说之辞气"（323 页），"'耳'有止此之解"（347 页），"'焉'字所以助陈述之口气"（350 页），"'乎'字之助设问之句者，常也"（362 页），"'哉'字，用以往复咏叹者则最称也"（367 页），这与现在通常把语气分为陈述、疑问、祈使、感叹四大类基本一致。

其三，他在深入考察的基础上，明确提出"凡助字之叠助一句也，各以本意相加，非以二三字之合助而更幻一新意者也"（377 页），即"助字"之功能基本上是单一的。

对以上三项，时至今日该如何评价呢？首先，在《文通》问世半个世纪以后，语法学界还难以说清什么是"语气"的情况下，马氏那时就已讲明"助字"所"传"即"语气之轻重，口吻之疑似"，再联系所谓"论断、陈述、叙说、设问、咏叹"等说法，我们就不能不为之感佩了。其次，他将"助字"再度分类，即是研究的开端，而且与今日之说法也大体一致，的确难能可贵。再次，他一开始就提出"助字"之"单一功能"说，显然是其深入研究的结果，可谓卓有见地。

众所周知，在"助字"这一"字类"上，西方文法没有任何可以"模仿"之处，而在马氏之前，古代小学家们对"文言虚字"已经作了大量的比较系统的研究，并且有专书问世。然而，马氏却另辟蹊径，独出创意。

由于古代小学家是运用随文释义、随意比附的方法来训释“助字”，自然就得出“多功能”的结论，即认为一个“助字”可以表达多种不同的语气。譬如王引之《经传释词·卷四》解释“也”字：

“也，犹‘焉’也”；“也，犹‘矣’也”；“也，犹‘者’也”；“也，犹‘耳’也”；“也，犹‘兮’也”；“也，犹‘邪’也”。（87~89页）

可是，《文通·卷九》之阐述却绝然不同：

“‘也’字所助有三：曰助句，曰助读，曰助实字”。（325页）

“‘也’字助句，大抵助论断之辞气耳。”（同上）

两相比较：前者头绪纷繁，毫无条理；而后者头绪清晰，条理分明。对此，郭锡良《先秦语气词新探》（见《汉语史论集》）一文指出：“传统的看法，认为语气词是多功能的，即一个语气词可以表示多种语气。”直到后来，杨树达《高等国文法》、吕叔湘《中国文法要略》依然如故。郭先生说：“语气范畴的语言表达手段是多种多样的，并非只有语气词。对语气范畴的复杂性和语气表达手段的多样性缺乏认识，恐怕是语气词多功能观点在理论认识上的一种失察。”（《汉语史论集》第60页）他还指出：马氏“对‘助字’（语气词）的分析，不仅超出传统虚词研究的‘语已词’、‘语助，无义’的说法，也远胜后来许多语法著作有关语气词的见解。《马氏文通》比较倾向于语气词单功能的看法，重视各个语气词之间的细微差别，这是很有见地的，也是马建忠的创见。”（同上，第114页）相隔将近一个世纪，郭氏通过更加深入的研究，与马氏之见解一脉相承。这足以证明，马氏既未单纯“模仿”西学，亦未完全“依傍”传统，而是已经迈出了自己的新路子。

过去有不少学者往往把该书中所存在的所谓矛盾与失误，一概归咎于“模仿”。后来发现，这种指责有失公允，缺少应有的辨析。其实，过去所揭示的所谓矛盾与失误，有些是由于“模仿”而抵牾，有些是由于“草创”而疏漏，还有些如吕叔湘先生所说，“亦有马氏自成体系，不能谓之误，而刊正者未悟其旨者”。（转引自孙玄常《〈马氏文通〉札记》）在这方面，远的不去说了。不久前，李葆嘉教授发表了一篇题为《〈马氏文通札记〉辨证》的文章，指出《札记》一书有好几处“述评、刊误、校批失当”，很有力度。（详参《语言研究集刊》第七辑）正如作者所说，“即使精研《文通》者，也未能幸免”，何况一般学者呢？

不仅如此，马氏在方法的运用上也是有其特点的，譬如后面将要专门提及的比较法和变换法的运用，就非常突出。正因为《马氏文通》原本就是这样一部西学与传统“兼收并蓄”的汉语语法巨著，所以“文革”结束以后不久，周钟灵先生随即发表《〈马氏文通〉述评》之力作，称“《文通》在我国语法学史上是一部划时代的不朽名著。它持之有故，言之成理，自成为一家之言”。此后相继出版的一系列汉语语法学史专著，无不推崇《马氏文通》，尽力抹去昔日之尘封，使其焕发原有之光辉。

最后，我们引用老一辈语法学家廖序东先生在《〈马氏文通〉所揭示的古汉语语法规律》一文中的一段评述，作为本篇专论的结语：

> “《马氏文通》的特创处就在于，它将汇集众字以成文之道，措字遣辞一成不变之例、义例，隐寓于华文经籍中之规矩、一定不易之律，亦即古汉语语法规律，一一加以揭示。”（参见《廖序东语言学论文集》第97页）

马氏所揭示的古汉语语法规律甚多，经廖先生梳理“其要者约有十五项”，这里就无须援引了。

四、草创论

《文通》既是“一部划时代的不朽名著”，但不可否认，也是一部“草创之作”。对此，马建忠本人曾直言不讳。他于《文通·实字卷之六》后的“自记”中写道：

> “《文通》之作，其用意具详前后两序并凡例矣。一时草创，未暇审定，本不敢出以问世。友人见者，皆谓此书能抉前人作文之奥，开后人琢句之门，非洞悉中西文词者不办。……怂恿就梓，得六卷，而论实字已全。其论虚字，论句读，且俟续印。”（245页）

从书中字里行间所流露的著者的自信可以看出，“一时草创，未暇审定”云云，绝非谦虚之辞，而是当时实实在在的情况。

一方面说“积十余年之勤求探讨以成此编”，另一方面又说“一时草创，未暇审定”，彼此似乎抵牾，其实透露出其中写作之艰辛。我们之所以把该书原属“草创”这一点列为专题提将出来，是因为《文通》里的有些矛盾即出自“未暇审定”，而这一点却被不少学者轻易地忽略了。

吕叔湘先生曾经指出：“马氏之书，有理论先后自相矛盾者；有理论不误而例证说明与之相抵牾者；有例证轶出理论之范围者；有马氏误而宜从他人之刊正者；亦有马氏自成体系，不能谓之误，而刊正者未悟其旨者。凡此种种，所在皆是，读者宜一一究心，然后乃能有得。”（转引自孙玄常《马氏文通札记·前言》）通过上编《研读》可知，有些“自相矛盾”或来自模仿，或源于理论；而有些“前后矛盾”则与“一时草创，未暇审定”有关。对于前者，正如吕先生所说，需“深挖矛盾的根源”；而对于后者，则不可求之过深，否则会离题更远。

《文通》所呈现的矛盾，何容在其《中国文法论》里已有不少精彩的讨论。摘其二三如下：

……从其上下文义来看，“精微、微眇、能、知、苍苍”都是名字，为什么说它们是静字、动字或本为状字呢？字自然有其“本为”之类，还不就是字有定类吗？既说是字无定类，又按有定类来讲，这就是自相矛盾了。（42 页）

《马氏文通》的次，……并不是因为“名字在句中的位置有种种之不同”而立的，也不是要以次来“究句法之殊异”，而是要以次来论说“实字相涉之义”。次是论字的，和论句的起词、语词、止词、表词诸色名目为用不同，也不是从词换算出来的。（89 页）

……既讲成分又讲位次，不免叠床架屋。（81 页）

像上面所揭示的两个矛盾，前一个属于理论本身问题，后一个则属于模仿带来的难题。这当然需要“究心”。然而书中另有不少一眼就能看出的前后不一的说法，却是由于“草创”付梓而未曾审视修订的缘故。例如：

《文通·卷一》于“界说二十二”云：“凡名代诸字为介字所司者，曰司词。”其下又云：“介字与其司词，统曰加词，所以加于句读以足起、语诸词之意。”（28 页）可是《文通·卷三》又另外提出一种“加词”：“凡名、代、动、静诸字所指一，而无动字以为联属者，曰加词。”（106 页）

显然，以上前后所说的两种“加词”是同名而异实：前者即今之“介宾结构”，后者即今之所谓“同位语”。如上编《研读》有关章节所说，马氏所云并非毫无道理，但对“加词”的界说自有不够周密之处。凭着著者的智力与素养，这种矛盾是完全可以避免的。对此，后来有些语法学家都曾指出过。吕叔湘还曾经提出过解决的办法，即让“加词”用来专指同位语和类似同位语的成分，而删除马氏所说的前一种“加词”（介字加司词）。吕先生的意见是对的，因为这前一种“加词”与马氏所谓“转词”几无区别，完全可以归并。倘若马氏当时能拨冗“审定”，料想会消除这个症结。

不仅如此，《文通》还把六种原本不同的概念都列入所谓“加词”：“一、凡官衔勋戚诸加词先后乎人名者”（106 页），“二、凡诸词相加，所称虽同，而先后殊时者”（107 页），“三、约指、逐指代字，加于名代诸字之后，以为总括之辞者”（107 页），“四、凡先提一事而后分陈者”（108 页），“五、起词止词后，凡系读以为解者”（108 页），“六、凡动字、名字历陈所事，后续代字以为总结者”（109 页）。

虽说马氏是从“同次”的角度阐述“加词”的，然而把以上性质不同的概念统统置于一个框子，未免过于杂乱。试看所列具体例句及其解说：

《史廉颇列传》：“秦之所恶，独畏马服君赵奢之子赵括为将耳。”——“马服君”勋名，加于赵奢本名之先。又“子”者五伦之名，加于赵括本名之先。（107 页）

《汉司马迁传》：“夫仆与李陵俱居门下。”——“俱”字约指以上两人也。（107 页）

《左昭四》：“晋有三不殆，国险而多马，齐楚多难。”——“三不殆”总提，“国险”“多马”“多难”加词，历数其“三不殆”也。（108 页）

《汉刘歆传》：“夫可与乐成，难于虑始，此乃众庶之所为耳。”——“此”字重指上文。（109 页）

以上四例：其中第一例为同位语；第二例“俱”为状语指向；第三例“国险”“多马”“多难”云云皆为小分句，即马氏所谓“读”也，当属总分复句；第四例“此”为分句主语，当属按断复句。无论是进行语法分析还是借助语义分析，它们都不属于同一个层面，不应当混淆不清。这种术语的多义性，亦由草创而未加深思所致。又如：

《文通·卷四》云：“‘教’‘告’‘言’‘示’诸动字后有两止词，一记所语之人，一记所语之事。”……“《左隐元》：‘公语之故，且告之悔。’‘语’‘告’两字后‘之’，指告语之人，曰‘故’曰‘悔’，乃告语之事。”（152 页）然而《文通·卷十》又云：“‘语’‘告’两动字后，所有

‘故’‘悔’两字皆转词，并无介字为介。”（401页）

十分显眼，同是一例，前后分析不一致。这当然是在前六卷被“怂恿就梓”之后，再写后四卷之时未及通盘“审定”所致。再如：

《文通·卷一》：“凡实字以貌动静之容者，曰状字。”（21页）而在为其所定界说作小结时云：“凡状词必先其所状。”（30页）

又《卷六》：“更有记时与记处状字，合于他字以成一语者，……皆可名为状辞。”（244页）

又：“所云‘上之’‘次之’‘外之’‘下之’，皆以历数地位，列为状语”。（245页）

同一概念，却有三个不同的名称，或“状字”，或“状辞”，或“状语”。其术语之不统一，自然是由于“未暇审定”所致。

《文通·卷二》分析指名代字“而”时，举例云：

《左宣十五》：“余，而所嫁妇人之父也。”——“而”，在主次。（45页）

然而在分析“其”字时却举例云：

韩《上张仆射书》：“愈蒙幸于执事，其所从旧矣。”——“其”偏次。（47页）

“而”与“其”皆为指名代字，且所处位置相同，前者说是“主次”（主语），后者却归入“偏次”（定语），显然是未加审视而构成矛盾。如果说“其”字隐含有“之”字而置于名词语之前，那么“而”字亦置于名词语之前，其间如马氏所说，可加“之”也可不加“之”字。

《文通·卷三》于论及“宾次”云：“他如《屈原传》之‘蝉蜕’，贾谊《过秦论》之‘席卷’‘囊括’，韩文之‘蜂屯’‘蚁杂’‘刃迎’‘缕解’‘神思’‘鬼设’等语，诸名之先于动字者，皆所以状之也，故视同宾次。”（101页）而在《卷六》“有假借名字为状字者”一类，所举之例亦有“风扬、电激、蛇行、鼠窜、云合、风生”（230页）等，跟上引之“席卷、囊括”之类性质完全相同。二者互相对照，难以自圆其说。

《卷四》于论及“同动字”时云：“‘在’字言人物所处之境，同动也，其止词则名字动字皆可。”（181页）例如：

《孟离上》：“天下之本在国，国之本在家，家之本在身。”——三引“在”字后皆以名字为止词。（181页）

可是在分析《论语季氏篇》时却说：

“吾恐季氏之忧不在颛臾，而在萧墙之内也。”——“在”坐动，“颛臾”转词。（210页）

既然“在”于上下例皆为动字，其后又都是“言人物所处之境”，或者都看作“止词”，或者都看作“转词”，不该有两种处置。这也应当用“草创”来解释。

《卷六》论及“状字”时举例云：

《孟离上》：“视天下悦而归己，犹草芥也。”——“草芥”名字也，“犹”字状之。……惟视同草芥耳，此“犹”字之所以为状也。（228页）

然《卷七》于分析同类例句时却说：

《孟离上》：“民之归仁也，犹水之就下，兽之走圹也。”——“犹”“若”诸字，用若断词，所以决其可比之理。（248~249页）

按照马氏给“断词”所下的定义“凡以表决断口气，参于起表两词之间，故诸字名断辞”，把“犹”“若”诸字归入“断词”是对的，而归入“状字”则显然不对。凭马氏之学识，如果能够再审读一遍，此种失误完全可以避免。

再看《卷九》阐述“叹字”时的一段议论：

> “夫言者，心之声也，而字者，所以记言也。于是记言天下之事物者，则有名字，有代字；记言事物行止之状者，则有静字，有动字；记言事物之离合乎动静者，则有介字；记言动静之互相维系者，则有连字；而记言动静之幻变，使有以寄其神而写其情者，则有助字；……而所以记心中之感，矢诸口而为声者，则惟叹字。”（381页）

将这一段议论与《卷一》之“界说”相比较，惟独缺少“状字”。这不能不说是一个疏漏。而且从以上一段引文来看，上述八类“字（词）”

是从语言发生学的视角来建立的；而从《卷六·状字别义》一节来看，所谓“指事成之处”、“记事成之时”、“记成事之容”、“度事成之如许”、“决事之然不然”、“传疑难不定之状”（《目录》第4页）云云，却是从语义学的角度来立类的。这显然不在一个层面上，自然不合逻辑，与马氏固有的学识似乎不相称。

众所周知，《文通》于马氏去世前两年出版，著者生前未及对这部巨著进行最后的校订，因此该书在有关术语、引例、解释与编排等方面确实存在不少如上类似的例子。章锡琛《〈马氏文通〉校注》（1904年）、杨树达《〈马氏文通〉刊误》（1929年）等早期著作，都曾经指出过不少这一类的失误。为省篇幅，这里不再赘引。像上面所说的那些概念不清、相互矛盾、互有出入的情况，都是由于草创而未臻完善的反映，如果能有暇“审订”，凭着著者的深厚的学识和素养，是完全可以消除到最低限度的。

本专论无非强调，《文通》里的有些矛盾和抵牾之处，是马氏未及“审订”而仓促“就梓”所造成的，与其模仿西学和语法观念没有什么直接关联，只须点明，不必深究。对此，王维贤先生也强调过：“在这些错误的、不恰当的、甚至矛盾的分析中，可能反映了《文通》语法体系上的缺陷，但是很大一部分只是作者操作上的失误。”（《〈马氏文通〉的句读论》，见《语言研究集刊》第七辑）这种因事属“草创”造成的“操作上的失误”，与其“语法体系上的缺陷”当属于不同性质与不同层面，应该区别对待才是。

五、普世语法论

“普世语法论”作为一种语法观，是马建忠撰写《文通》的指导思想之一。马氏于《文通·后序》云：

> “然而言语不达者，极九译而辞意相通矣，形声或异者，通训诂而经义孔昭矣。盖所见为不同者，惟此已形已声之字，皆人为之也。而亘古今，塞宇宙，其种之或黄、或白、或紫、或黑之钧是人也，天皆赋之以此心之所以能意，此意之所以能达之理。……若希腊、若辣丁之文词而属比之，见其字别种而句司字，所以声其心而形其意者，皆有一定不易之律，而因以律吾经籍子史诸书，其大纲盖无不同。”

这一段表述显然认为：第一，全人类不论什么种族，其“天所赋”之“能意”（思维活动）相通，而作为“能达”（语言交流）之语言的组织法则也应当相同；第二，作为“已形已声”的文字和语音，于各民族间“人为之”差异很大，而“所以声其心而形其意”的文法，“皆有一定不易”的规律。这就是一般所谓“普世语法论”或“普遍语法观”。也就是说，在马氏心中，人类的语言能力与其思维能力具有天然的联系，而这种联系是天赋的。把此种语法观作为专题单独提出来，是因为在马建忠撰写《文通》的整个过程中，可以说，这种普世语法观起着主导的和决定性的作用。

由今日看来，语法既有普遍性（共性），又有民族性（个性）。但近二十年来，语言学界逐渐重视语法的普遍性原则，并且进而探索“普遍语法”的存在。普遍语法属于唯理语法，它既与语别语法相对，也与实证语法相对。换句话说，它既是一种语法观，也是一种方法论。

在以上所引马氏那段表述之前，还有这么一段议论：

“荀卿子曰：‘人之所以异于禽兽者，以其能群也。’夫曰群者，岂惟群其形乎哉！亦曰群其意耳。而所以群今人之意者则有话，所以群古今人之意者则惟字。……微特同此圆顶方趾散处于五大洲者，其字之祖梵、祖伽卢、祖仓颉，而为左形、为右形、为下行之各不相似而不能群；即同所祖，而世与世相禅，则字形之由圆而方，由繁而简，字声之由舌而齿、而唇，而递相变，群之势亦几于穷且尽矣。”

这段议论至少表达了两个意思：其一，语言与文字使人“异于禽兽”；其二，“话”与“字”可以“群今人之意”，“群古今人之意”。这里自然触及了人类语言的本质特点，强调了“语言能力”是一种“天赋”。这种观点，在《文通·卷九》阐述“叹字”时，表述得更为淋漓尽致：

“夫言者，心之声也，而字者，所以记言也。于是记言天下之事物者，则有名字，有代字；记言事物行止之状者，则有静字，有动字；记言事物之离合乎动静者，则有介字；记言动静之互相维系者，则有连字；而记言动静之幻变，使有以寄其神而写其情者，则有助字。凡兹诸字，皆所以记心中之声，发于口而为言者也，而所以记心中之感，矢诸口而为声者，则惟叹字。叹字者，所以记心中不平之鸣也。

“喜怒哀乐之未发，心至平也，有感而应，心斯波矣，波斯不平矣。其感之轻者，心有主焉，于是因所感而成意。此诸字之所记也。感之猛者，心无主焉，于是随所感而为声。此叹字之所鸣也。叹字者，所以鸣心中猝然之感发，而为不及转念之声也。斯声也，人籁也，尽人所同，无间乎方言，无别乎古今，无区乎中外。乃旁考泰西，见今英法诸国之方言，上稽其罗马希腊之古语，其叹字大抵‘哑’‘呵’‘哪’之类，开口声也；而中国伊古以来，其叹字不出‘呼’‘吁’‘嗟’‘咨’之音，闭口声也。然

声有开闭之分，而所以鸣其悖发之情则同。”（381~382 页）

反复阅读以上引文即知，这是一段精妙之文，充分阐明了马氏对人类语言之共同起源的看法。所谓“凡兹诸字，皆所以记心中之声，发于口而为言者也”，所谓“尽人所同，无间乎方言，无别乎古今，无区乎中外”，再联系其《例言》所谓“各国皆有本国之葛郎玛，大旨相似，所异者音韵与字形耳”，马氏实际上为我们构拟了一个人类语言起源的模式。正如许国璋先生所说：“‘文通’一词，不妨就解作普世语法”；“此书之成，我以为只是马建忠根据普世语法‘字别种，句司字’的道理，凭个人的哲学自信，经过十四年的勤求深探，写成这部中国前所未有、在体系上又超过当时西文语法的力作”。（《〈马氏文通〉及其语言哲学》，见《许国璋论语言》）

又据陈国华的比较研究（参《普遍唯理语法和〈马氏文通〉》，载《国外语言学》1997 年第 3 期）与贝罗贝所提供的学术背景（参《二十世纪以前欧洲汉语语法学研究状况》，载《中国语文》1998 年第 5 期），《文通·例言》所谓“此书在泰西名为《葛郎玛》”、“此书系仿《葛郎玛》而作”，皆为语法著作之专名，即法国唯理主义语言学家所著《普遍唯理语法》（又名《波尔·罗瓦雅语法》）。也正是从这个观点出发，马氏才以彼“一定不易之律，而因以律吾经籍子史诸书，其大纲盖无不同”也。

众所周知，在古代语文学家的著作里，“句读”的概念是相当模糊的，他们对“句读”内部的组织规律尚未进行过研究。而马氏正是从普世语法观出发，根据西方语言“声其心而形其意”的共同规律，对“句读”这两个核心概念作出了明确的界说：“凡有起词、语词而辞意已全者曰句，未全者曰读。”（385 页）然后对“起词”和“语词”内部的种种结构形式进行分析，因而详细地讲清了“华文义例之所在”，即归纳出汉语句子内部的结构规律。正是在这方面，《文通》才超越了他以前所有的语文学家，奠定了汉语语法研究的坚实基础。

说到这里，应当补充一点，即各种语言的语法既有其共性，又有其个性。普世语法观主要着眼于各种语言语法的共性，这在语法研究的开拓时期是很自然的，也是不可避免的。然而，语言科学既有其科学性，又有其人文性。这就是说，随着各种语法研究的深入，其个性的研究必然会突显出来。汉语跟印欧语相比，毕竟是属于两种不同类型的语言，不言而喻，其个性自然远大于共性。马氏是位卓有见识的学者，虽说他是在普世语法观的指导下构筑其《文通》之框架的，但是他相当自觉地关注“华文所独”之“义例”，因而涉及具体文法现象时又作了某些不同于“普遍唯理语法”的处置。其中比较突出的有以下三个方面。

首先，在《普遍唯理语法》中，名词和形容词是属于概念内容与思想对象的“第一类精神活动”，而动词等是属于思想运动和思考方式的“第二类精神活动”（张学斌译本第25页，湖南教育出版社2001）；而马氏却从中国传统的文化观念出发，把动字和静字看作事物两种状态的反映：“静字与动字两相对待。静字言已然之情景，动字言当然之行动。行动必由事物而发，而情景亦必附事物而著。”（21页）因而他在《正名卷之一》里分别定义为：“凡实字以言事物之行者，曰动字”；“凡实字以言事物之形者，曰静字”。在今日看来，这应当是马氏撰写《文通》时的哲学思想基础。

其次，马氏于《卷四》把置于动字之后的成分不是列入止词就是列入转词，而于《卷三》把置于静字之后的成分列入司词，尽管他也认为“象静后之司词，犹动字后之止词，所以足其意也”（120页）。同时，马氏已于《卷一》里明言“凡以言起词所有之动静者，曰语词”，又于《卷三》云：“夫事物之可为语者，不外动静两境，故动境语以动字，静境语以静字，……静字成为语词，更名曰表词，所以有别也。”（127页）以上两项处置，显然都是从前面所述“动”和“静”两相对待的理念考虑的。对此，王力先生曾给以肯定：《文通》把《论语·为政》“言寡尤，行寡悔”中的“尤”与“悔”当作象静司词，是“照顾了汉语特点”的（详参《中国语言学史》）。

再次，《文通·卷二》提出“通名假借”，《卷五》提出“动字假借”，这也是源于传统小学而归纳的“华文义例”。通过比较，马氏深悉“各国皆有本国之葛郎玛，大旨相似，所以异者音韵与字形耳"，即看到西文之名词、动词皆有丰富的形态标志，而为华文所无，于是提出"字类假借"之说。而"假借"这个术语即来自许慎之《说文解字》。《文通》于其《序》云："许慎作《说文》，于是有偏旁之学。"并引用其解说："夫依类象形之谓文，形声相益之谓字。"（9页）其《后序》亦引云："传曰：'形声相益之谓字。'"（12页）其《例言》又云："独赖《尔雅》、《说文》二书，解说经传之词气，最为近似"。（16页）马氏再三提及《说文》一书，可见其熟悉与重视。《说文·叙》论传统"六书"时即有"假借"。许慎所谓"假借"，是"本无其字，依声托事"，就字形而言；马氏所谓"假借"，是"通名假借"（34页）、"动字假借"（191页），就字类（词类）而言。二者性质有别，而"假借"之术语来自《说文》确有渊源关系。

最后，在方法的运用上，马氏十分注意"常"与"非常"的区分，以此来解决西方框架与汉语实际相结合所带来的文法现象中有些纠缠不清的问题。廖序东先生于《〈马氏文通〉所采用的研究方法》一文指出：马氏表述"常"的用语是"通例、常、常见、习见、习用、多、所在而是、所在而有、往往见之、所有皆是"等，表述"非常"的用语是"不常、间、罕见、罕用、鲜见、仅、仅见、少见、仅一二见、不常见、不多见、未之见"等（《语言学论文集》第127页）。这种把一般规律与特殊现象区别开来的做法，就为在西方语法框架之下归纳汉语文法规律提供了方便，而不必去处处迁就《普遍唯理语法》了。

在百余年以前的那个时代，《文通》以西方语法为框架，为汉语的语法研究引进了一个全新的语法体系，与此同时又深入考察汉语实际，为奠定并开拓汉语语法研究的新局面作出了巨大的贡献。在新的世纪里，汉语语法学界如何从分析型和语义型的汉语实际出发，走出一条自己的新路子，创造出真正符合汉语实际的语法体系，看来还任重道远，步履维艰，非得从大处着眼不可。

六、教学语法论

《文通》究竟是一部什么性质的语法著作，马氏在其《序》里阐明其撰写目的之时已经有所揭示：

> “士生今日而不读书为文章则已，士生今日而读书为文章，将发古人之所未发而又与学者以易知易能，其道奚从哉？……”
>
> “慨夫蒙子入塾，首授以《四子书》，听其终日伊吾，及少长也，则为之师者，就书衍说。至于逐字之部分类别，与夫字与字相配成句之义，且同一字也，有弁于字首者，有殿于句尾者，以及句读先后参差之所以然，塾师固昧然也。而一二经师自命与攻乎古文词者，语之及此，罔不曰此在神而明之耳，未可以言传也。噫戏！此岂非循其当然而不求其所以然之蔽也哉！后生学者，将何考艺而问道焉！”（10 页）

显然，马氏是感慨于当时塾师“就书衍说”，仅“循其当然而不求其所以然”，因而要“与”那些“读书为文章”之“学者以易知易能”之“道”。不仅如此，马氏还在其《后序》里进一步指出：

> “斯书也，因西文已有之规矩，于经籍中求其所同所不同者，曲证繁引以确知华文义例之所在，而后童蒙入塾能循是而学文焉，其成就之速必无逊于西人。然后及其年力富强之时，以学道而明理焉”。（13 页）

既然撰写“斯书”，是为了“童蒙入塾能循是而学文”，进而“学道而明理”；那么，《文通》也就是为教学而写作的一部文法书了，至少著者本人在主观上是这么构想的。可以说，这体现了马氏的致用语法观。

通读其《后序》即知，马氏是欲使当时士子通过《文通》的学习，尽速掌握文理，以便腾出更多的时间去学习其他科学知识。

当然，不少仁人志士对此曾持异议乃至否定态度。孙中山先生早年就有过分析："马氏自称积十余年勤求探讨之功而后成此书。然审其为用，不过证明中国古人之文章，无不暗合于文法，而文法之学为中国学者求速成图进步不可少者而已；虽足为通文者之参考印证，而不能为初学者之津梁也。"（见《建国方略》之《以作文为证》章）而后，郭绍虞也指出："……动机虽好，效果并不佳，至少在教学上是失败的"。（《汉语语法修辞新探》第 119 页，商务印书馆 1979 年）

事实确实如此。但请仔细地想一想，这"不能为初学者之津梁"而"效果并不佳"，既有其主观因素，更有其客观原因。就前者而言，《文通》写作与出版之时还处于清末时期，当时社会上通用的是文言文，马氏未能预料社会发展之趋势，自然运用文言材料，致使其书受到很大的限制；就后者而言，当时社会还是封建社会，文化教育乃至思想意识依然处于保守落后状态，传统小学根深蒂固，对语法之类的所谓"新学"不仅感到生疏隔阂，甚至普遍有抵触情绪。在这样的社会文化环境之中，怎么能期望《文通》会获得良好的效果呢？我们只消回忆一下上个世纪 50 年代《汉语》从原有"语文"课中分离出来之后，其教学效果也不佳的局面，就不会把《文通》未能达到预期的效果归咎于马氏了。

这里涉及一个问题，即教学语法和理论语法的关系问题，我们不能不有所辨析。如今，越来越多的学者都认为，教学语法又名学校语法，理论语法又名专家语法。王力曾经指出：学校语法即所谓规范性的语法，它要有所规定；而专家语法即所谓描写性的语法，它要按语言的实际来描写。他还提到，欧美国家的学校语法就是在古代希腊拉丁语法基础上长期以来形成的、极具规范作用的传统语法系统。（详参《关于汉语语法体系问题》，见《教学语法论集》，人民教育出版社 1982 年）笔者也曾多次说过："专家语法求其真，教学语法求其通。"（见《文法学及其散论》第 293 页）所谓"求其真"，是指该语法要求如实地描写语言的真实面貌，揭示客观语言包括规范的与不规范的语言现象所蕴涵的内在规律，并尽可能对它进行合理的解释；所谓“求其通”，是指其研究对象应该是符合规范的语言，所归纳的语法规则当为“通则”，其语法体系还要简明易懂。记得胡适先生当年对“通”曾经有个很好的解释：“‘通’就是通达。我的意思能够通达到你，你的意思能够通达到我，这才叫做通。”他还直言：

“在唐宋八大家里，只有欧阳修、苏东坡两人是写通了。他们不知道《论语》《孟子》都是当时活的语言，活的语言是有文法的。所谓文法，是后人从活的语言中分析出来的东西。”

此番议论平实而通透，使人豁然开朗。这么说来，专家语法或理论语法是教学语法的基础，教学语法或学校语法是对理论语法研究成果的普及和运用。在这方面，卞觉非先生概括得比较准确而稳当：理论语法与教学语法既有区别又有联系，前者具有前瞻性、创造性和探索性的传统，后者则具有规定性、稳定性和功效性的特质。（参《理论性和应用性：理论语法与教学语法的分野》，见《扬州大学学报》2004 年第 1 期）

《文通·例言》明确指出：“各国皆有本国之葛郎玛，大旨相似。”由此推测，这“大旨相似”的语法当是指西方传统的教学语法。用以上的原则来衡量，《文通》的语法框架来自西方传统的教学语法体系，其撰写的目的又是为“蒙童”在读书为文方面“求其通”，自然属于教学语法之列。这与其应用效果之“佳或不佳”，并无必然关系。也就是说，当年马氏在撰写《文通》时，并没有“自觉”地要去“描写”语言的实际，更没想到要“创造”一个新的语法体系。“无心插柳柳成荫”，由于马氏精通西文的语法体系，又具有汉语古文的深厚功底，加之“勤求探讨”，倒是为古代汉语构筑了一个相当合理的语法体系。遗憾的是，由于社会的保守以及文言的废弃，这个语法体系并未能在私塾以及后来的学堂里流行开来，反倒成了后来语法学界探讨与研究的对象。说来也奇怪，历史跟马氏“开”了一个不大不小的“玩笑”。如果今日仍在计较这个“玩笑”，而不着眼于在马氏披荆斩棘之后继续打开新的局面，那我们就不可能成为马氏的功臣。

在这里，我们还有必要再次引出马氏的一段表述：

“西文本难也而易学如彼，华文本易也而难学如此者，则以西文有一定之规矩，学者可循序渐进而知所止境，华文经籍虽亦有规矩隐寓其中，特无有为之比拟而揭示之。”（13页）

这里强调“华文”之“易”，无非说的是“中国文字无变”（246页）。在他的心目中，汉语文法的特殊性就在于把“部分类别”的种种形式变化减少到最低限度，从而比“西文”更贴近人类的“意义”世界。正因为马氏敏锐地观察到这个“意义”的底蕴，所以他坚持普世语法观，并以此去探求“华文义例之所在”。显而易见，其目的已经达到。这一点，是否能给当今之学者以深刻的启迪呢？

教学语法要实现其目标，就必须遵循三条原则：讲究系统，重点突出，简明扼要。如果撇开繁复的语料和文言的表述这两点，《文通》基本上是符合以上要求的。这里试以《卷四》为例加以剖析。该卷将“动字”先区分为“外动字、受动字、内动字、同动字、助动字、无属动字”六类，共占四十六页篇幅（144~190页）。从篇幅的大小来看，其叙述重点显然是“外动字”和“内动字”，各占十五页（144~159页）和11页（166~177页）。其余最多的是六页（助动字），最少的仅一页（无属动字）。可见主次分明。

在“外动字”一节中，《文通》重点阐述了与其有关的“止词与起词”、“转词”、“两止词”等内容。在“内动字”一节中，主要叙述“转词”的五个作用。不仅重点凸显，而且层次分明。如此安排，显然是从教学考虑的。

这里可以重点考察“助动字”一节。《文通》云：“不直言动字之行，而惟言将动之势，故其后必有动字以续之者，即所以言其所助之行也。”（183页）“故”字之前，是从语义层面说明它的表义功能；其后是从组合结构上说明它的语法特点。这在当时可谓言简意赅。至于提到具体的助动字，《文通》仅列举“可、足、能、得”这四个常见的，并逐个地作了描写分析。按其表述内容，可列表如下：

- 助动字
  - “可、足”
    - “可、足”＋受动字
    - “可”＋内动字
    - “可”＋外动字
  - “能”
    - “能”＋使动字
    - “能”＋非使动字
  - “得”＋外动字

如果说，前面所列《文通》之“动字”类别是一个母系统，那么，这里所列“助动字”之图表就是其中的一个子系统。这个二层系统虽然是隐含在文字叙述之中，但注重系统与重点突出却是明显的。关于后一特点，只要把《文通》与后出的《高等国文法》作一比较即可看出。《高等国文法》收“助动词”约三十个，如“可、能（而、耐）、克、任、足、当……见、为、相、与、遑（皇）、暇”，等等（115~130 页）。且不说其所收是否完全合适，单从教学的角度来看，主次不分是显而易见的。

我们再回过头来看一看马氏本人在这方面的有关评说：“《文通》之作，……友人见者，皆谓此书能扶前人作文之奥，开后人琢句之门，非洞悉中西文词者不办。人苟能玩索而有得焉，不独读中书者可以引通西文，即读西书者亦易于引通中文，而中西行文之道，不难豁然贯通矣。”（该书第 245 页）十分明显，马氏写作《文通》，萦绕于心的，是“扶前人作文之奥，开后人琢句之门”这个朴实的愿望。

总之，马氏不仅为其著作树立了为“后生学者”“循是而学文”的教学目标，而且也是为实现这个目标而尽心安排其内容的。至于主观愿望与客观效果未能一致，如前所说，那主要是时代造成的局限。

七、语料论

所谓语料就是语言的资料，它好比语言研究的土壤。《文通》作为我国第一部成系统而又具有“华文”特点的文法巨著，在语料的选取和运用上也表现出它的特色。

首先，马氏“积十余年之勤求探讨”，其搜寻语料之丰富可谓空前绝后。吕叔湘在《重印〈马氏文通〉序》（1980年）里就曾指出：“《文通》收集了大量的古汉语例句，大约有七千到八千句。比它后出来的讲古汉语语法的书好像还没有一本里边的例句有它的多。”张万起《〈马氏文通〉用例小计》一文曾做过统计，《文通》共用例句七千三百二十六条。显然，在用例的丰富上，至今也没有哪一部古汉语语法著作超过《文通》的。单就语料而言，《文通》就像一座极其丰富的矿藏，后世古代汉语语法研究者大都从中挖掘出有用的矿石，并提炼出金属来。

其次，《文通》在语料的取用上是有其一定的原则的。马氏于其《序》云：

> “上稽经史，旁及诸子百家，下至志书小说，凡措字遣辞，苟可以述吾心中之意以示今而传后者，博引相参，要皆有一成不变之例。愚故罔揣固陋，取《四书》、《三传》、《史》《汉》、《韩文》为历代文词升降之宗，兼及《诸子》、《语》《策》，为之字节句比，繁称博引，比例而同之，触类而长之，穷古今之简编，字里行间，涣然冰释，皆可以得其会通，辑为一书，名曰《文通》。”

以上表述有三点值得注意：其一是“可以示今而传后”，这实际上点出了语料要具有典范性；其二是“为历代文词升降之宗”，即指明语料要具有权威性；其三是“要皆有一成不变之例”，这是说语料要具有体现语法规则的传承性。语料的“典范性”、“权威性”、“传承性”，正是马建忠之语料观的反映。这种语料观，在其《例言》与《后序》里也有类似的表达：“诸所引书，实文章不祧之祖。”“凡事属创见者，未可徒托空言，必确有凭信而后能见信于人。”所谓“不祧之祖”，“见信于人”云云，同样是在强调语料之“三性”的观点，这与《文通》一书所体现的科学性和实用性是完全一致的。

再次，在以上所述语料观的指导下，《文通》在语料的选取和排列上也是有讲究的，即具有一定的逻辑规则。具体说来有以下几个方面：

其一，著者对语料的丰富有明确的认识，而且对语料所在的文献本身极其熟悉。从以上那段引文即可看出，《文通》引例之丰富几乎无与伦比。马氏显然认为，语料之丰富对于语言规律的揭示至关重要，因为丰富的例证才能全面而正确地反映语言的客观规律，才具有很强的说服力。这只要通读《文通》一书就能体会到，无须费辞。

这里要强调的，是著者并非随意援引语料表示如何丰富而已，而是对语料所在的古代文献深有研究且很有体会。马氏于《文通·例言》云：

> “古文之运有三变焉。春秋之世，文运以神:《论语》之神淡，《系辞》之神化,《左传》之神隽,《檀弓》之神疏，庄周之神逸。周秦以后，文运以气:《国语》之气朴,《国策》之气劲,《史记》之气郁,《汉书》之气凝，而《孟子》则独得浩然之气。下此则韩愈氏之文，较诸以上之运神运气者，愈为仅知文理而已。”（16页）

马氏对以上所提及的几部古典文献之特点的概括，未必十分准确，但总体上觉得大致不差。如果不是极有体味，是绝对说不出那番言辞的。马氏对文献之精通，由此可见一斑。当然，我们不能否定在选取语料上，马氏有其自身的偏好，但这种偏好并未影响那些文献本身的典范性、权威性和传承性。这是众所周知的。

其二，叙述文字所举例字与语料的排列顺序基本一致。譬如《实字卷之二》云:“‘身’‘亲’‘自’‘己’四字，皆重指代字，人己通称，而

‘身’‘亲’二字必居主次。‘身’者，明其人之与其事也，‘亲’者，表其人之行其事也，有动静之分焉。”（55 页）其后《文通》便先后举例以证明其说。接着再说“自”，举例以证之（56 页）；再说“己”，再举例以证之（57 页）。不仅层次分明，而且例句对应。

又如《虚字卷之八》云：“至如‘方’‘当’‘甫’‘自’‘比’‘及’‘会’等字，记时之连字也，而皆假于动字。其为义各别，而用以接夫上下文者则同。”（310 页）其下即举《史记》《汉书》《哀江南赋》各一例皆含“方”字，举《易》《史记》各一例皆含“当”字，举《三国志》《汉书》各一例皆含“甫”字，举《史记》三例皆含“自”字，举《孟子》《史记》《汉书》各一例及《礼记》二例皆含“比”字，举《礼记》《孟子》《左传》《史记》《韩文》《国语》各一例皆含“及”字，举《史记》《汉书》各一例皆含“会”字。显然，语料与例字一一对应，呈现出规律性。

有时也有不严格一致的地方，那是马氏有意作了调整。譬如说到《推拓连字八之五》时云：“‘若’‘苟’‘使’‘如’‘设’‘令’‘果’‘即’‘诚’‘假’诸字，皆事之未然而假设之辞，亦为推拓连字，惟以连读而已。”（318 页）然而在下面举例时，却是以“如、若、苟、令、即、果、诚、设、假、就”为序，看来马氏是为了突出某些例字的重要性与常用性。当然也有因为疏忽而不相对应甚至缺漏之处，这又与其属“草创之作”不无关系了。

其三，对语料的选取与排列相当注意语义上的类聚。譬如《实字卷之四》论及“转词指人，或为代字，或为名，而字无过多者，则先诸止词而无庸介焉”时，《文通》罗列《孟子》八例，《论语》一例，《史记》四例，《庄子》二例，《左传》四例，《韩文》三例，《公羊》一例，一共二十三例（146~147 页）。只须稍稍仔细观察便不难看出，以上例句中涉及的动词“与、授、遗、馈、夺、偿、赐、示、分、付予、反、生、为”都含有“给予”义。其中《孟子·告子下》“夺之食”的“夺”，与“予”构成反义，“予夺”归为一类有其合理之处；至于《左庄八》“示之背”

的“示”，亦隐含有“(示) 给”义。

又如同卷论及“凡外动字之转词，记其行之所赖用者，则介以‘以’字，置先动字者，常也”时，先列举《孟子》八例，即作一小结云：“诸句，其转词皆介‘以’字而置先动字。”接着列举《孟子》七例，又作一小结云：“诸句，转词介以‘以’字置于止词之后者，盖止词概为代字，而转词又皆长于止词，句意未绝耳。”（149~150 页）其后，列举《史封禅书》、《左隐元》、《史汲郑列传》、《左宣十二》、《庄天道》等例句，几乎逐句说明“‘以’字司词，先后乎动字无常”的缘由（150 页）。其中语料的排列又分作三个层次，而且在语义上又相对集中，著者之苦心由此可见。这足以说明，《文通》每阐述一条语法规律，都援引大量例证，以实现其“必确有凭信而后能见信于人”的信条。

这里不能不提及，也有些学者对马氏的语料观是持批评态度的。王力于《中国语言学史》评曰：“他把先秦的古语与千年后的韩愈的语言看成是同一的研究对象，这样古今杂糅，是语法不变论的逻辑结果。”吕叔湘在《重印〈马氏文通〉序》里也说：“至于书中取例不分时代，论述自然笼统，那当然是不够科学。”陈国华在《普遍唯理语法和〈马氏文通〉》（1997 年）一文中甚至批评“整部《文通》不是用历史比较法写出来的”，“马建忠把这种新体古文或仿古古文与真正的古文摆在一起，不免给人一种不伦不类的感觉”。此说似乎有理，但认真想来未免苛刻。

应当明确，语法通论的撰写，与语法史的著作是目的不同、性质也不同的。前者着眼于语法通则的揭示，属于共时的研究；而后者偏重在语法规律的演变，属于历时的研究。在共时研究那里，看重的是语法的稳定性，对语法的些微变化可以在所不计；而在历时研究那里，注重的却是语法的变动性，对语法的历史演变都在考察之中。就此而言，《文通》显然属于前者，正如马氏所言，“因西文已有之规矩，于经籍中求其所同所不同者，曲证繁引以确知华文义例之所在”，他自然着眼于“要有一成之律贯乎其中，历千古而无或少变”。汉字具有超越时空的特性，古典文献在“词语”上古今变化较大，而在“文法”上古今差异甚小，这是汉语研究者历来公认的事实。马氏那样选取语料，不仅符合古代汉语的实际情况，也符合撰写语法通论的合理要求。

还应当明确，语法通论的撰写，还有教学语法与理论语法的区别。教学语法求其“通”，而理论语法求其“真”。所谓“通”即在教学上通用和通行，所谓“真”是在研究上力求与时俱进。前面说过，马建忠撰写《文通》，目的在于“盖将探夫自有文字以来至今未宣之秘奥，启其缄縢，导后人以先路”。说到底，他是为“士生今日而读书为文章”而“与学者以易知易能”之“道”。目的决定方式与方法，《文通》对于语料的选取，是符合其致用之目标的。这也是科学性的表现。不能设想，马氏会超越时代，在一部名为“文通”的古代汉语“教学语法”的著作中，能详细讲明不同时期汉语语法的法则，甚至用历史比较法写出汉语语法史来。这种要求显然过于出格了。至于该书未能达到预期的教学效果，则有多种原因，主要是时代变化所致，那属于另外一个问题了。

上述辨析，绝非为回护马氏的语料观及其具体措置，而是从他当时撰写《文通》的实际出发，实事求是地给以评价。这才是研究者应当采取的历史唯物主义的科学态度。

八、继承论

《文通》问世以后的百余年间，前八十年，学界一般仅着眼于该书“模仿”西文语法的一面，很少有人关注其继承传统小学的一面。无论从《文通》一书的内容来看，还是从其著者的学识结构来说，都嫌片面。梁启超在《中国近三百年学术史》一书中写道：

“眉叔是深通欧文的人。这部书（指《文通》）是把王、俞之学融会贯通之后，仿欧人的文法书把语词详密分类组织而成的。”（第264页）

郭锡良（1989）先生据此指出：“在这里梁启超正是指出了《马氏文通》的两个学术渊源。”（参《汉语史论集》第114页）直到1998年该书出版百年，孙良明先生发表《〈马氏文通〉对中国古代语法学的继承与发展》一文，算是对此有了专门的探讨。在《文通》问世之前，中国古代是否存在“语法学”，大多数语法学者持否定态度 有的至少表示怀疑。好在这个问题对这里所要论述的内容没有什么妨碍，可以不必涉及。我们从“传统小学”的角度，参考孙先生文章中有益的内容，以强调马建忠的学识功底及其对传统学术的批判的继承。

古代的训诂，是“国学”所包含的一个层面，是传统小学的主要组成部分，包括随文释义的传注和通释语义的专著两类。《文通》对这两类著作都有不少引用。有人统计，《文通》引用前人有关文法方面的论述近一百七十处，出自古代训诂著作的有三十多部，如《尔雅》、《说文解字》、《文心雕龙》、《颜氏家训》、《玉篇》、《广雅》、《六书故》、《增韵》、《孝经》、《韵会》等，还不包含未指明出处的。其中有直接引用的，也有间接引用的；有持肯定态度的，也有持异议批评的。

先看对古代典籍传注的引用：

《公羊传·隐公元年》云：“夏五月，郑伯克段于鄢。克之者何？”注云：“加‘之’者，问训诂，并问施于之为。”——夫“施于”者，即行之所施也，止词也，“施”者，起词也。（144页）

《公羊传·庄公二十八年》谓：“《春秋》伐者为客，伐者为主。”注谓“伐人者为客，长言之；见伐者为主，短言之。皆齐人语。”——是齐人以“伐”字之声短声长，以为外动受动之别。（160页）

《论公冶》：“御人以口给，屡憎于人。”“屡憎于人”者，《注》云：“徒多为人所憎恶也。”——憎恶之情，施自人而受于佞者，……故“憎”字由外动而转为受动矣。（161~162页）

《汉陈项传赞》：“信臣精卒，陈利兵而谁何。”师古云：“问之为谁，又云何人，其义一也。”——“谁何”本询问代字，今用如外动矣。（193页）

《礼大学》：“大学之道，在明明德。”第一“明”字，《注》云：“明，明之也。”——“明之”者，使之明也，《朱注》用以解为外动也。（193页）

《论公冶》：“弗如也，吾与女弗如也。”《论语公冶长正义》云：“弗者，不之深也。”——与“不”字无异，惟较“不”字辞气更遽耳。“（241页）

《僖公元年公羊传》：“庆父闻之曰：‘嘻！’”《何注》为“发痛语首之声”。（382页）

《大戴礼少闲篇》：“公曰：‘嘻！’”《卢辩》注为“叹息之声”。（382页）

以上于各例句之后，马氏皆先引古人之随文注解，再加上自己的分析。这无非表明，《文通》所说大多有其来历，并非个人杜撰。

再看对古代训诂专书的引用：

《卷二》论指名代字云：“凡指前文事理，不必历陈目前，而为心中可意者，即以‘是’字指之。《博雅》云：‘是，此也。’《六书故》云：‘此犹兹也，斯也。’总承上文之辞。”（53页）

又云：“凡用‘于之’两字之处，‘焉’字代焉。《玉篇》云：‘焉，是

也。’”（54页）

又论接读代字云：“‘者’字必煞读脚，所谓语已词也。《说文》谓之‘别事之辞’，《增韵》谓之‘即物之辞’者，以其有所指也。”（66页）

《卷六》论状字别义云：“‘岂’字，《广韵》云：‘安也，焉也，曾也。’有作‘宁’字解者。”（243页）

《卷九》论传信助字云：“‘尔’字，《广韵》云：‘词之必然也。’‘尔’本状字，解‘如是’也。”（348页）

又论传疑助字云：“‘乎’字，《说文》谓‘语之余也’。《礼檀弓正义》云‘疑辞’也。语余者，助字也。疑辞者，传疑也。”（361~362页）

此外，马氏多处引用袁仁林《虚字说》、刘淇《助字辨略》、王引之《经传释词》等虚字专著中的说法，有的径具其姓名，有的仅用“经生家”表示。例如：

《卷二》论“名有一字不成词，间加‘有’字以配之者”云：“《书经》邦曰有邦，居曰有居，夏曰有夏，政曰有政。《易经》家曰有家，庙曰有庙。《诗经》北曰有北，梅曰有梅。《左传》济曰有济，帝曰有帝。而国号之上率加‘有’字，如有虞、有夏、有殷、有周之类，以上见《经传释词》。”（39页）按：参《释词·卷三》。

《卷二》云：“‘之’合‘于’字，疾读之曰‘诸’，‘诸’代‘之于’。”“而‘于’与‘乎’同声，故‘诸’又代‘之乎’。”（49页）按：本于《虚字说》。

《卷九》论传信助字“焉”字云：“高邮王氏引《吕氏春秋季春篇》云：‘天子焉始乘舟。’又引《晋语》曰：‘焉始为令。’又引《墨子鲁问篇》曰：‘焉始为舟战之器。’三引皆记时之读。王氏谓‘焉’字解犹‘于是’也，是矣。”（357页）

《卷二》论指示代字“虑”字云：“……诸‘虑’字，经生家解作‘率辞’，犹云‘大率’也。”（86页）按：参《助字辨略·卷四》。

《卷四》论“以‘见’字加于外动之前者”云：“某云：‘见者，加于我之辞也。’近是。”（163页）按：参《助字辨略·卷四》。

《卷六》论状字“安”字云：“诸‘安’字，经生家皆解作‘何’字。”（242页）按：所谓“经生家”包括刘淇和王引之。按：参《经传释词·卷二》。

以上诸例所引，马氏似皆信手拈来，可见其传统小学的深厚功底。如果把他的“模仿”西学和“继承”传统结合起来通盘思考，谓之“学贯中西，西体中用”，绝不为过。

细心考察《文通》，马氏对传统小学，不仅有继承吸收的一面，而且还有批判发展的一面。试看以下几段议论：

——读王怀祖、段茂堂诸书，虚实诸字，先后错用，自无定例。今以诸有解者为实字，无解者为虚字，是为字法之大宗。（20页）

——以上“之”代“之于”，皆有所指。若《大学》“人之其所亲爱而辟焉”，“之”亦代“之于”，则惟代其声耳……。经学家直谓“之”当作“于”，并无佐证。盖不知“之”代“之于”之例，更不知“之”为成读之语气，故未免武断耳。（49页）

——若前文非读而句意已全，今以“何”字呼起以求其故者，则用“何则”两字。……此“何”字亦表词也。犹云“上言如是是何也”，“则”字以下，申言其故。经生家皆以“何则”二字连读，愚谓“何则”二字，亦犹“然而”两字，当析读，则“则”字方有着落。（73~74页）

——有谓唐时往往以“然”字代“然后”者。韩文《论淮西事宜状》云：“事至不惑，然可图功。”又《论变盐法事宜状》云：“事须差配，然付脚钱。”两“然”字若曰“然后”，句调不协矣，而句意则然矣。（313页）

——《左传宣公十二年》云：“楚之无恶，除备而盟，何损于好？若以恶来，有备不败。”……经生家皆谓所引《传》语各节，首句皆间“之”字，而下以“若”字对之，故“之”与“若”互文耳。不知凡起词坐动有“之”字为间者，皆读也。而凡读挺接上文者，时有假设之意，不必以“之”字泥解为“若”字也。（249页）

——《左昭十九》：“其一二父兄惧坠宗主，私族于谋而立长亲。”“私

族于谋”者，“谋于私族”也。或云“私谋于族”也，是则“私”为状字，而与“谋”字不合也。（261 页）

——《广韵》云：“也，语助也，辞之终也。”《颜氏家训 · 书证篇》亦云：“也，语已及助句之辞。”然此不足以概“也”字之变。……愚谓“也”字所助有三：曰助句，曰助读，曰助实字，以视所谓三用者较为涵盖。（325 页）

——经生家谓经籍内有“也”“矣”两字互相代用者。《论语先进》云：“从我于陈蔡者，皆不及门也。”以为“也”代“矣”字。《论语里仁》云：“其为仁矣。”又以为“矣”代“也”字之证。蒙谓“皆不及门也”者，决言同时之事，“也”字为宜。至“其为仁矣”之读，夫子自叹未见好仁者之真恶不仁者，故追忆真恶不仁者之曾已为仁之时，直使不仁者不得加乎其身云。此似追记已事，助“矣”字为宜。夫“矣”“也”两字皆决辞，有时所别甚微。若非细玩上下文义，徒以一时读之顺口，即据为定论，此经生家未曾梦见《文通》者，亦何怪其尔也。（347 页）

由以上诸多引例及其分析可以看出，马氏不仅融会了传统语文学的卓越成就，而且还以文法学的眼光重新审视古代小学家的传统训释，鉴别其是非正误。显然，马氏的见解大多高出于所谓“经生家”的训诂，因为他能自觉地从语法结构和语气表达两方面来分析字句；而“经生家”未曾梦见《文通》，即未能掌握语法知识，必然有所局限。究其根源在于：文法学与传统训诂学虽然同样以探求语义为终极目的，但二者对于语义的认识是大不相同的。传统训诂学侧重于探求语言成分的个体意义，往往着眼于具体语境下词句涵义的训释；而文法学注重于语言成分之间的结构关系，主要致力于词句分布和功能类型的抽象归纳。

在第三个专题“模仿论”中，曾经提到对中国古代文论之“气”这个概念的继承。这里当有所申述。如所周知，是三国时曹丕于《典论论文》最先论及：“文以气为主，气之清浊有体，不可力强而致。”这里所谓“气”，既指作品的“意味”，即“文气、神气、气势、气韵”等，也指作家的“才质”，即“才气、志气、意气、骨气”等。直到清代学者袁仁林才把“气”的概念全面地运用于《虚字说》里。其《序》云：

> “凡其句中所用虚字，皆以托精神而传语气者。通其实虚，容不审乎？”“夫虚字诚无义矣，独不有气之可言乎？吾谓气即其义耳。不然，几于哑迷庾辞难可究诘，展转相仍，一以模棱付之，不其谬与？”（第 11 页）

显然，马氏在《文通》里自觉运用“气”这个术语，是直接继承袁氏之说，不仅在概念运用上一脉相承，而且在虚字解说上也有沿袭。只要将两书稍加比较即可体会。试看以下两例：

《虚字说》：“‘顾’，其声在转语中最为轻婉。”（第 22 页）

《文通》：“‘顾’字于转语词中最轻婉，用之有回环往复之态。”（第 315 页）

《虚字说》：“‘乎’系喉音，引喉深出，圆满包含，其气自足。”（第 33 页）

《文通》：“‘乎’字喉音，圆满气足，凡事理可直言而不必婉陈者则用之。”（第 362 页）

需要指出的是，即使在这方面，《文通》也有别于《虚字说》，即前者大致克服了后者对虚字解说的模糊玄虚的缺陷，而且还把“气”之概念运用于实字乃至句读的解析之中。就这一点而言，《文通》也是承前启后，影响深远的。我们不妨再将《文通》与《经传释词》作一番比较。

钱熙祚于《经传释词·跋》中曾对王氏“释词”之例类与方法作过小结曰“其例类大略有六”：“一曰常语”，“一曰语助”，“一曰叹词”，“一曰发声”，“一曰通用”，“一曰别义”。“其释词之法亦有六”：“有举同文以互证者”，“有举两文以比例者”，“有因互文而知其同训者”，“有即别本以见例者”，“有因古注以互推者”，“有采后人所引以相证者”。

钱氏所谓“例类”即术语，其含混而不系统显而易见；所谓“方法”，也无非利用“互文、连文、对文、异文”等文例以探求虚字之解释。这些都依然局限于传统小学之藩篱，基本上未能突破。而《文通》则根本不同，不仅所用术语皆有确切之“界说”，而且从整体上已经构成一个比较完整的系统。即使马氏在具体解说虚词和阐述语法规律时，也利用“互文见义”之类的传统方法，但他已经站得比他以前所有的语文学家都要高，从词语“分布”的语法学的新视角来研究词语的“语法意义”的。

《卷七·与字之用》云：“‘与’字于助动后，无司词者常也。”（271 页）其下举例如：

《论子罕》：“子曰：‘可与共学，未可与适道；可与适道，未可与立。”“可与共学”者，言“可与之共学”也。“之”者，以指“可与共学”之人，下同。……有谓《礼中庸》云：“可与入德矣。”《论语阳货》云：“鄙夫可与事君也与哉！”《史记袁盎列传》云：“妾主岂可与同坐哉！”诸“与”字作“以”字解，而引《史记货殖传》云：“是故其智不足与权变，用不足以决断，仁不能以取予。”与《汉书扬雄传》云：“建道德以为师，友仁义与为朋。”诸句，以“与”“以”两字互文为证。不知古人用字不苟，其异用者正各有其义耳。况助动后“与”字实有本解。如《汉书陆贾传》云：“越中无足与语。”若云“无足以语”，则不词矣。（271 页）

以上引文中所批评之“有谓”，即指王氏《释词·卷一》对“与”的训释。撇开二人的具体结论，就其着眼点而言，王氏注重于词在一定的上下文中的个别意义，而马氏注重于词在一定结构中的语法意义。这就是训诂学者与语法学家的根本不同之处。

我们设专题分别论述《文通》的“模仿”和“继承”，意在使读者全面地看待这部开创性的语法著作，说明马氏当时的总体思维，既与完全着眼于西方语言的西方语法学家不一样，也与全然不懂组词造句规则的本国语文学者不相同。正如孙楷第在《高等国文法序》里所说的：

“昔刘淇著《助字辨略》，专辑虚字，搜采颇富。及王氏引之著《经传释词》，方法益为严密。而俞氏《古书疑义举例》则于字义以外，兼涉及文法上之关系。三书并称名著，有益后生。然当时文法之学尚未成立，其所为仅足为文法学之资料而已，无条理系统之可言也。及马氏师西法作《文通》，我国文法始卓然成为一科。”（第 5 页）

这个评论极有助于我们从理性上全面认识《文通》，可以避免各执一隅的偏见。

在继承传统方面，国外汉学家的某些见解倒是值得我们思考。譬如英国著名语言学家罗宾斯于 1964 年就指出：

> “在西方学者同中国及其语言发生接触之前，中国就有了其固有的语言研究传统。……汉语书面表达使用这种模式，以及语法结构的孤立性和分析性，决定了中国文明史上汉语和语言研究所走的道路。”（《普通语言学概论》第 127 页；转引自《语言研究集刊》第七辑）

看来还是当年梁启超说得确切，王引之和俞樾都是清代乾嘉学派的著名学者，他们的著作都为《文通》提供了有益的素材。这是因为，传统训诂家对于文献词句的解释虽然侧重于个体意义的训释，但有时也会涉及同类词语、同类句子意义特征的归纳，以及词语之间、语句之间某些结构特点的说明，因而也就会突破具体词句个别意义的诠释，而对于古代文献词句组合的文法范畴、语法手段有着或多或少的揭示。

以上客观存在的事实说明，我国文法学作为一门系统科学虽然形成很晚，但古代学者的文法观念却是出现已久，源远流长。笔者曾经指导博士生以“王念孙《读书杂志》语法观念研究”为论题，撰写其博士论文，去年已由巴蜀书社出版，就是最充分的证明。切不可忽视这一点，马建忠是从传统小学中走出来，又接受了西学洗礼的一位新进学者，他的学识和眼光自与常人不同。

客观地说，“模仿西学”和“继承传统”之间，“继承传统”与“批判创新”之间，都不可能没有矛盾。《文通》的著者有时徘徊于矛盾之中，有时踌躇于取舍之间，也是情有可原的。不过从总体上来说，马氏撰写《文通》，还是植根于“国学”之精粹，批判地继承了传统语文学，取其精华，弃其糟粕，因而能够推陈而出新。

九、比较方法论

胡适早年指出："中国语言孤立几千年，不曾有和他种高等语言文字相比较的机会。……没有比较，故中国人从来不曾发生文法学的观念。"（《国语文法概论》之《国语与国语文法》）这无异说，《文通》即是我国第一部涉及语言对比研究的文法学著作。廖序东先生在其《〈马氏文通〉所采用的研究方法》一文中曾总结其所采用的研究方法，细别之，有"归纳法、比较法、区分常与非常法、结合修辞分析法、句型变换分析法、层次分析法、重点研究法、篇章段落分析法"八种。（《语言学论文集》第123~140页）此种分类未尝不可，但《文通》一书用得最多而又最自觉的，自然是比较的方法。

比较法是区别事物最常用的方法，也是科学研究最有效的方法。无论什么时代，无论什么学者，也无论什么领域，只要进行研究，都要运用比较的方法。至于其效果如何，那就看各人的学识、功底和对比较方法认识的自觉程度了。《文通》的著者具有丰富而合理的知识结构，因而在运用比较方法于语法研究中是全面而又多角度的。他在其《例言》里曾明确指出：

> "古经籍历数千年传诵至今，其字句浑然，初无成法之可指。乃同一字也，同一句也，有一书迭见者，有他书互见者。是宜博引旁征，互相比拟，因其当然以进求其所同所异之所以然，而后著为典则，义训昭然。"（15页）

所谓"互相比拟"，"博引旁征"，说明马氏的确是自觉地、全面地、多角度地运用比较的方法的。

首先来看马氏的宏观比较。《文通·后序》云：

“余观泰西，童子入学，循序而进，未及志学之年，而观书为文无不明习；而后视其性之所近，肆力于数度、格致、法律、性理诸学而专精焉。故其国无不学之人，而人各学有用之学。计吾国童年能读书者固少，读书而能文者又加少焉，能及时为文而以其余年讲道明理以备他日之用者，盖万无一焉。夫华文之点画结构，视西学之切音虽难，而华文之字法句法，视西文之部分类别，且可以先后倒置以达其意度波澜者则易。西文本难也而易学如彼，华文本易也而难学如此者，则以西文有一定之规矩，学者可循序渐进而知所止境；华文经籍虽亦有规矩隐寓其中，特无有为之比拟而揭示之。遂使结绳而后，积四千余载之智慧材力，无不一一消磨于所以载道所以明理之文，而道无由载，理不暇明，以与夫达道明理之西人相角逐焉，其贤愚优劣有不待言矣。”（13 页）

从上面一段引文明显看出，马氏是从中西教育之比较出发，进而论及中西语言教育之比较，其结论自然是：“华文经籍虽亦有规矩隐寓其中，特无有为之比拟而揭示之。”正因为马建忠既有宏伟博大之志向，又能用宏观比较之方法，所以才能一眼看出“吾国”“华文”教育之弊端。于是痛下决心，“因西文已有之规矩，于经籍中求其所不同者，取证繁引以确知华文义例之所在”。可见，比较法使用之大小，也是由使用者胸怀之大小决定的。

也正是从这一点出发，马氏于总体上看出了西文与华文之区别：“泰西文字，原于切音，故因声以见意，凡一切动字之尾音，则随语气而为之变。古希腊与拉丁文，其动字有变至六七十次而尾音各有不同者。今其方言变法，各自不同，而以英文为最简。惟其动字之有变，故无助字一门。助字者，华文所独，所以济夫动字不变之穷。”（323 页）显然，如果没有宏观观察的眼力，是不会看得那么深透的。

其次来看马氏的微观比较。《文通·卷四》论及“以为”二字连用或并用时云“‘以为’二字共有五解，今各引书以明之。《汉贾谊传》：‘进谋者率以为是固不可解也。'‘以为’解‘意谓’也，此其一。又《汲郑传》：‘……皆以为奴婢，赐从军死事者家。’‘皆以为奴婢’者，犹云‘皆以胡人当作奴婢’也，故‘为’字作动字用。此其二。又《万石君列传》：‘徙其家长安中戚里，以姊为美人故也。’言因姊是美人故也。此其三。又《孟尝君列传》：‘始以薛公为魁然也。’‘始以’云云者，犹云‘初以薛公如此’也，则‘为’字仍为断词，而‘以’字有意度之解，此其四。《庄人间世》：‘彼亦直寄焉以为不知己者诟厉’也。故‘为’字乃受动字所习用也。此其五。”（154 页）这里将“以为”的五种不同的语法意义加以比较，可谓辨析入微。

又《卷四》论及“记所在之处，介以‘于’字者常也，不介者有焉”时，特别提到“同一句也，《史记》用‘于’字而《汉书》删去者，《汉书》用‘于’字而《史记》删去者，难仆数也”（170 页）。其下即不厌其烦地举例：

《史记 · 项羽纪》：“大破秦军于东阿。”

《汉书 · 项羽纪》：“大破秦军东阿。”

《史记 · 项羽纪》：“扫境内而专属于将军。”

《汉书 · 项羽纪》：“扫境内而属将军。”

《史记 · 高祖纪》：“乃即皇帝位汜水之阳。”

《汉书 · 高祖纪》：“汉王即皇帝位于汜水之阳。”

《史记 · 萧何传》：“种瓜于长安城东。”

《汉书 · 萧何传》：“种瓜长安城东。”

《史记 · 张良传》：“武王伐纣，封其后于宋。”

《汉书 · 张良传》：“武王诛纣，封其后宋。”

《史记 · 张耳陈余传》：“然而慈父孝子莫敢事刃公之腹中者，畏秦法耳。”

《汉书 · 蒯通传》：“慈父孝子所以不敢事刃于公之腹者，畏秦法也。”

《史记 · 韩信传》：“不至十日而两将之头可致于戏下。”

《汉书 · 韩信传》：“不至十日，两将之头可致戏下。”

《史记·樊哙传》:“东攻秦军于尸,……”

《汉书·樊哙传》:“东攻秦军尸乡,……”

以上共列举八对例句,两两比较,是为证明介字“于”的用与不用,与音节有着密切的关系。其结论云:“总观两书,《史记》之文纡余,《汉书》之文卓荦,‘于’字之删不删,其有以夫!”(170页)显然,这个问题在《文通》里是个极小的语用问题,然马氏却不放过,仍然用不小的篇幅加以阐明。

还有一个微观比较极为精彩,不能不提及。《卷九》论述助字“焉”字时云:“经学家见经史中询问之句,有助以‘也’字‘焉’字者,则谓‘也’‘焉’两字同乎‘乎’字。不知询问之句,助以‘也’字者,寓有论断口气。兹助‘焉’字者,藉问而陈义耳。此所以与‘乎’‘也’两字少有区别也。”(355页)接着便以《孟子·梁上》一句为例:

“则牛羊何择焉”——犹云“牛羊两者一无所择”也。此惟直陈其事理。

“则牛羊何择也”——是有责王之口气,以惟知隐牛而不知隐羊也。

“则牛羊将何择乎”——则惟有诘王之口气,以同为“无罪就死”,两者之中,何一可择乎?

经过以上比较,最后说:“今助‘焉’字,既不论断其曲直,又不询王以何择也。”(355页)此种比较辨析,尤其发人深省。

再次来看共时的比较。共时比较,有不同语言之间的,有同一语言之间的。这里是就《文通》一书来谈这个问题,无须涉及不同语言之间的共时比较。至于同一语言之间,前面所举的《史记》和《汉书》有关“于”字用与不用的比较,即属于共时比较。不过为了说明问题,可以再举些例子。《文通·卷一》“界说”一节论及“凡有起、语两词而辞意未全者曰读”时,排列以下各句:

《孟离上》:“三代之得天下也以仁,其失天下也以不仁。”

又《梁上》:“未有仁而遗其亲者也,未有义而后其君者也。”

又《公下》:“丑见王之敬子也,未见所以敬王也。”

又《梁下》："民惟恐王之不好勇也。"

又《梁下》："以大事小者，乐天者也。"

又《梁上》："天下之欲疾其君者，皆欲赴诉于王。"

又《公上》："管仲，曾皙之所不为也。"

又《滕下》："仲子所居之室，伯夷之所筑与？"

以上例句皆出自《孟子》一书，都是用来分析起词、语词"合为一读"而"辞意未全"的语法现象（28页），自然属于共时比较。而《文通·卷七》在论及"外动字之止词，间有介以'于'字而先焉者。其止词之重否，一以字之奇偶为定"时，却以下列例句为证：

《孟万下》："吾于子思，则师之矣。"

《论子路》："君子于其所不知，盖阙如也。"

《庄天道》："夫道，于大不终，于小不遗。"

以上属于同一时期的不同文献，但各句中都用介字"于"分别把止词"子思"、"其所不知"、"大""小"提到动字之前，而"所引诸外动字之后，止词不重者，字偶故也"。（258页）

又如论及"凡与起词有对待之义者，必介'于'字以系于其后，而又参以'之'字者，所以读之也。故'之于'二字，即所以申其对待之义"，亦举同一时期之不同文献为例：

《论述而》："君子之于天下也，无适也。"

《孟告上》："口之于味也，有同嗜焉。"

《论八佾》："知其说者之于天下也，其如示诸斯乎！"

《吴语》："君王之于越也，繄其死人而肉白骨也。"

正是基于这种不同文献的共时比较，马氏总结说："统观所引'之于'两字，离之则各有其义，合之则有对待之义。"（260页）

再如《卷八》论述"推拓连字"，说到"设辞往往借用两字者"时，先后列举《史肖相国世家》、《史李斯列传》、《后汉张衡传》、《汉贾谊传》、《汉司马迁传》、《史淮阴侯列传》、《庄大宗师》、《史张释之列传》、《史魏其列传》、《史游侠列传》共十例中含有"乡使、向使、假设、假令、浸

假、有如、诚使”等，证明“皆连用两字，而皆先乎读之起词”之现象。（319 页）

最后来看历时的比较。仔细考察《文通》，也有不同语言之间的对比。譬如《卷九》云：“叹字者，所以鸣心中猝然之感发，而为不及转念之声也。斯声也，人籁也，尽人所同，无间乎方言，无别乎古今，无区乎中外。乃旁考泰西，见今英法诸国之方言，上稽其罗马希腊之古语，其叹字大抵‘哑’‘呵’‘哪’之类，开口声也；而中国伊古以来，其叹字不出‘呼’‘吁’‘嗟’‘咨’之音，闭口声也。然声有开闭之分，而所以鸣其悖发之情则同。”（382 页）但是，《文通》毕竟是一部古代汉语语法的著作，这种不同语言之间的比较仅为个例。我们的着眼点还在同一语言内部的历时比较。譬如《卷二》论及“指名代字”时云：

“‘朕’‘台’（按当改作‘臣’）两字，亦发语者自称也，《书经》用之。古者贵贱皆自称‘朕’，秦始皇二十六年，定‘朕’为皇帝自称，臣下不得僭焉，至今仍之。古者‘臣’字亦对人之通称，非如后世之专指臣下也。”（44 页）

“《日知录》谓‘《论语》之言“斯”者七十，而不言“此”；《檀弓》之言“斯”者五十有二，而言“此”者一而已。《大学》成于曾氏之门人，而一卷之中言“此”者十九。语言轻重之间，世代之别从可知已。’蒙按《尚书》多言‘兹’，《论语》多言‘斯’，而《孟子》则通用‘此’‘是’诸字，惟引《书》一言‘惟兹臣庶’而已。至‘是’‘此’二字，确有不可互易之处。凡指前文事理，不必历陈目前，而为心中可意者，即以‘是’字指之。前文事物有形可迹，且为近而可指者，以‘此’字指之。”（52~53 页）

“愚考先秦诸书，‘为’‘所’二字连用以成受动者，实鲜见也。”（161 页）

“案《论语》之以‘斯’字解作‘则’字者，犹《史记》之用‘即’字也。此可以瞻世代之别。”（304 页）

"'甫'字记时，不见于周秦诸书，至后世始用。"（310页）

以上说的古今之异，"世代之别"，是极为明显的历时对比，尤其在引用《日知录》以后，马氏还作了精辟的阐述，实在难能可贵。有时，马氏虽未明言古今，但书中所列举的不同时期文献的例句及其分析也属于历时的比较：

《左隐元》："初，郑武公娶于申，曰武姜。"——"初"者，原始之辞，今置句首以为记事推原之例，左氏文习用之。

《汉高帝纪》："前陈王项梁皆败，不如更遣长者。"——"前"字置句首，与"初"字同例。

《论公冶》："始吾于人也，听其言而信其行；今吾于人也，听其言而观其行。"——"始""今"两字同上。

《史高帝本纪》："始怀王遣我，固以能宽容。"——《史记》之用"始"字，与左氏之用"初"字，《汉书》之用"前"字同，可见诸书皆各有字例也。（以上皆234~235页）

以上通过《左传》、《汉书》、《论语》、《史记》诸书的比较，"置句首以为记事推原之例"，或用"初"，或用"前"，或用"始"。此为因书而异，亦为因时而异。又如将上古与中古予以对比者：

> "更有以地之本名指人者。韩《送杨支使序》'知其客可以信其主者，宣州也；知其主可以信其客者，湖南也。'——'宣州''湖南'两地本名也，今用以指宦于斯地之人。人以地名，古无是也，唐以后则然。"（33~34页）
>
> "有谓唐时往往以'然'字代'然后'者。韩文《论淮西事宜状》云：'事至不惑，然可图功。'又《论变盐法事宜状》云：'事须差配，然付脚钱。'——两'然'字若曰'然后'，句调不谐矣，而句意则然也。"（313页）
>
> "惟至唐人疏状，凡引敕旨讫，则以'者'字足之。韩昌黎《论变盐法事宜状》：'右奉敕，将变盐法，事贵精详，宜令臣等各陈利害可否闻奏者。'——宋明因之。……求之古文，则未之

见。”（361 页）

尤为难得的，《文通》有时还有意识地把古今用语进行对比。如《卷二》谈到“至‘如何’‘奈何’‘若何’三语，意或相同”时，在列举数例之后，便总括说：“总言之，……皆俗云‘为甚’也。”（74 页）又如《卷九》谈到“传信助字‘矣’字”时说：“‘矣’字者，所以决事理已然之口气也。已然之口气，俗间所谓‘了’字也。凡‘矣’字之助句读也，皆可以‘了’字解之。”（341 页）马氏用当时俗语与古代成语相互比较，不仅化难为易，而且极有说服力。

过去，不少学者总以为《文通》引用语料“古今杂糅”，反映了马氏的“非历史主义观点”。以上分析足以说明，马氏对古汉语的语料曾进行过广泛的调查研究，发现了不同历史时期古汉语语法的差异，已经具有一定的历史观念。

总之，《文通》这部著作从宏观、微观、共时、历时四个角度全面地运用比较的方法，对后来的汉语语法研究产生了极为深远的影响。通读黎锦熙的《比较文法》（1933 年）可以体会，黎氏显然是从《文通》得到启迪而专事古今语法比较的。由此我们自然想起赵元任先生的名言：

> “所谓语言学理论，实际上就是语言的比较，就是世界各民族语言综合比较分析研究得出的科学结论。”（转引自王力《龙虫并雕斋文集》第三册第 492 页）

这是对本专论最好的结语。

十、变换方法论

如果说，比较的方法是马氏运用得最常见、最自觉的方法；那么，变换的方法当为《文通》里使用得颇具特色、也颇为闪光的方法。所谓变换法，是指用基本语义相同而个别词语或句法形式不同的句子进行替换的分析方法。变换分析，作为一种方法论，是在上个世纪五十年代末由欧美引进国内的，先是在现代汉语中广泛运用并有所发展，而后扩大到古代汉语研究领域。王力先生于《中国语法学的发展》一文中就曾指出："转换分析是语法研究中固有的方法。"(《王力论学新著》，1981）在这方面具有代表性的论著，就是唐钰明的力作《古汉语语法研究中的"变换"问题》，他说："作为一种语言现象，变换在古汉语中是普遍存在的。……正如世界充满矛盾因而产生矛盾分析法一样，以普遍存在的变换现象为基础提炼出来的变换分析方法，可以帮助我们跳出一个语法格式的范围去揭示不同格式之间的内在联系，以此去考察古汉语的句型，无疑是颇有积极意义的。"(《中国语文》1995 年第 3 期）该文比较全面地论述了在古代汉语中运用"变换"应当遵循的两项原则（同一性、提取性）和"变换"的几种类型（移位、添加、删除、替代等），此外还指出这种方法的局限性。

其实，"变换"作为一种方法，在《文通》里早就被大量地使用，只是未引起学界足够的重视罢了。马氏运用这种方法，显然是因为此法比较容易让"童蒙入学能循是而学文焉"(《后序》)，即符合马氏撰写《文通》的初衷。虽然比较零散而未成体系，但毕竟是汉语语法研究中运用变换方法的最早的尝试。先看以下五处分析：

《公羊传·成十五》："为人后者为之子也。"——下云："为人后者为其子也"，则"之"解"其"字之确证，故"之"居偏次。（48 页）

《论语·子路》:“为君难,为臣不易。”——两句,倒其文曰“君难,为臣亦不易为”也,其义一也。(120 页)

韩愈《应科目时与人书》:“其得水,变化风雨,上下于天,不难也。”——此以“不难”两字为表词,如变其文,曰“不难上下于天也”,则与以前句法无异。(121 页)

《史记·淮阴侯列传》:“诚令成安君听足下计,若信者亦已为禽矣。”——犹云“亦已为成安君所禽”也。不言“成安君”者,蒙上文也。(161 页)

《论语·公冶》:“吾斯之未能信。”——“信”者“吾”也,所形者“斯”也,“能”乃助动,而为“未”字所状,故“斯”先置而间“之”字。故此句可易云“吾未之能信”,文义虽同,而辞气迥异。(252 页)

所谓“倒其文”,所谓“变其文”,所谓“可易云”,与今日所说“变换”几无二致。再联系其后之“其义一”、“文义同”云云,若与前述“变文”“易云”合成一句来说,那就相当于对“变易”(变换)的界说了。马氏意识之超前,由此可见。以上五例,第一例属替代,第二、三例属移位,第四例属添加,最后一例既有删除又有移位。

就《文通》而言,其“变换”的内容包括三个方面:词语(成分)的替换,语词(成分)的移位,句式的变更。以下分别举例解说。

其一,词语(成分)的替换。例如:

《孟滕下》:“在于王所者,长幼尊卑皆薛居州也”。——“薛居州”本名也,而此则公用矣,犹云“皆如薛居州之善士”也。(33 页)

《孟梁下》:“诸侯多谋伐寡人者。”——犹云“诸侯之中多有谋伐寡人者”,“多”字正次,“诸侯”偏次,犹分子与分母然。(85 页)

按:以上二例,前者是将专名“薛居州”换作短语“如……之善士”,以说明本名公用;后者是将通名“诸侯”换作短语“诸侯之中”,以说明“多”为约指代字而为正次。

《论宪问》:“爱之能勿劳乎?忠焉能勿诲乎?”——“忠焉”者,忠于君也。“忠”为内动字,不若“爱”为外动字也。上云“爱之”,则下

句当云“忠于是”矣。而“于是”不习用，故“焉”代焉。（54页）

《论里仁》：“君子去仁，恶乎成名？”《孟梁上》：“天下恶乎定？”——两引“恶乎”，犹云“于何”也。（261~262页）

按：以上两例，前者是将指示代字“焉”换作“于是”，以说明“忠”是内动字，其后不能用代字“之”而只能用“焉”字；后者是将疑问代字“恶”换作“何”，说明“恶乎”等于“于何”。

《史滑稽列传》：“马者，王之所爱也。以楚国堂堂之大，何求不得，而以大夫礼葬之？薄，请以人君礼葬之。”——“所”字与“葬”后两“之”字，皆用以代“马”也。如不用代字，则当云“马者王爱之马，以楚国堂堂之大，何求不得，而以大夫礼葬马？薄，请以人君礼葬马”云，岂不重复可厌！（41页）

《礼大学》：“此以没世不忘也。”——《注》云：“此所以既没世而人思慕之，愈久而不忘也。”则“此”下含一“所”字明矣。（42页）

《史礼书》：“人苟生之为见，若者必死，苟利之为见，若者必害。”——《索隐》云：“人苟以贪生为见，不能见危致命，如此者必刑戮及身也。”（83页）

按：以上三例，前一例是以设想之辞“当云”引出所设之句，将原句之代字换作名字，以与原句对比，显示出“行文所以用代字者，免重复，求简洁耳”；后二例是引用古人注释，分别将“以”换成“所以”，将“若”换成“如此”，以显示例中“以”即“所以”，“若”即“如此”。

《公羊定八》：“临南駷马而由乎孟氏。”——“由乎孟氏”者，道经孟氏家也。（168页）

《左襄二十七》：“若保是言也，欲辞福禄得乎？”——“得”字单用；犹云“能辞福禄乎”。（188页）

按：以上二例均属动字变换，前者以“经”字替换“由”字而串讲句意；后者以“能”字替换“得”字，说明“得”字后置单用即与助动字“能”字同义。

其二，语词（成分）的移位。例如：

《论语泰伯》:“巍巍乎其有成功也，焕乎其有文章。”——“巍巍乎”“焕乎”今皆假为内动，犹云“其有成功也巍巍乎，其有文章焕乎”。以其为叹美之辞，故先置。（195 页）

《孟梁上》:“宜乎百姓之谓我爱也。”——“百姓之谓我爱也”，乃“宜”字之起词也，犹云“百姓之谓我爱也宜哉”。（249 页）

《汉刑法志》:“有君如是其贤也。”——犹云“有君其贤也如是”，“如是”乃表词也。今先乎静字，甚言其贤故云尔。

按：以上三例，前二例为咏叹之句，原句皆语词（谓语）在前而起词（主语）在后，马氏用术语“犹云”将其更换为起词在前、语词在后的句子。后一例单就“如是其贤也”而言，“如是”乃表词（形容词或代词作谓语）却先置，分析时用“其贤也如是”来替换，以强调原句是“甚言其贤”之故。又如：

《孟梁上》:“未有仁而遗其亲者也，未有义而后其君者也。”——是犹云“仁而遗其亲者未有也，义而后其君者未有也。”（67 页）

《汉李广传》:“匈奴必以我为大军之诱，不我击。”——“不我击”者，犹云“不击我”也。（156 页）

《孟告下》:“为其事而无其功者，髡未尝睹之也。”——不曰“髡未之尝睹也”。（158 页）

《论阳货》:“古者民有三疾，今也或是之亡也。”——犹云“今也或亡是也”。（252 页）

韩愈《送穷文》:“惟我保汝，人皆汝嫌。”——言“人皆嫌汝”也。（158 页）

按：以上五例均涉及动字与其止词所处之位置。前一例原句两动字为“有”字，其后为其止词（宾语），马氏用“犹云”将止词移到前面而成为“主谓式”的句子。第二三两例原句之动字“击”和“睹”之前皆有否定副词“不”和“未”，然而前者是“我”在“击”前，后者是“之”在“睹”后，所以分析时，于前者用“犹云”说成“不击我”，于后者用“不曰”说成“未之尝睹”。第四例“是”为止词而前置，分析时删除

"之"字而将"是"字移后。最后一例"人皆汝嫌"，属于"无弗辞而代字先置"之"仅见"现象，故用术语"言"更换成"人皆嫌汝"，将"汝"移位于动字之后。又如：

《孟公下》："我欲中国而授孟子室。"——"授孟子室"者，犹云"授室于孟子"也。今"孟子"转词，先乎"室"之止词，介字不用。（146页）

《庄祛箧》："虽有轩冕之赏弗能劝，斧钺之威弗能禁。"——言"赏以轩冕，威以斧钺"也。（91页）

《汉赵充国传》："且羌虏易以计破，难用兵碎故也。"——犹云"羌虏易破以计，难碎以兵"也。（120页）

按：以上三例，皆为移位，但情况不同。第一例"孟子"是转词（补语），却置于止词"室"字之前，故用介字"于"将其移到后面。第二例"轩冕"、"斧钺"分别为"赏"和"威"之偏次（定语），分析时增添介字"以"将其移位于"赏""威"之后，以说明其结构的深层语义。最后一例"以计"和"用兵"原先置于动字之前，解说时移位到动字之后为转词了。再如：

韩愈《送温处士序》："士大夫之去位而巷处者，谁与嬉游？"——犹云"与谁嬉游"也。"与"介字，"谁"其司词也，而亦先焉者，宾次也。（71页）

《汉贡禹传》："何以孝弟为？财多而光荣。何以礼义为？史书而仕宦。"——犹云"以孝弟为何"、"以礼义为何"也。（134页）

以上二例皆为疑问句。前一例"谁"是"与"之司词（介词宾语），按规律当置于其前，故解说时用"犹云"将"谁"移于其后。后一例为了显示两个疑问句末尾的"为"字的固有作用，用"犹云"将两个"何"字由句首移至句末。

其三，句式的变更。

《卷四·外动字》一节云："转词指人，或为代字，或为名，而字无过多者，则先诸止词而无庸介焉。"（146页）例如：

《孟公下》:“子哙不得与人燕。”——“人”名也，单字“与”字之转词，今先于“燕”。盖犹云“子哙不得与燕于人”也。(146页)

按：上例是变双宾语句为单宾语句，即增添介字“于”把止词（宾语）“人”改作转词（补语）。

又《外动字》一节云:“凡外动字之转词，记其行之所赖用者，则介以‘以’字，置先动字者，常也。”(149页)然而，“转词介以‘以’字置于止词之后者，盖止词概为代字，而转词又皆长于止词，句意未绝耳。”(150页)例如:

《左隐元》:“继室以声子。”——此后直接“生隐公”，则知以“声子”置于“继”之后者，所以为下文顶接地步，最《史》《传》所习用者。(150页)

按：此例实际上是把所引非常式句与常式句“以声子继室”进行对比，说明变换的原因在于“为下文顶接地步”。

《卷四·受动字》一节云:“以‘为’‘所’两字先乎外动者。”(160页)例如:

《汉霍光传》:“卫太子为江充所败。”——“败”，外动也。意与“卫太子败于江充”无异。(160页)

又《受动字》一节云:“外动字后以‘于’字为介者。”(161页)例如:

《赵策》:“夫破人之与破于人也，岂可同日而言之哉!”——“破于人”者，为人所破也。(162页)

按：以上二例，是从两个不同的角度表明两种被动句式的变换，显示异构而同义。

《卷五》论及“动字之可承以散动者”时举例云:

《孟万上》:“吾闻其以尧舜之道要汤，未闻以割烹也。”——“以割烹”者，犹云“其以割烹要汤”也，本文不曰“其”，不曰“要汤”者，已见于上文也。(213页)

按：上面一例是增添词语将省略句式变更为完整句式。

《卷七·介字》一节云:“凡止词先乎动字者，倒文也。如动字或有弗辞，或为疑辞者，率间‘之’字。”（251 页）例如：

《论先进》：“吾以子为异之问，曾由与求之问。”——犹云“吾以为子所问之有异也，乃所问者由与求耳。”盖皆疑辞也。（252 页）

按：“由与求之问”是止词（宾语）前置句，分析时变更为“主谓式”的句子，即“所问者”为起词，“由与求”为表词。

《卷十·彖三》一节云：“间有以转词先置者。”（399 页）例如：

《左传昭公十三年》：“叔向曰：‘诸侯不可以不示威。’”——犹云“不可不示威于诸侯”也。

按：原句是“主谓式”，分析时变更为“述补式”，即增添“于”字将起词“诸侯”移后改作转词。又如：

《孟尽上》：“独孤臣孽子，其操心也危，其虑患也深，故达。”——“孤臣孽子”，名也，起词，“危”“深”其表词也。犹云“独孤臣孽子，危于操心，深于虑患，故达”也。（127~128 页）

《左定四》：“子期似王，逃王而己为王。”——“逃王”者，“使王逃”也。“逃”字用如外动。（176 页）

按：以上二例，前一例以今日观之，原句“孤臣孽子”是话题主语，其后是两个主谓短语充当述语，解说时用“犹云”变“孤臣孽子”为施事主语，其后是两个述补短语作谓语。后一例“逃王”是动宾短语，解说时增添“使”字变成兼语式的句子。再如：

《论宪问》：“夫如是，奚而不丧？”——犹云“如是而不丧者何也”。故“奚”字用如表词而居主次。（78 页）

《史信陵君列传》：“安在公子能急人之困也？”——犹云“公子能急人之困在于何也”。“安”状字，有“于何”之解，此为“在”之转词。（181 页）

《汉高祖纪》：“沛公不先破关中兵，公巨能入乎？”——犹云“沛公不先破关中，公不能入矣”。（363 页）

上引三例皆为疑问句，但句式不同。第一例其实是复句，用“犹云”变更为“主谓式”的句子，按照马氏的说法，“如是而不丧者”是起词，

“何”是表词。第二例其实是主谓倒置句，用“犹云”更换为一般主谓句，按照马氏说法，“在”是语词，“于何”是转词。第三例后一句是反问句，“巨”即副词“岂”，解说时按深层语义变为否定句。

通过以上三类同义而不同构的词语或句式之间的变换分析，显然能够帮助读者深入地认识同义句法，辨析歧义结构。以上所引例句只是全书的一小部分，类似的分析于书中比比皆是。由此可见马氏对变换分析法的重视。朱德熙曾说，《中国文法要略》是“研究汉语句法结构变换关系的先驱”(《汉语语法丛书·序》)。其实，此前《文通》里早已这样做了，只是尚未归纳出条例罢了。不言而喻，这是马建忠从“华文义例”出发而富有创造性的有力体现。

十一、本位论

马建忠本人在《文通》里并没有提出什么“词本位”的说法。自黎锦熙于《新著国语文法》（1924）提出“句本位”的语法观以来，汉语语法学界就一直把《马氏文通》视为“词本位”的语法体系，以与《国语文法》相对待。

黎氏于《国语文法·引论》明确指出：所谓“‘句本位’的文法”，是“主张一步一步地踏着‘句子’底自然的发展，用作修习文法底程途；先理会综合的宏纲（句子），再从事于分析的细目（词类）”。又说：“‘句本位’的文法，退而‘分析’，便是词类底细目；进而‘综合’，便成段落篇章底大观。”并且强调要“打破”“摹仿从前西文的‘词类本位’的文法组织”。这显然是针对《马氏文通》而言。黎氏为什么要这么做呢？归根结蒂，是因为汉语不少地方与印欧语不同，因而影响了汉语的词法和句法两部分的内容，以及研究者对其内容的处置。

随着西方结构主义的语法学理论与方法传入中国，汉语语法学界经过多年的研究，朱德熙、徐通锵、邢福义又先后提出“词组本位”、“字本位”、“小句中枢”的观点。于是“本位”一说在语法学界引起了极大的关注。这里无须去评论后来各家“本位说”的是非优劣，首先要澄清一下“本位”这个概念的实际涵义。

“本位”一词的原本意义应当是“立足”的意思，就学术而言就是研究的起点。人类的思维方式不外乎分析与综合两种。语法学的实质，就是研究由语法的最小单位组成最大单位的法则。众所周知，语法的最小单位是“词”，其最大单位是“句”。这么说来，“词”是组成句子的起点，而“句”是由词组成的终点。语法分析的核心自然是句子的组成。这就决定了：语法陈述往往要从起点开始，而语法分析则要从终点出发。

如果“本位”即研究的起点，那么从“词”开始是以组合为本位，而从“句”出发是以分析为本位。因此，“词本位”和“句本位”当为相反相成，原本无所谓优劣。

以上阐述表明，语法研究是先讲词法还是先讲句法，当由两个方面来决定：其一是语言本身的性质，其二是语法学者的视角。

印欧语言的词极富形态变化，这就决定了其词法的内容比较繁杂，而且也正是句法规则所需要的，因为其句法组合关系往往要与词形变化相配合，在讲明句法规则时需要使用词法部分所介绍的那些词类的名称。因此，西方语法在陈述时一般都是先讲词法，后讲句法。这样安排，叙述既简便，又不会发生龃龉。

《文通》的著者从“普世语法观”出发，如其《例言》所说，“此书系仿（泰西）葛郎玛而作，后先次序皆有定程”，因而必然是按照“首正名，次字类，次句读”的顺序来陈述其内容。就其大框架来说，这样安排本无可厚非。其实，黎锦熙在其《国语文法》里虽然开宗明义强调“句本位”语法，但在各章内容的安排上依然是首先列出词类名称，接着介绍句子成分的名称（以上为第一章“绪论”），然后简述词类的区分和定义（第二章），再讲句子结构和成分（第三至第五章），最后分述各类词的详细内容（第六至第十一章）。这就说明，如何把词法和句法这两部分内容安排得有条有理，前后得当，确实需要一番认真的思考。

我们据此再来考察《文通》一书。表面看来，该书共十卷，除第一卷“界说”外，前八卷都是讲“字类”，惟独第十卷专讲“句读”，其篇幅严重失衡，给人突出的印象必然是以词法为重心。其实，马氏于其《例言》中明确宣布：

> “是书本旨，专论句读，而句读集字所成者也。惟字之在句读也必有其所，而字字相配必从其类，类别而后进论夫句读焉。”（15 页）

马氏不仅如此表白，而且其以“句读”为“专论”的思想贯串于全书。正如王惟贤先生在其《〈马氏文通〉的句读论》一文的附注里所分析的："《文通》在讲外动字时，首先讲起词、语词，然后讲止词、转词，并着重讲了转词在形式上的分类，及其与止词在语序上的关系，然后讲双宾语，讲'为''谓''言'等构成的结构，讲止词前置的规律，等等。可以说讲外动字时绝大部分讲的是句法。其他讲字类的章节也大体相似。"（参《语言研究集刊》第七辑）

无须讳言，在具体章节的安置上，如先前学者所说，其可指摘之处确实不少，关键还在过于模仿"泰西葛郎玛"。高名凯曾经指出："马建忠的缺点就是根据拉丁语语法的词类来把汉语的词分为若干类，而把研究的重心安放在词类的问题上。其实汉语的语法特点显然和拉丁语的语法特点不同。西洋的语法书把语法的重心安放在词类上，是有根据的，因为词类的分别是印欧语的特点。"（《汉语语法论》第 49 页）

首先，《卷一》"正名"部分完全用不着集中阐述。"界说一"至"界说十"是讲字类，属"词法"，"界说十四"和"界说十五"分别讲内动字和外动字，可移属于"动字"之下；其余"界说十一"至"界说二十三"属"句法"，完全可以归到"句读"里去。

其次，《卷三》名为"实字"，实际上内容庞杂。其中只有"静字、滋静"两节的部分内容真正属于"实字"，而"主次、偏次、宾次、同次、表词、论比"诸节当属于"句读"。

再次，《卷二》之"接读代字"，《卷四》"外动字"之"止词与起词"、"转词"、"两止词"、"止词先动字"，"受动字"一节，"内动字"及"同动助动"的部分内容，《卷五》之"动字假借（活用）"、"动字相承"、"散动诸式"等节，《卷六》之"状字诸用"、"状字假借（活用）"、"状字别义"的不少内容，《卷七》"介字"、《卷八》"连字"和《卷九》"助字"的大部分内容，实际上都涉及"句读"，也不应当放在所谓"实字卷"和"虚字卷"里讲。

如果把以上章节内容重新加以调整，《文通》的外在面貌将大为改观，即其词法和句法两部分就会相对平衡，而且其内在逻辑将更为合理，即会减少许多龃龉重复之处。

讲到这里，我们不能不特别指出，《文通·卷十》开头一段就曾经强调前九卷与该卷的关系：

> “字分九类，凡所以为起词、语词者尽矣。至进论夫起、语两词之成为句、成为读者，是则此卷之所由作也。然此卷所论者，有已散见于前者，有未见者。今则散见者总之，未见者补之。”（385页）

显然，马氏在前九卷那么详细地讲“字类”，是为后一卷讲“句读”铺平道路的，而且，也正因为前九卷的很多内容已经涉及“句读”问题，所以为避免不必要的重复，就不得不把“已散见于前者”加以精简而“总（括）之”。这么一来，“字类”显得庞大，而“句读”显得极少，如此失衡，必然会为后人所诟病。

这里可以举个典型的例子。譬如说“假设句”，理当放在“句读”里讲，而《文通》却把它分散在“字类”里分析。如果把这些内容汇总起来并加以适当调整，那就显得十分醒目：

其一，《卷八·推拓连字》：“‘若’‘苟’‘使’‘如’……诸字，皆事之未然而假设之辞。”（318页）例如：

《孟梁上》：“王如知此，则无望民之多于邻国也。”又：“王若隐其无罪而就死地，则牛羊何择焉。”又：“苟能充之，足以保四海。”——三节内所有“如”“若”“苟”三字，皆假设之辞，用以连读者。（318页）

其二，《卷四·同动》：“挺接上文，皆在句首”，“则往往有假设之意”。（181页）例如：

《左僖十》：“不有废也，君何以兴！”又《僖二十八》：“不有居者，谁守社稷？”又《文十二》：“不有君子，其能国乎？”——四引“不有”，挺接上文，皆在句首，解若‘若无’之意。至《僖二十八》云“以君之灵，不有宁也。”“不有”二字非在句首，则无“若无”口气矣。（181页）

其三，《卷四·助动》：“经生家即以‘能’字有假设之意。不知凡挺接之句，或重叠前文，皆寓有假设之语气。”（184页）例如：

《礼中庸》：“唯天下至诚，为能尽其性，能尽其性，则能尽人之性。”——“能尽其性”者，犹云“设如能尽其性”也。韩《董公行状》：“彼不能事君，能以从事公乎？公能事彼，而有不能事君乎？”——诸引读，皆有假设口气。（184 页）

其四，《卷九·传信助字》：“读之为悬设也，有助‘也’字者。”（337 页）例如：

《孟万上》：“非其义也，非其道也，禄之以天下，弗顾也。”——“非义”“非道”，皆悬设之辞。《孟滕下》：“丈夫之冠也，父命之；女子之嫁也，母命之。”——设为“男冠”“女嫁”以申其礼也。又《孟子梁上》云“诚如是也。”又《万章上》云“信斯言也。”皆假设之读而助以“也”字也。（337 页）

以上所引四项，按照今日之分析：前一项为形式假设句，即有假设连词作为标志；后三项为意念假设句，所谓“有不必书明而辞气已隐寓者”，即句子本身含有假设之意，可通过上下文显示或推测出来。只可惜《文通》未能将它们类聚在一起给以阐述，却分散于“字类”各节而被掩盖了。

我们认为，还是何容在《中国文法论》里评说得比较公正：

> “有的文法书是先以词类为纲，讲各类词在句中的用法，然后把‘散见于前者总之，未见者补之’；有的文法书是‘先理会综合的宏纲（句子），再从事于分析的细目（词类）’。讲法虽然不同，目的却是一样”。

如果排除其内容的安置，单就两种研究的路子（“本位”）来说，可谓各有长短，无所谓高下。通览《文通》之关键表述与例句分析，其骨子里是把“句读”置于首位，而以“字类”研究为“句读”分析服务。如此着眼，若排除其篇幅上的失衡，则与黎锦熙的“句本位”在本质上几无区别。《文通》是以古典文献为语料，《国语文法》是以现代语例为对象，这两部奠基之作于语法陈述（由词到句）有别，而于语法分析（由句到词）则无异。看来两位著者都是紧密结合句法来研究词类，这可能是由汉语本身的特点决定的吧。

十二、语用论

自20世纪80年代汉语语法学界提出“三个平面”的理论以来，语用的研究愈来愈受到重视。“三个平面”理论，最早见于胡裕树主编的《现代汉语》增订本（1981年）。该书在谈到语序时说：

“必须区分三种不同的语序：语义的、语用的、语法的。”（337页）

四年后，胡裕树与范晓合写的《试论语法研究的三个平面》一文，全面论述了三个平面的内容，即三个平面是语法研究中的句法平面、语义平面和语用平面。

所谓“语用平面”，是指对句子进行语用分析。其中包括：主题和述题的分析，表达重点和焦点的分析，句子行为类型（交际功能或用途，如叙述、解释、描绘、提问、请求、命令、致谢、道歉、祝贺、惊叹，等等）的分析，句子口气（如强调、肯定、否定、委婉等）的分析，增添（独立成分或称“插语”）和变化（成分易位）的分析，以及语境分析，等等。以此来考察《文通》，几乎都有所涉及。由此可见，马氏于一百多年前对汉语语法的“语用平面”就已经有了全面的思考。下面就其中突出者加以申说。

一、有关主题和述题的分析。

《论句读卷十》云：“句读内有同指一名以为主次、为宾次或为偏次者，往往冠其名于句读之上，一若起词者然，避重名也。”（390页）接着举例：

《论语·季氏》云：“夫颛臾，昔者先王以为东蒙主，且在邦域之中矣，是社稷之臣也，何以伐为！”——“夫颛臾”三字冒起，一若起词者然。第一读犹云“先王以颛臾为东蒙主”也。是“颛臾”乃“以”字后之止词，则为宾次。第二读犹云“且颛臾在邦域之中矣”也，则“颛臾”在主次，“是社稷之臣也”一句，犹云“颛臾是社稷之臣”也，则“颛臾”又在主次。今“颛臾”冒之于先，故以后句读内所当位之者，皆隐指焉。

以上说“颛臾”“一若起词者然”，可见在马氏的心目中并非真正的“起词”。接着用替换法把“颛臾”分别移到“以”字后为宾次，移到“在”字前与“是”字前为主次。最后还强调说“今‘颛臾’冒之于先，故以后句读……皆隐指焉”。这显然属于“语用平面”的分析：“颛臾”是主题，而以下“昔者”云云是述题。马氏之说与此暗合。

二、有关表达重点的分析。

《卷十》论及“凡为外动止词者，位其后”时，马氏指出：“外动字之止词而为意之所重者，率先弁诸句首。”（396 页）举例如下：

《论语·公冶长》云：“子曰：‘巧言，令色，足恭，左丘明耻之，丘亦耻之。匿怨而友其人，左丘明耻之，丘亦耻之。”——此一节，“耻”外动字，其止词一为“巧言令色足恭”，一为“匿怨而友其人”，以其为意之所重，弁诸句首。“耻”上既无弗词，故其后各加代字为止词以重指焉。

马氏是说，上举一例之动词“耻”字，其前并无“弗词”（否定副词），其宾语前置不符合一般规则。“耻”的两个宾语之所以置于句首，就因为是说话人表达的重点所在。在论及转词之位置时举例如：

《孟离娄上》：“夫子教我以正。”又《梁惠王上》：“杀人以梃与刃。”——诸句，转词介以“以”字置于止词之后者，盖止词概为代字，而转词又皆长于止词，句意未绝耳。（150 页）

《史封禅书》：“天子以他县偿之。”——“以他县”转词，所用以偿者也。“之”其止词，代字也。而不曰“偿之以他县”者，此乃煞句，不若前引诸句，皆在段中故也。且文无定法，先后在所驱遣耳。（150 页）

《左隐元》：“继室以声子。”——同上。此后直接“生隐公”，则知以“声子”置于“继”之后者，所以为下文顶接地步，最《史》《传》所习用者。且此句乃过脉，非煞句也。（150 页）

马氏用后二例与先前诸句作比较，指出其转词置于动字之前，原因在于“煞句”或“过脉”，即表达焦点有所转移的缘故。

三、有关句子行为类型与句子口气的分析。

《卷九》论及“助字”云:“字以达意，意之实处，自有动静诸字写之。其虚处，若语气之轻重，口吻之疑似，动静之字无是也，则惟有助字传之。”（323 页）其后即分别阐述各个“助字”所表达的语气，实际上也就分析了句子的各种表达类型。例如：

“‘也’字所以助论断之辞气，‘矣’字惟以助叙说之辞气。故凡句意之为当然者，‘也’字结之，已然者，‘矣’字结之。所谓当然者，决是非，断可否耳。所谓已然者，陈其事，必其效而已。”（323 页）其下分别阐述“断为非者”（329 页），“断其诚然者”（330 页），“断其不然者”（331 页），“喻之使然与禁其不然者”（333 页），“述往事者”（343 页），“言效之句”（345 页）等。

“‘耳’与‘矣’同义，有止此之解。”（347 页）“‘耳’字，后世用之，……有咏叹之意。”（348 页）

“‘焉’字之用，其为口气也，案而不断，而以之结句，隐然有坐镇之概焉。”（350 页）“其‘焉’字皆有‘于是’之解。有此一助收句，辞气顿觉宽缓而不迫矣。”（351 页）

“‘乎’字喉音，圆满气足，凡事理可直言而不必婉陈者则用之。”（362 页）其下又分为“助设问之句者”，“助拟议之句者”（362 页），“助咏叹之句者”（366 页）。

“‘哉’音启齿，其声悠长，用以拟议、量度者居多，而用以往复咏叹者则最称也。”（367 页）

“‘耶’字，‘未定之辞’是也。盖‘邪’系牙音，用以助拟议未定之辞气者，则习见也。”（370 页）

“‘欤’字，古同‘与’。‘与’字以助设问，以助拟议者其常，而以助咏叹，则不若‘哉’字。”（372~373 页）

“‘诸’字长于设问，‘夫’字工于咏叹，若拟议，则两字皆兼焉。”（375 页）

表面看来，以上似乎是专就“助字”予以阐述；然各“助字”之下，《文通》都列举大量例句进行分析，有时还相当详尽。因此，对“助字”的阐述与描写，实际上就是对句子表达功能的分析，涉及“论断、叙述、提问、否定、命令、感叹”等诸多类型。这里只是为了节省篇幅，就不再举例赘述了。

至于“叹字”一节，那更是与“句子行为”和“句子口气”有着紧密的关联。《卷九》云：

“喜怒哀乐之未发，心至平也，有感而应，心斯波矣，波斯不平矣。其感之轻者，心有主焉，于是因所感而成意。此诸字之所记也。感之猛者，心无主焉，于是随所感而为声。此叹字之所鸣也。”（381 页）

“叹字……其发而为叹美、为伤痛者，或音同而字异，或字同而情变，所谓随事见情，因声拟字，不可拘也。至应答呵责之字，有声无义，亦附识焉。”（382 页）

其下便列举“於、於乎、呜呼、噫、嘻、唉、吁、嗟兹、吁嗟、訾”等叹字（382~383 页），并结合例句加以简述。这里就无须列举例句了。

四、有关增添的分析。

所谓“增添”，即指文句之间的“插说”部分。《文通》对此也给以适当的注意。例如：

《后汉胡广传》：“统之方轨易因，险途难御。”——“统之”二字，用为总结上文之连字。（189 页）

《汉儒林传》：“至于威宣之际，孟子孙卿之列，咸遵夫子之业而润色之。”——所谓“至于”者，言其时耳，用为承上启下之连字。……与夫“推而大之”，“推而远之”，以及“要其归”，“推此志也”诸语，皆无属动字以为连字者。（189~190 页）

马氏将以上“统之”、“总之”、“推而大之”等归入“无属动字”，并分析为“连字”，自然不妥；但把它们归在一类，指出其作用为“总结上文”、“承上启下”，却不能不说是很有语用观点的。

五、有关语境的分析。

语境是个极为宽泛的概念。大而言之，指言语的历史背景、语言背景；小而言之，指一部文献、一篇或一段文章、具体的上下文等。下面略举数例以明之。

《庄天道》："问桓公曰：'敢问公之所读者何言邪？'"又《外物》："周问之曰：'子何为者邪？'"又《秋水》："河伯曰：'然则何贵于道邪？'"——三引"邪"字助句，似皆设问之辞。不知所以问者，在"何"字也。"邪"字在《四书》《左传》不多见，自《语》《策》《诸子》始用之。"邪"系楚音，此战国时南学渐北之证。（370 页）

马氏认为，"'耶'字古同'邪'"。而他通观文献，"邪"字于"《四书》《左传》不多见，自《语》《策》《诸子》始用之"，从而判断"'邪'系楚音"，其原因在于"战国时南学渐北"。这显然是依据几部古代文献作出判断：即就语义而言，"邪"与"耶"相同；而就语境而言，"邪"与"耶"略异。又如：

《礼檀弓下》："国昭子曰：'噫！'"——郑注为"不寤之声"。《哀公十四年公羊传》："子曰：'噫！'"——何注为"咄嗟貌"。《论语先进》："子曰：'噫！'"——包注为"痛伤之声"。（382 页）

同一叹字"噫"，一为"不寤之声"，一为"咄嗟貌"，一为"痛伤之声"。马氏根据几部不同文献的训诂以为，"字同而情变，所谓随事见情，因声拟字，不可拘也"。（382 页）这是通过"噫"字在不同文献中的分析而指出其传情之区别的。

以上二例是就大语境而言；以下是就小语境而言。

《文通·卷二》云："代字指前词，则所指非特一字已也，凡与前词攸关者胥指焉。故前词或为顿，或为读，或为句，或为节，举为所指。顿者，集数字而成者也。节者，集数句数读而成，词意毕达，无剩义也。"（41 页）由此可见，"前词"是《文通》里的一个语法概念，但分析时须结合具体篇章或上下文进行。例如：

《论先进》："如用之，则吾从先进。"——"之"惟指"礼乐"二字。《礼中庸》："君子依乎中庸，遁世不见知而不悔，惟圣者能之。"——

"之"指前两句。《论颜渊》:"君子成人之美，不成人之恶，小人反是。"——"是"字统指两句。……《史游侠列传序》:"至如闾巷之侠，修行砥名，声施于天下，莫不称贤，是为难耳。"——"是"指以上一节。(41~42页)

以上在分析各句之代字"之"、"是"所指前词时，无不结合上文加以说明。这是语法与语用结合的又一例子。不仅如此，《文通》还指出:"文内间有应用代字之处，其显豁者，不用固无害于义，亦有不用而文晦者。"(42页)其下举例如:

《礼大学》:"此以没世不忘也。"《注》云:"此所以既没世而人思慕之，愈久而不忘也。"——则"此"下含一"所"字明矣。

《庄大宗师》:"造适不及笑，戏笑不及排。"——应云"造适者不及笑"，盖"不及笑"乃"造识"之人，非其事也，故"造适"下含一"者"字。下句同。(42页)

《汉霍光传》:"曲突徙薪亡恩泽，焦头烂额为上客。"——上文云"谢其邻人灼烂者"，"而不录言曲突者"，则此二句犹云"曲突徙薪者"、"焦头烂额者"。(42页)

以上，马氏更是结合上下文的分析，指出如果不用代词，就会使得文意隐晦而不显豁。

此外，结合修辞对词句进行分析，也应当属于语用的范围。《文通》有关语法与修辞相结合的阐述是多方面的。《卷二》云:"古籍中诸名，往往取双字同义者，或两字对待者，较单辞只字，其辞气稍觉浑厚。"(38页)这是从音律的角度分析单音词与双音词的不同特点。其后又云:"代字者，所以指名也，文中随在代名而有所指也。凡行文所以用代字者，免重复，求简洁耳。"(41页)这是从文字繁简的角度说明代字的作用。诸如此类，不胜枚举。下面即是书中结合例句的分析:

《汉书·张良传》云:"昔汤伐桀，封其后杞；武王伐纣，封其后宋。"——前云"封其后杞"、"封其后宋"者，盖"杞""宋"虽为单字地名，而合于"封其后"三字，则四字矣。(170页)

《孟万上》："子产使校人畜之池。"——"畜之池"者，畜鱼于池也。"池"指所畜之处。今删"于"字，语较遒劲。（147 页）

《论述而》："女奚不曰……不知老之将至云尔。"——"云尔"者，重记其所言如是也。（156 页）

《论阳货》："礼云礼云，玉帛云乎哉。"——"云"在句首者，解释前文也，"云"殿句尾者，重述前言也。故述人口气皆以"云"字为煞者，犹云"以上所述有如此"者。（同上）

以上所引第一例，马氏是用音律予以分析；第二例，是用省略予以说明；第三、四两例则是通过语境给以解释。

结合修辞进行语用分析而最精彩的，于《文通》要数对"偏正两次之间，'之'字参否无常"一节了。马氏指出："惟语欲其偶，便于口诵，故偏正两奇，合之为偶者，则不参'之'字。凡正次欲求醒目者，概参'之'字。"（91 页）其下举例分析如：

《孟公下》："天时不如地利，地利不如人和。"——犹云"天之时"，"地之利"，"人之和"也。而偏正各次皆奇，合而为偶，故不参"之"字，便于口诵。

《孟离上》："仁之实，事亲是也；义之实，从兄是也。"——"仁""义""实"三奇字，此言"仁义之实"，欲醒其目，故参"之"字。

《孟告下》："长君之恶其罪小，逢君之恶其罪大。"——"君""恶"两奇字，上连"长"字，参"之"字以四之。

《汉两粤传》："寡人之妻，孤人之子，独人父母。"——"人之妻"上合"寡"字，"人之子"上合"孤"字，皆以四之。故"独人父母"一句，已四矣，不加"之"字。（92 页）

马氏又指出："又或偏次字偶而正次字奇，与偏次字奇而正次字偶者，概参'之'字以四之。其或偏正两次皆偶者亦然，不参者非常例也。"（92 页）其下举例如：

《孟子公孙丑下》"三里之城，七里之郭""封疆之界""山溪之险""兵革之利"。又《滕文公上》"三年之丧，齐疏之服，嬗粥之食"，"颜色之

戚，哭泣之哀”——等语，不可仆数。(92页)

《孟公上》:“夫仁，天之尊爵也，人之安宅也。”——“天”“人”偏次字奇，其正次字偶，参“之”字以四之。(93页)

《孟梁下》:“孟子之后丧逾前丧。”——“孟子”与“后丧”，偏正两次皆偶，亦参“之”字，所以别也。(93页)

《汉陆贾传》:“为社稷计，在两君掌握耳。”——不曰“社稷之计”“两君之掌握”者，大率偏正次合并，上下文字已偶矣。如加“之”字，又复数奇。如“为社稷计”，“发人室庐”，“为饮食费”，“得秦图书”也，“推春秋义”等语，皆四字矣，词意颇足，故不加“之”字。(94页)

以上所引，马氏用了几乎整整6页的篇幅，来阐明“之”字的用与不用跟字词的奇偶有关，举例极其丰富。又如在讲到“‘而’字用以过递动字”时云:“前后两动字，中间‘而’字以连之。此种句法，有自三字以至七八字、数十字者。”(282页)紧接着就分别引各种句式加以剖析：

“至上下两动字一反一正而成为四字者”(282页)；

“又前后动字，其第二动字有‘之’字为止词者，中参‘而’字，亦成四字”(282页)；

“至五字句最古，……中参‘而’字，其法不板”(283页)；

“六字句，有上截三字，下截两字，中间‘而’字者，亦有上两下三者”(283页)……

最后引《史记·司马相如列传》“且夫清道而后行”一段云:“此段‘而’字七见，互为呼应。……以见‘而’字用法之不穷。”(284~285页)这也是援引丰富的例句来阐明“而”字之使用与节奏制约的关系。

必须指出，《文通》之可贵，不仅在于分析了上述古代汉语的语用现象，还在于揭示了此种现象的某些规律。试看下列例析：

《汉司马相如传》:“故遣信使，晓谕百姓以发卒之事，因数之以不忠死亡之罪。”——“以”之司词长，故后置也。(149页)

韩《曹成王碑》:“王出止外舍，禁无以家事关我。”——“以家事”，转词也，短则先置。(同上)

《史封禅书》:“天子以他县偿之。”——“以他县”转词，所用以偿者也。“之”其止词，代字也。而不曰“偿之以他县”者，此乃煞句，不若前引诸句皆在段中故也。（150 页）

《左隐元》:“继室以声子。”——此后直接“生隐公”，则知以“声子”置于“继”之后者，所以为下文顶接地步，且此句乃过脉，非煞句也。（同上）

《樊哙传》《史记》云:“东攻秦军于尸，南攻秦军于犨。”《汉书》云:“东攻秦军尸乡，南攻秦军于犨。”——曰“尸”曰“犨”，两地名皆单字，皆加“于”字以足之；至“尸乡”则双字矣，不加“于”字者，殆为此耶？“东攻秦军”四字，如续以单字地名，则五之，不偶矣。（170 页）

《孟公上》:“我于辞命，则不能也。”——“不能”二字已偶矣，止词不重。（258 页）

《孟万下》:“吾于子思，则师之矣。”——“师”外动字，“子思”其止词。今为意之所重，故介“于”字而先之。（同上）

《孟梁上》:“夫子言之，于我心有戚戚焉。”——犹云“有戚戚于我心”也。今先置者，亦以明意之所先也。（同上）

以上共八例。前二例“司词长”、“司词短”云云，点明是一般所谓“简明原则”，其目的是便于读者更易理解；第三、四两例之后析云“不若在段中”、“为下文顶接”，即一般所谓“连贯原则”，其目的是使文义相连，语气贯通；第五、六两例指明“不偶”、“已偶”，则一般所谓“整齐原则”，其目的是为追求言语和谐，增强表达效果；最后两例所说“意之所重”、“意之所先”，显然是一般所谓“强调原则”，其目的是要引起读者的充分注意。

总而言之，马氏那时对与语法相关联的语用问题就异常关注。今日看来，仍然觉得弥足珍贵。这也有力地说明，《文通》在“嫁接”西学和“植根”国学的基础上，已经结出新的果实来了。

综　论

综观以上十二个专论，若按其范畴来说，“普世观”和“教学观”是马建忠撰写《文通》的指导思想，“本位”是其研究的起点与内容的安排，“语料”是其写作的凭借，“比较”“变换”“语用”是其用来分析的方法，“草创”是其写作过程的一种状态。而“模仿”和“继承”才是构筑《文通》这部巨著的两个对立统一的基点和支架：模仿（或借鉴）西方语法学的框架；继承（或植根）民族语文学的传统。至于“语法体系论”和“隐性语法论”则具有总论的性质。只有把这十二个方面结合起来，我们才能真正地读懂马建忠。

世界语言学史告诉我们，世界语言学自古有三大传统：希腊、罗马，印度，中国。至近代，希腊、罗马传统与印度传统相互结合，诞生了历史比较语言学，推进了描写语言学的发展，使语言学出现了质的飞跃。而毋庸讳言，中国语言学直到十九世纪末期，依然停留在所谓“小学”即语文学的阶段。纯粹从学术发展史来看，《马氏文通》的问世，其实质是汉语研究传统跟印欧语研究传统相结合的产物。客观地讲，以上《研读》和《专论》的相关内容显示，这两种研究传统的结合所产生的矛盾较多，问题不少，其根本原因在于两种语言结构根基之差异。

众所周知，印欧语是有丰富形态的综合型语言，而汉语是没有形态的分析型语言，因而在语言研究上，前者是从语法学开始，而后者却是从文字学起步的。在《文通》问世以前，历代语文学家从来没有考虑过所谓“语法体系”问题，他们研究“文法”的目的无非是为了读懂古籍与写通文言；他们研究“文法”的路线也无非两条，一是融入训诂学（解释“虚字”，串讲“句读”），一是结合修辞学（斟酌字词，调适文句）。他们研究“文法”普遍存在一个严重的缺陷，即所用术语从来不加界说，其涵义往往不明确。因此，马建忠所从事的是汉语研究传统所没有的语法学，他在借鉴西方语法体系的同时，也就使得这一领域的研究一开始就离开了自身的传统。不难理解，正由于其体系框架与母语“水土不服”，所以病症较多。然而话又得说回来，马氏毕竟开创了中国语言学研究的新时期，两种传统的结合毕竟诞生了汉语研究传统所没有的语法学，其大方向是正确的。这里就引发出一个极为深刻的问题，正如徐通锵教授在一次讨论会上所指出的，在汉语研究传统和西方语言研究传统互相结合时，其“立脚点”是什么，即“是以汉语研究为基础去吸收西方语言学的立论精神，还是以西方语言理论为标准来套析汉语？”在这方面应该说，马氏是为了达到前一个目标而殚精竭虑的，但由于时代的局限，他当时还不可能一下子完全理性地做到。为了总结经验教训，最终有必要进一步探讨马氏的哲学理念。

前面说过，马氏曾经深受当时法国流行的《普遍唯理语法》的影响，并以此作为撰写《文通》的理论基础。在普遍唯理语法体系中，名词和形容词所表示的概念内容、思想对象属于“第一类精神活动”，形容词又叫形容名词；而动词所表示的思想运动、思考方式则属于“第二类精神活动”（参阿尔诺、郎斯洛著《普遍唯理语法》，张学斌译，湖南教育出版社 2001）。这样，在西方语言的语法研究中，名词和形容词是作为一个事物的两个方面（本质和附质）来看待的。然而《文通》的作者却是把“动字”和“静字”看作“事物（名字）”的附质：

“故静字与动字两相对待。静字言已然之情景，动字言当然之行动。行动必由事物而发，而情景亦必附事物而著。”（第 21 页）

“大事物之可为语者，不外动静两境，故动境语以动字，静境语以静字。”（第 127 页）

以上动字与静字相互对待，正如马氏把“字”一分为二而“实”“虚”相对一样，显然是源于中国传统哲学的理念。元代学者刘鉴于《切韵指南·经史动静字音》即云：“凡字之动字者，在诸经史当以朱笔圈之，静字者不当圈也。”（参郑奠《古汉语语法资料汇编》）由此可以看出，《文通》的理论框架虽然是普遍唯理语法，而马氏的哲学理念却源自中国传统。

其次，我们注意到，马氏在字类划分上主张“字无定类”说，而在提及字类假借时又以字有定类为前提。印欧语有丰富的形态，因而词类与句法成分一一对应；而马氏的“字类假借”说，却是汉语字类与句法成分为一对多关系的反映。这显然又是两种本质不同的思维模式。在《文通》中，作者既要维护其既定的字类划分，又要照顾汉语字类划分标准不能一以贯之的另类现象，于是又不得不求助于传统小学已有的“假借”的说法。

再者，我们还注意到，《文通》于“界说”似乎清晰地区分了外动字与内动字，外动字能带止词而内动字不能带止词，但在汉语里操作起来有时难以定夺。因为这两个次类字都能带转词，要区分这两个次类字，首先就要分清止词和转词。为此，马氏规定了一些原则，有形式的以形式为标准，形式相同的以意义为标准，有特殊情形如带两个止词的也以意义标准为主。为了摆脱这种矛盾所造成的困惑，马氏在书中又采用“常”与“非常”来加以处理。这样一来，形式与意义互证，“常”与“非常”互补，其矛盾与困惑即得以“变通”与“中和”。这正缘于《周易》之思想，带有中国古代重综合、重联系、重整体把握的朴素的辩证思维的特点。

长期从事训诂学的教学与研究的实践使我们深刻地认识到，汉语是重语义的语言，具有悠久的语义研究的传统；与此相反，西方的语言是重语法的语言，因而以语法研究为中心，其语法理论层出不穷。前面已经提到，语料是马氏撰写《文通》的凭借。其语法研究之所以那么全面而深入，首先是基于著者收集例句数量巨大，而且又是道地的言语作品，因而能够触及各种语言现象；其次是由于他从不回避事实，从不轻易放过每一语言现象，也从不让事实迁就由西方学来的理论。《文通》从“字类”到“句读”都充分注意汉语语义的层面，应当说，是其朴素的唯物主义精神的反映。

说到这里又得申述几句。前面说过，马氏由于受到“普世语法”的影响，全书是以“词”为本位。然而，又由于他直面丰富的古代汉语语料，事实上又不能不考虑传统“小学”重语义的特点。这里不妨举两个典型的例子。

其一，《文通·卷四》把动字再划分为六个小类：

“其动而仍止乎内也，曰内动字。”（144页）

“其动而直接乎外也，曰外动字。”（同上）

“外动字之行，有施有受。如受者居主次，则为受动字。”（160页）

“凡动字所以记行也。然有不记行而惟言不动之境者，如‘有’‘无’‘似’‘在’等字，则谓之同动。”（177页）

“有不记行而惟言将动之势者，如‘可’‘足’‘能’‘得’等字，则谓之助动。”（同上）

以上显然是以语义为标准而予以界定的。

其二，《文通》在分析指名代字“之”字时说：“‘之’在‘为’字后有偏次之解，其他动字后，则‘之’为偏次者仅矣。”然而在解释下列例句时却说：

《左昭十六》：“斩之蓬蒿藜藋而共处之。”——上“之”字可作“其”字解。（48页）

《史项羽本纪》：“项王乃疑范增与汉有私，稍夺之权。”——“犹云‘夺其权’也。然此‘之’字可作转词解。”（同上）

上述解释引起后来不少学者的质疑。表面看来，马氏对此类句式的分析有点举棋不定；但如果理解马氏所说“犹云”是从深层的语义角度而言，那就不会感到意外了。

通过中西两种语言的比较，马氏对其间之差异是有明确的认识的，他曾两处提及：

“泰西文字，若希腊辣丁，于主宾两次之外，更立四次，以尽实字相关之情变，故名代诸字各变六次。中国文字无变也，乃

以介字济其穷。”（246页）

“泰西文字，原于切音，故因声以见意，凡一切动字之尾音，则随语气而为之变。古希腊与辣丁文，其动字有变至六七十次而尾音各不同者。……惟其动字之有变，故无助字一门。助字者，华文所独，所以济夫动字不变之穷。”（323页）

既然汉语不具备词的形态变化的特点，那么马氏势必实事求是地从词序关系、语法意义关系，必要时甚至从词汇意义等各种可以利用的“关系”或“因素”中，寻找出汉语结构系统的特点以及汉语语法分析的途径。这与我国语言研究一向注重语义的传统是相贴近的，不能说未尝不是一种睿智的表现。

以上事实表明，是中国五千年的文化哲学为马氏提供了丰厚的思考的土壤。这些思想的理性光辉，应当引起后学者予以充分的注意。在《马氏文通》问世一百多年之后，从汉语本身的基本特性出发，再用中国固有的哲学理念来思考，重新检讨一下这部汉语语法学的奠基之作的得失，或许会领悟上述“立脚点”的某种失误，从而明辨汉语语法学研究的发展方向。

中华民族的思想和文化是那么丰富灿烂，其历史和传统是那么悠久稳固，而用来记载它的汉语及其汉字却并不具有西方语言文字那么繁杂严格的形态组织规律，这本身就值得学界深思。先哲与时贤已经为汉语语法学奠定了基础，开拓了局面，积累了方法。如果继续针对汉语的民族特性，续接传统，融会新知，将思路再开阔，将研究再深入，从汉民族的心理特点、思维方式、文化格局入手，就有可能发现汉语潜在而固有的组织规律，一个真正切合本土实际而又实用的汉语语法体系必定得以建立——这才是今日研究《马氏文通》的最终目的。

主要参考文献

马建忠　《马氏文通》，商务印书馆 1983

章锡琛　《马氏文通校注》，商务印书馆 1983

杨树达　《马氏文通刊误》，商务印书馆 1931

周钟灵　《〈马氏文通〉述评》，《中国语文》1978 第 4 期

孙玄常　《〈马氏文通〉札记》，安徽教育出版社 1984

张万起　《〈马氏文通〉用例小计》，《语文研究》1984 第 2 期

廖序东　《语言学论文集》，商务印书馆 2004

王维贤　《〈马氏文通〉的句读论》，《语言研究集刊》2000 第七辑

韩陈其　《〈马氏文通〉与中国语言学》，同上

孙良明　《〈马氏文通〉对中国古代语法学的继承与发展》，同上

凌德祥　《语言的比较研究与汉语语法学的发展》，同上

陈国华　《普遍唯理语法和〈马氏文通〉》，《国外语言学》1997 第 3 期

刘　淇　《助字辨略》，中华书局 1954

王引之　《经传释词》，岳麓书社 1984

俞　樾　《古书疑义举例》，上海古书流通处景印（直排版）

袁仁林　《虚字说》，中华书局 1989

梁启超　《中国近三百年学术史》，东方出版社 1996

胡　适　《国语文法概论》，见《胡适文存·卷三》，1930

黎锦熙　《新著国语文法》，商务印书馆 1955

何　容　《中国文法论》，开明书店 1949

金兆梓　《国文法之研究》，中华书局 1955

陈承泽　《国文法草创》，商务印书馆 1957

杨树达 《高等国文法》，商务印书馆 1984

王　力 《中国现代语法》，中华书局 1954

《龙虫并雕斋文集》，中华书局 1980

《中国语言学史》，山西人民出版社 1981

《汉语语法史》，商务印书馆 1989

吕叔湘 《中国文法要略》，商务印书馆 1937

《语法修辞讲话》，中国青年出版社 1979

《汉语语法分析问题》，商务印书馆 1979

史存直 《汉语语法史纲要》，华东师范大学出版社 1986

高名凯 《汉语语法论》，开明书店 1948

张志公 《语法学习讲话》，人民教育出版社 1980

陈望道 《文法简论》，上海教育出版社 1997

郭锡良 《汉语史论集》，商务印书馆 2005

郭绍虞 《照隅室语言文字论集》，上海古籍出版社 1985

许国璋 《许国璋论语言》，外语教学与研究出版社 1991

胡裕树、范晓 《试论语法研究的三个平面》，《新疆大学学报》1985 第 2 期

唐钰明 《古汉语语法研究中的“变换”问题》，《中国语文》1995 第 3 期

白兆麟 《文法学及其散论》，九州出版社 2004

《新著训诂学引论》，上海辞书出版社 2005

后 记

本来不打算写后记的，因为此前该交代的已经在《弁言》里说过了。然而近两年来情况变化较大，此篇《后记》是非写不可的了。

拙著原名《马氏文通研读》，原书的形态即如今之“上编”，包括《弁言》、《正文》和《余论》三个部分，未作任何改动。书稿完成于2005年7月，不久便邮呈徐州师范大学廖序东先生审阅，并请为之作序。廖老不顾九十高龄，欣然接受，当年国庆节前即赐序于我，并谦虚地要我提出意见。作为晚辈，我只是十分感激。廖老深通古今汉语语法，且又专门研究《马氏文通》，请他作序，极其相宜。不料次年底，廖老仙逝，此篇盖为先生绝笔之序。所致唁电云：

> “廖老是我国当代著名的语言学家和教育家，在语言学方面著述丰硕，创见良多，为语言学教育培养了数以千计的门徒，并以其学识吸引了一批私淑弟子，在学术界和教育界产生了极大的影响。先生的治学和为人将永远激励着一代又一代的中青年学者！”

拙著付梓之时，思念廖老在天之灵，无限之惆怅与得序之荣幸相互交织，心情颇为复杂。

正如《弁言》所云，为了始终保持一种独立研究的状态，若干年来我对于《马氏文通》主要是潜心阅读和反复思考，遵循自己确定的“以马证马”的原则，除了早先几部重要的汉语语法著作必须参考以外，仅仅翻阅了章锡琛的《校注》、杨树达的《刊误》、何容的《中国文法论》等，那些冠有“马氏文通”字样的研究、札记、通读一类的论著，几乎一概不去涉猎。直到书稿写成之后，也依然谨慎地去重点披览诸如孙玄常《札记》和宋绍年《研究》中所附之吕叔湘、郭锡良诸先生的“批语”和“序言”，以及廖老等先生的有关论著。这种心态极有益于排除干扰，顺利写作。书中关于《文通》的著者只字未提，因为这方面的文章与资料可参考者甚多，论证甚详，读者自可检阅。

当书稿先后交给京沪某两家出版社审阅后，虽然都答应给出版，但由于经济效益考虑较多，终难如愿。我当时已年近古稀，出书于我已无功利目的，自然不想去为难别人，便毅然回头，但两年后仍把书稿送给了九州出版社。出版社相当热情，还对本书的出版提出了热切的期望与中肯的意见。

人有时是需要“压力”的。鉴于出版社所提的意见，加之郭锡良先生所谓“读懂《文通》，弄清作者”之思想的影响，我便油然产生了把“专论”继续写全的愿望。在给博士生讲授“研读”时，即穿插有五个“专题”（模仿、草创、致用、比较、语用）的草稿，此次除加以完善外，再增写七个“专题”和一个“综论”。经过半年多的艰苦写作与再三修改，下编终于定稿。上、下合编为一，为避免与坊间重名，遂更名为《〈马氏文通〉综论》。

如前所说，即将奉献给读者的这部《综论》，既是我长期以来阅读与钻研《文通》的心得体会，也是我多年来为博士生开设“《文通》研读”课程的一个总结。虽然坊间同类的著作已经不少，但我依然自信，拙著不仅在内容上具有自己的见解和特色，而且在编排上更便于读者对原著的解读与研究。

在本书的写作过程中，所参考的主要书目及篇名已经列上，其中引用的也大都已经注明。在这里，对以上论著的作者特致衷心的谢意。

2010 年元月 5 日，我由费城回到北京，即与九州出版社徐尚定社长商约，因为该社过去出版过我的一本专著《文法学及其散论》，对我比较了解。我刚一开口，他连忙热情地答应。可以说，我教学与学术生涯中撰写的这最后一部专著，是我倾尽心力于笔端的一个成果，我感到由衷的欣慰。特识之以致谢。

著者于安徽大学困庐

2010 年 4 月 20 日